La salud de tu cerebro

Grupo **ROBIN BOOK**

Barcelona - México
Buenos Aires

Dr. Larry McCleary

La salud de tu cerebro

Programa Brain Trust
para una mejor salud cerebral

Traducción de Jorge Conde

alternativas
ROBIN
BOOK

Si usted desea que le mantengamos informado de
nuestras publicaciones, sólo tiene que remitirnos
su nombre y dirección, indicando qué temas le interesan,
y gustosamente complaceremos su petición.

Ediciones Robinbook
información bibliográfica
Indústria, 11 (Pol. Ind. Buvisa)
08329 - Teià (Barcelona)
e-mail: info@robinbook.com
www.robinbook.com

Título original: *The Brain Trust Program*

© 2007, Teocalli, LLC and Creative Paradox LLC.
This edition published by arrangement with Perigee Books, a member of Penguin Group
(USA) Inc.

© 2009, Ediciones Robinbook, s. l., Barcelona

Diseño de cubierta: Regina Richling
Fotografía de cubierta: Christian Weibell / iStockphoto
Diseño interior: Paco Murcia
ISBN: 978-84-7927-982-0
Depósito legal: B-5.079-2009

Impreso por Limpergraf, Mogoda, 29-31 (Can Salvatella),
08210 Barberà del Vallès

Impreso en España - *Printed in Spain*

A Christine

Índice

Agradecimientos

En primer lugar y ante todo, me gustaría expresar mi profunda gratitud a mis pacientes y a sus padres, por su enorme y discreta valentía al dar su consentimiento para someterse a la neurocirugía, incluso cuando algunos de ellos apenas me conocían, un hecho que me conmueve tanto como me abruma. Sus enseñanzas han hecho de mí un médico mejor.

Asimismo, quisiera dejar constancia aquí de lo mucho que valoro las conversaciones que sostuve con la doctora Mary Dan Eades, una colega y amiga muy querida.

Por último, aunque ciertamente no menos importante, me gustaría dar las gracias a John Duff, de Perigee Books, por su ecuanimidad, sus consejos y su sabio enfoque, su amable sentido del humor y sus constantes muestras de aliento tan necesarias para el desarrollo y la formulación definitiva de este manuscrito.

Introducción

En su actividad como neurocirujano, y durante una jornada laboral típica, el doctor Larry McCleary dedica largas horas a la observación y el análisis de los cerebros de sus pacientes. Es posible que comience insertando una aguja en los ventrículos de un paciente joven, ubicados a mucha profundidad dentro del cerebro, para así evitar la acumulación de líquidos y la hidrocefalia resultante. A lo antedicho podría seguir una complicada operación con el fin de extirpar un tumor incipiente localizado a gran profundidad en el cráneo de otro paciente; y, a renglón seguido, un rápido viaje hasta la sección de urgencias para valorar el caso de un joven que ha sufrido un traumatismo craneoencefálico. El día bien podría finalizar con otra cirugía, esta vez operando la base del cráneo para reparar una malformación presente en un vaso sanguíneo. O también, a lo largo de la misma jornada, podría realizar una de esas cirugías reparadoras de entre 12 y 14 horas de duración que con tanta pericia ejecuta. Ni que decir tiene que estas operaciones precisan de un seguimiento postoperatorio muy riguroso y prolongado, que comporta numerosas visitas a los pacientes hospitalizados y en su consulta particular, así como la evaluación de los casos con otros colegas de profesión.

En honor a la verdad, la vida del doctor McCleary no difiere de la de cualquier otro dedicado neurocirujano pediatra, salvo por una diferencia fundamental: el doctor MacCleary no sólo disecciona el cerebro con sus instrumentos de cirugía, sino que también lo hace intelectualmente. No sólo ha dedicado su tiempo y sus esfuerzos al diagnóstico clínico, sino también al estudio de aquello que realmente anima el cerebro. Aunque siempre fue plenamente consciente de que eliminar un tumor o una malformación en un vaso sanguíneo sirve para resolver multitud de problemas, algo le impelía a proporcionar el mejor de los cuidados posibles a los cerebros de sus pacientes, para sanarlos y para garantizar su crecimiento y normal desarrollo. Así pues, no únicamente dedicaba su tiempo —como haría cualquier otro cirujano— al perfeccionamiento de su oficio, sino también al estudio del metabolismo cerebral y la influencia que sobre el cerebro ejercen la nutrición y los suplementos dietéticos. Ambos hemos trabajado con el doctor McCleary durante muchos años. Cada vez que nos lo encontramos, nos habla de sus últimos estudios científicos en torno a la nutrición y su repercusión en el cerebro. Y lo que es más importante, con su vivo ejemplo nos enseña que sus investigaciones pueden tener aplicaciones en el ejercicio cotidiano de la medicina. Hemos seguido con atención su carrera durante muchos años con el objetivo de nutrir nuestro trabajo con sus enseñanzas, sus investigaciones y su experiencia clínica, en la esperanza de que plasmara sus conocimientos en un texto que pudiera llegar a un público sustancialmente más amplio. Finalmente lo ha hecho. Y ha completado un libro verdaderamente admirable.

En nuestra especialidad, la medicina nutricional, estamos acostumbrados a leer multitud de libros sobre toda suerte de dietas y suplementos dietéticos y nutricéuticos beneficiosos para el organismo. Entre toda esta literatura hay textos que explican cómo mejorar las funciones cerebrales (o cómo prevenir o ralentizar su declive con el paso del tiempo). En su mayoría, se trata de trabajos que recomiendan seguir dietas bajas en grasas (a menudo desastrosas cuando se trata de cerebros debilitados o con lesiones), tomar algunas vitaminas de marcas por todos conocidas, quizás (en los textos más lúcidos) agregar aceite de pescado a nuestra dieta y, generalmente hacer ejercicio aeróbico. En el mejor de los casos, estos libros nos enseñan, en términos harto difusos, lo que nos conviene hacer para evitar que lo que ya tenemos se deteriore. En el peor de los casos, enumeran un sinfín de enfermedades y dolencias que afloran cuando un cerebro funciona mal, cosa que sirve para que sus lectores se autodiagnostiquen y conozcan algunos pormenores de los trastornos que padecen, pero en ningún caso les ofrecen recomendaciones claras acerca de qué hacer al objeto de resolver sus problemas. Ningún libro firmado por un neurocientífico, a excepción de éste, aborda seriamente la cuestión de cómo *mejorar* el desempeño cognitivo.

Dada nuestra condición doble, como profesionales de la salud y consumidores, deseamos y necesitamos comprender cabalmente los problemas. Es fácil, por ejemplo, compilar una lista exhaustiva de los síntomas que concurren en un ataque al corazón: respiración entrecortada, sudoración abundante, dolor agudo en el pecho, manchas en la piel y así sucesivamente. Ahora bien, ¿en qué nos beneficia la simple capacidad de identificar un ataque al corazón cuando se produce, detectar uno por uno todos los signos externos y afirmar «Sí, no cabe duda, es un ataque al corazón en toda regla»? En sentido estricto, necesitamos saber lo que ocurre en el corazón cuando se produce el ataque, las causas de todos esos signos y, por encima de todo, lo que podemos hacer al respecto. Pues bien, lo mismo es aplicable al cerebro. A todas luces son demasiados los libros (y los médicos) que no pasan de ofrecernos un profuso listado de los indicadores —cada vez más intrincados y sensibles— para el correcto diagnóstico de la pérdida de memoria o la enfermedad de Alzheimer. Luego, una vez que estos signos se han manifestado, podremos identificarlos uno por uno y declarar «En efecto, es Alzheimer».

La realidad es obstinada y nos dice que nadie quiere escuchar «En efecto, es Alzheimer» cuando se trata de su propio diagnóstico o el de un ser querido. El libro del doctor McCleary está cortado según un patrón diferente, puesto que nos indica cómo debemos proceder de manera netamente proactiva con el fin de no tener que escuchar nunca esas palabras. Nos enseña los pasos que debemos seguir para conseguirlo, mediante la alteración de algo que todos nosotros, sin excepción, podemos controlar: el estado metabólico de nuestras neuronas. Un metabolismo neuronal mejorado —el conjunto de reacciones químicas que generan la energía necesaria para el normal desarrollo de los procesos vitales en el interior de las células del cerebro— redunda en una salud cerebral asimismo mejorada. Una salud cerebral mejorada no sólo puede mejorar las funciones cerebrales, sino que puede reducir sustancialmente el riesgo de sufrir lesiones en la memoria y un buen número de trastornos cerebrales, incluyendo aquí la temida enfermedad de Alzheimer. El programa Brain Trust en tres fases que McCleary nos ofrece detalla este peculiar enfoque metabólico en pro de la salud cerebral, un procedimiento basado en una amplia experiencia acumulada a lo largo de muchos años de práctica profesional, luego de haber tratado miles de cerebros con lesiones de extrema gravedad.

Nuestras neuronas son células postmitóticas, un término científico que alude a aquellas células que no se reproducen como la inmensa mayoría de las células de nuestro cuerpo. Nacemos con las mismas células con las que moriremos… o sin ellas, porque lo cierto es que en el transcurso de la vida perderemos algunas. El hecho de que mantengamos las mismas células durante toda la vida exige por nuestra parte la adopción de una estrategia mucho más protectora que si tuviéramos células que mudan constantemente y son reemplazadas por otras nuevas. Puesto que sólo viven durante unos pocos días, las células que se reproducen rápidamente no tienen la oportunidad de acumular lesiones con el paso del tiempo. Pero las neuronas no funcionan de ese modo. En su inmensa mayoría, las neuronas del cerebro tienen la misma edad que usted y presentan las cicatrices y las abolladuras típicamente asociadas con el proceso de envejecimiento. Piense en su piel por un instante. Supongo que no tiene el mismo aspecto que cuando usted era adolescente. Tampoco sus neuronas son iguales.

Las neuronas que envejecen pierden parte de su velocidad y flexibilidad originales y, lo que es más importante, parte de su capacidad para generar de manera constante los niveles de energía elevados necesarios para realizar correctamente sus funciones. ¿Cuánta energía necesitan? Mucha. Baste señalar que el cerebro entero constituye alrededor del 2% del peso de nuestro cuerpo y consume el 20% de nuestra energía, lo cual significa que, metabólicamente hablando, es diez veces más activo que el resto del cuerpo. Una de las maneras de proporcionar combustible al cerebro consiste en consumir azúcar —aunque es cierto que nos proporciona una inyección rápida de energía de corto plazo, el azúcar nos pasará su factura a largo plazo—. Las personas cuya dieta contiene grandes cantidades de azúcar o de alimentos que rápidamente son transformados en azúcar, suelen padecer problemas de azúcar en sangre así como, muy frecuentemente, un índice mucho, mucho mayor de pérdida de memoria así como otros trastornos cerebrales degenerativos, incluyendo el mal de Alzheimer. La conexión es asaz clara. En *La salud de tu cerebro*, el doctor McCleary nos indica cómo evitar esta fáustica ganga utilizando una combinación de recomendaciones dietéticas específicas y suplementos nutricionales concebida para mejorar la capacidad cerebral de generar los altos niveles de energía que este órgano necesita para funcionar adecuadamente, al tiempo que se mantienen unos niveles de glucosa e insulina deseables, previniendo de esta suerte las lesiones que a la larga podrían producirse cuando estos niveles se mantienen elevados de manera crónica.

Otras líneas de investigación vinculan el metabolismo normal de la insulina con la neurogénesis (la formación de neuronas o células nerviosas nuevas). Hallazgos científicos recientes han aclarado, contraviniendo algunas creencias opuestas sostenidas durante años, que en efecto poseemos la capacidad de producir células nerviosas nuevas a lo largo de nuestra vida. También está claro que estas células nerviosas nuevas interactúan con otras y terminan integrándose en el cerebro a pleno rendimiento. Igualmente, sabemos que a medida que envejecemos este proceso de neurogénesis se lentifica. Aunque los neurocientíficos todavía no han estudiado completamente estos hallazgos tan recientes, parece claro que estas neuronas nuevas guardan alguna relación con la memoria, el aprendizaje, las emociones y los estados de ánimo —las mismas destrezas y los estados que se ven afectados o disminuidos por la enfermedad de Alzheimer—. En rigor, el primer lugar donde el Alzheimer ataca es el hipocampo, el guardián de la memoria, por así decir. En tiempos recientes los científicos han llegado a la conclusión de que esta misma zona del cerebro se ve fuertemente influenciada por el cortisol, la hormona del estrés. Unos niveles de cortisol crónicamente elevados causan la muerte de las neuronas que afectan tanto a la memoria como a los estados de ánimo, un descubrimiento que ha permitido que los investigadores exploren una manera enteramente nueva de pensar en los trastornos del estado de ánimo y sus tratamientos. Si logramos estimular los factores del crecimiento de los nervios necesarios para construir neuronas nuevas al tiempo que adoptamos las medidas preventivas adecuadas para inhibir (o al menos para bloquear los efectos de) sustancias como el cortisol, que sabemos que destruyen las neuronas, avanzaremos a grandes zancadas en la prevención de la pérdida de memoria y, a su vez, conseguiremos acelerar el cerebro para que funcione mucho mejor. La buena noticia es que son procesos que se encuentran bajo el control metabólico y, por ende, susceptibles de ser influenciados por aquellas decisiones que determinan nuestro estilo de vida. Resulta muy emocionante comprobar que, con el revolucionario programa Brain Trust del doctor McCleary, hoy tenemos las herramientas cognitivas, dietéticas y suplementarias necesarias para estimular el crecimiento de las células nerviosas. Ninguna información de estas características ha aparecido en ningún libro sobre el cerebro que se haya comercializado hasta ahora y, en honor a la verdad, la mayoría de los médicos la desconocen. Insisto, hasta ahora.

Pero ahí no termina todo. Gracias a la exhaustiva investigación del doctor McCleary, este volumen aporta una nueva teoría y ofrece soluciones para estados que, en primera instancia y a ojos de muchas personas, no serían consecuencia de problemas cerebrales: la menopausia y su amplio abanico de síntomas. En el presente, la mayoría de las mujeres encara la edad madura con no poca ansiedad. En el pasado reciente, las mujeres podían paliar los síntomas de la menopausia —los sofocos, el estado de ánimo variable, la ansiedad y la confusión mental— con el uso de la terapia hormonal sustitutiva (HRT en su acrónimo inglés). Desafortunadamente, nuevos ensayos clínicos han demostrado que la HRT no es un tratamiento benigno. Las mujeres que actualmente se acercan a la menopausia se enfrentan a la difícil encrucijada de soportar estoicamente los rigores y las miserias de esta etapa o bien someterse a una terapia que hoy sabemos que incrementará el riesgo de que padezcan otros trastornos en el futuro. Pues bien, este libro apunta una tercera vía.

A fin de cuentas, el cerebro gobierna los sofocos, las lagunas mentales y otros síntomas de la menopausia. Son manifestaciones de alteraciones en la energía cerebral que pueden ser controladas mediante una alimentación adecuada. El programa Brain Trust para una mejor salud cerebral expone una solución dietética nueva y revolucionaria para la incomodidad y las molestias que con tanta frecuencia acompañan a las mujeres en lo que ellas denominan la maldición de la menopausia.

Otra maldición que amenaza a personas de todas las edades y de ambos sexos son las migrañas y los dolores de cabeza agudos. Aquel que no haya experimentado ese dolor cegador y los trastornos de la visión característicos de estos dolores de cabeza, no podrá siquiera imaginar la incomodidad y los estragos que causan. Las migrañas también tienen un origen típicamente cerebral, pues derivan de un metabolismo cerebral alterado —en este caso, el desequilibrio de un par de elementos químicos que regulan la activación de determinados grupos de neuronas—. Aquí también el doctor McCleary nos proporciona alivio, aunque no por medio de fármacos sino recurriendo a una alimentación saludable. Con una dieta equilibrada y los suplementos nutricionales más indicados para el cerebro, podremos combatir eficazmente las migrañas.

Quienes lean este libro recibirán, sin lugar a ningún género de dudas, la información más autorizada, actualizada y contrastada disponible hasta la fecha de su redacción. Este compendio es la síntesis de los conocimientos contenidos en miles de páginas de literatura médica y científica, destilados por el intelecto de un neurocientífico de primera línea y refinados durante años de ardua y dedicada praxis clínica. El doctor McCleary ha escrito con meridiana claridad el mejor libro sobre el cerebro entre los que habrán de publicarse en años venideros. Léalo y no dude en seguir sus recomendaciones. Si lo hace, se verá recompensado con una capacidad cognitiva mayor, mucho más lúcida y ágil. Tanto así que podrá descansar a sabiendas de que si usted cuida su cerebro, su cerebro cuidará de usted.

MICHAEL R. EADES, DOCTOR EN MEDICINA
MARY DAN EADES, DOCTORA EN MEDICINA

1.ª parte

Un enfoque metabólico sobre la salud cerebral

1. Todo un espectro de grises

El ofuscamiento de Maude W.

 Maude se sentía como si estuviera perdiendo el control de su vida. Como presidenta y directora de una importante agencia de publicidad, estaba acostumbrada a sufrir los fuertes dolores de cabeza normalmente asociados con la dirección de un negocio, la responsabilidad y la necesidad de combatir en varios frentes al mismo tiempo. Siempre se había enorgullecido de su admirable capacidad para realizar varias tareas en paralelo. La facilidad con la que era capaz de manejar con solvencia seis cosas distintas simultáneamente era casi legendaria en el seno de la compañía. Sin embargo, últimamente ha tenido dificultades para concentrarse. En ocasiones le cuesta encontrar la palabra justa; en tiempos recientes se ha visto obligada a realizar múltiples anotaciones al objeto de no olvidar alguna cosa —una herramienta que no siempre funciona—. Aunque ninguna de estas lagunas mentales en sí misma podría calificarse de severa, Maude tenía la impresión de que en conjunto menoscababan su capacidad para rendir con el nivel de excelencia al que estaban acostumbrados tanto ella como sus colaboradores y clientes.

De un tiempo a esta parte ha estado sometida a un estrés superior al habitual. Este mismo año ha sufrido algunos reveses económicos inesperados y su madre ha padecido algunos achaques, aunque nada que otrora le hubiese quitado el sueño. A sus cincuenta y siete años de edad, le preocupa no poder desembarazarse de esa ofuscación mental que la mantiene en vilo, porque eso podría significar el fin de su carrera profesional, y no está en absoluto preparada para abandonar el mundo de los negocios. Necesita comprender lo que le está pasando y hacer algo al respecto.

Puesto que nos conocíamos desde hacía muchos años, y dado que ella sabía que además de ejercer la neurocirugía me interesa sobremanera el campo de la nutrición y la salud cerebral, decidió ponerse en contacto conmigo para manifestarme sus inquietudes. Tras escucharla atentamente, coincidí con ella en su valoración del estrés como una parte importante del problema, si bien la falta de sueño (últimamente se las arreglaba durmiendo

23

no más de cuatro horas y media diarias) y una alimentación deficiente estaban haciendo mella en su capacidad para soportar el estrés. Así las cosas, le indiqué que de manera inmediata intentara dormir al menos siete horas diarias, que delegase algunas responsabilidades en sus empleados de mayor confianza, que reestructurase su agenda diaria para conceder cierto descanso a su cerebro y que se detuviese a pensar y anotara una lista de prioridades en todos los aspectos de su vida. Además de introducir estos cambios en su estilo de vida, le recomendé un cóctel de nutrientes diseñado para combatir y soportar el estrés, ayudarle a conciliar un sueño más profundo y reparador, alimentar su cerebro adecuadamente, concentrar su atención de manera más efectiva y mantener un estado de ánimo más estable y positivo. Al cabo de pocas semanas, me dijo que la ofuscación mental se había disipado y que había recuperado el control de su vida. Había vuelto a ser quien era.

Es importante comprender que la dificultad para atender, para mantener la concentración, la disminución de la capacidad para hacer varias tareas simultáneamente y la pérdida de memoria, no sólo se producen de manera rotunda y manifiesta, es decir, que no se dan o dejan de darse, sino que lo normal es que se produzcan dentro de un amplio espectro que abarca desde un instante puntual de confusión mental hasta un colapso cognitivo total similar al que en su día sufrió el ex presidente Ronald Reagan. Todo el país fue testigo de su lucha y de la entereza silente y ejemplar de Nancy Reagan. Los miembros de la generación del *baby-boom* que hoy están en activo ya han empezado a enfrentarse a escenarios muy parecidos con sus progenitores. Si no intervenimos para impedirlo, en cuestión de muy pocos años sus hijos tendrán que hacer lo mismo con ellos. Durante mucho tiempo he participado en la lucha para rehabilitar un cerebro enfermo o lesionado, en estrecha colaboración con mis pacientes, mis colegas y, ahora, con mis amigos.

Durante los años que ejercí la práctica clínica como neurocirujano pediatra, trabajé fundamentalmente con lesiones severas en cerebros jóvenes causadas por accidentes y diversas patologías: cerebros devastados por el trauma de un accidente de tráfico, caídas o abusos; lesiones cerebrales producidas por la falta de oxígeno tras el ahogamiento, la electrocución o la asfixia; cerebros lesionados por tumores y la radiación o la quimioterapia empleada para combatirlos. Inicialmente, la mayoría de ellos precisa de mis conocimientos de neurocirugía. A partir de ahí, y casi sin excepción, se impone una intensa rehabilitación consistente no sólo en los terapias físicas y ocupacionales estandarizadas, necesarias para aprender a caminar y a hablar nuevamente, sino que, según he podido concluir recientemente, también es necesaria una terapia nutricional que allane el camino hacia su total recuperación. Los años de praxis médica me han permitido constatar que es posible mejorar sustancialmente la salud de mis pacientes mediante el uso temprano y más agresivo de las infusiones y los sueros de agua azucarada por vía intravenosa (IV) que usualmente se administran en los días previos y posteriores a la cirugía y durante la convalecencia. Comencé incluyendo otros nutrientes esenciales para la salud del cerebro —triglicéridos de cadena media, mezclas de aminoácidos, vitaminas, minerales y antioxidantes— en las fórmulas de administración intravenosa de mis pacientes, y seguidamente les prescribí estos y otros nutrientes para ser consumidos en las comidas y como suplementos durante el proceso de recuperación. Los resultados obtenidos han sido sorprendentes.

Fue en el contexto de este tipo de asistencia médica crítica donde empecé a especular con la posibilidad de que si una alimentación y unos cuidados adecuados del cerebro y el sistema nervioso severamente lesionados podían suponer una diferencia tan remarcable, ¿qué no podrían suponerla en casos menos severos? Mientras el tiempo transcurría implacable para mí y mis compañeros *baby-boomers*, y yo me retiraba de la práctica quirúrgica, orienté toda mi atención hacia la investigación, estudiando la literatura médica y científica al objeto de dar con alguna sustancia nutriente cuyo consumo supusiera un beneficio notable para el cerebro y el sistema nervioso. Mi trabajo agregó muchos más nutrientes a mi personal farmacopea del bienestar cerebral: algunos de ellos exóticos —como, por ejemplo, la *Huperzia serrata*, el ingrediente activo de un musgo de origen chino tradicionalmente utilizado por los practicantes asiáticos como un tónico para los nervios—, y otros más pedestres, si bien los estudios científicos demostraron que todos ellos eran beneficiosos para el cerebro y los nervios, amén de que se comercializaban sin necesidad de prescripción médica. Así fue cómo llegué al convencimiento de que mi programa de nutrición para una mejor salud cerebral podía servir para combatir eficientemente las lesiones menores que acumulamos gradualmente, simple y llanamente como consecuencia de los avatares de la vida y otras muchas situaciones cotidianas.

La historia de Anita

Anita N. se había quedado atrapada en un atasco de tráfico tras una intensa nevada en una autopista interestatal: finalmente había conseguido abrirse paso y seguir su camino de regreso a casa cuando su vehículo pisó una placa de hielo, se salió de la carretera y dio varias vueltas, quedando ella atrapada en el asiento del conductor. Cuando se despertó, estaba conectada a la ventilación asistida en la unidad de cuidados intensivos (UCI), tras habérsele practicado una cirugía de urgencia para estabilizar los tres huesos rotos que tenía en el cuello y así aliviar la presión que ejercían sobre los nervios de su mano derecha, que evidenciaban una lesión severa. Luego de pasar varias semanas en el hospital siendo sometida a una terapia intensiva, pudo empezar a caminar con la ayuda de un andador. No obstante, seguía experimentando una debilidad extrema, adormecimiento de las extremidades y una notoria falta de coordinación en el brazo derecho. Al cabo de aproximadamente seis meses, logró caminar con normalidad, aunque no podía sostener un bolígrafo ni alimentarse con la mano derecha. Para mayor inquietud, experimentaba una desagradable sensación de manera constante, como si un ejército de insectos anduviera por su cabeza. Aunque yo era su vecino y no su médico, y puesto que se sentía muy frustrada viendo que su recuperación parecía haberse estancado, Anita decidió acudir a mí en la esperanza de que pudiera recomendarle algún remedio útil.

Mientras hablábamos, le expliqué que actualmente no existe cura para un nervio lesionado de gravedad, ni forma de resucitar las neuronas una vez que han muerto. Cuando están lesionadas o enfermas, las células nerviosas y las neuronas reaccionan de manera similar y precisan refuerzos nutricionales muy parecidos. En primer lugar y por encima de todo, deben ser capaces de generar energía para sostener todos los procesos metabólicos necesarios para la reparación, el restablecimiento y la regeneración. Necesitan contener la inflamación resultante de la exposición a una toxina, infección o lesión mecánica; y tienen que estabilizar y reorganizar los patrones de activación desordenados o incontrolados (que podemos comparar con un cortocircuito eléctrico) como consecuencia de las lesiones. La reconforté diciendo que existen nutrientes que satisfacen todas estas necesidades y que le diseñaría una combinación de los mismos a la medida de su caso, que serviría para acelerar sustancialmente su recuperación.

Acto seguido, inició un régimen que incorporaba altos niveles de vitaminas del grupo B al objeto de propiciar que las células nerviosas enfermas generasen la energía necesaria para su curación, varios antioxidantes y otros agentes antiinflamatorios naturales para controlar la hinchazón, así como diversos compuestos botánicos (derivados de plantas) con el fin de mejorar la capacidad de las células para tolerar el calcio, el canal más adecuado y crítico en la transmisión de los impulsos nerviosos.

Transcurrido un período de varias semanas, el incesante hormigueo de su mano fue desapareciendo de forma progresiva y empezó a notar una mejora en el sentido del tacto, algo que había echado en falta desde que sufrió el accidente. Al poco tiempo, empezó a recuperar el movimiento intencional en sus dedos y paulatinamente fue ganando un mayor control sobre lo que hacía con la mano derecha. Cuando volví a verla más o menos un año después, jugaba al golf, escribía con soltura y podía hacer todo lo que solía antes del accidente.

El caso de George B.

Jonathan B., el director de una compañía de biotecnología, estaba trabajando cuando su esposa Betsy le telefoneó para decirle que su padre, George, había salido a dar un paseo por el vecindario hacía más de dos horas y todavía no había regresado. También le dijo que había enviado a su hijo adolescente, Jonah, para que recorriese las calles cercanas en busca de su abuelo. Pues bien, Jonah finalmente encontró a su abuelo a unas cuatro manzanas de distancia, sentado en el banco de una parada de autobús cerca de una intersección muy transitada. Cuando Jonah detuvo el coche, George pareció reconocerle, mas no pudo recordar su nombre. Jonah consiguió introducir a su abuelo en el vehículo y se lo llevó de vuelta a casa. Allí, en presencia de Betsy, tuvo que admitir que se había desorientado y que no recordaba el camino de vuelta. Ésta era la segunda vez en cuestión de dos semanas que George se había extraviado durante su paseo diario por el vecindario, donde había vivido durante más de veinte años.

Sólo dos años antes, George había celebrado el 50.º aniversario de su boda con la mujer que había conocido en su época universitaria. Su querida esposa falleció al poco tiempo y de forma totalmente inesperada. Tras esta súbita y dolorosa pérdida, George y su familia cayeron en la cuenta de que sufría una depresión. Consecuentemente, buscaron ayuda profesional para tratar su enfermedad, aunque, pese a la terapia psicológica y la medicación, George empezó a mostrar síntomas de una clara disminución en sus facultades mentales. Al principio sólo se trataba de las cosas típicas: no encontraba las llaves y tenía dificultad para localizar el coche en el estacionamiento, así como para encontrar la palabra justa y recordar los nombres de las personas. Tanto él como su familia atribuyeron estas lagunas mentales —que todos sufrimos de tarde en tarde— a su depresión o a los efectos de su medicación basada en fármacos antidepresivos, pero los síntomas fueron creciendo.

No hubo de pasar mucho tiempo antes de que necesitase releer varias veces un mismo párrafo en el periódico, y de que encontrase verdaderas dificultades para recordar lo que acababa de ocurrir en una película o en la televisión, siendo también incapaz de recordar el nombre de su nieto. Perdió todo interés por la lectura, el cine y la televisión; ni tan siquiera le apetecía visitar a sus amigos ni encontrarse con ellos en el café de la localidad donde solían reunirse varias mañanas por semana. En la estela de estos cambios se produjo el primer episodio de desorientación grave: se extravió y estuvo deambulando sin ton ni son por las calles del barrio. Esto hizo que Jonathan y Betsy acordaran sugerirle que se trasladase a vivir con ellos.

Después del más reciente episodio, Jonathan se llevó a su padre al hospital, donde su médico le practicó una batería completa de análisis y escáneres cerebrales al objeto de descartar la posibilidad de un derrame cerebral u otras causas para las continuas pérdidas de memoria y las desorientaciones de George. El diagnóstico fue que George se encontraba en una fase incipiente de la enfermedad de Alzheimer, complicada con múltiples derrames cerebrales menores esparcidos en el tiempo y una hipertensión de carácter moderado. Además de tratar la hipertensión, su médico consideró oportuno que George se beneficiase de un entorno más estructurado y apuntó la posibilidad de que se apoyase en una programación escrita que le sirviera para ordenarse y sobrellevar sus alteraciones mentales. Así las cosas, la familia decidió colgar una agenda con las tareas diarias en la puerta del frigorífico junto con alertas y recordatorios de la necesidad de apagar los quemadores y cerrar la puerta del horno. George llevaba siempre consigo un cuaderno de hojas cosidas con una espiral y un bolígrafo que guardaba en un bolsillo; en él anotaba todas las llamadas telefónicas que atendía durante el día y las veces que tomaba su medicación. Aunque estas medidas fueron de alguna ayuda, su familia estaba intranquila y se preguntaba qué más podía hacer.

Por motivos profesionales, Jonathan y yo tenemos cierto trato desde hace varios años. A sabiendas de que soy un experto en salud cerebral, un buen día decidió llamarme para recabar mis impresiones sobre el estado de su padre. Yo le expliqué que dado que me encontraba lejos, era de crucial importancia que siguiera viendo a su médico regularmente y que lo mantuviese al corriente de todas sus inquietudes. Asimismo, le informé de que, en efecto, existe un buen número de tratamientos alternativos que, a mi juicio, podrían hacerle bien. Seguidamente diseñé un programa para introducir algunos cambios en su dieta y determinados suplementos nutricionales con el fin de incrementar su lucidez y afinar su capacidad de concentración, eliminar el ofuscamiento mental en la medida de lo posible y restaurar su sensación de bienestar. El científico que habita en Jonathan quiso que le remitiese a las investigaciones y los estudios publicados, cosa que hice gustosamente (y que figuran en las referencias bibliográficas de la página 271).

Una vez que hubo terminado su exploración de las fuentes, Jonathan me telefoneó de nuevo para expresarme lo gratamente sorprendido que estaba al constatar la ingente cantidad de información publicada sobre los nutrientes que le había recomendado. Estaba doblemente complacido no sólo porque parecían ser totalmente seguros, sino muy beneficiosos para la salud en términos generales. Además, el médico de su padre había revisado personalmente el régimen propuesto y le había dado su beneplácito, apuntando que no veía nada contraproducente en hacer el intento, aunque no depositaba grandes esperanzas en que tales nutrientes sirvieran de mucha ayuda. A esto Jonathan respondió, que a esas alturas, esperanza era lo único que le quedaba y le manifestó su asombro porque nadie en el equipo médico que trataba a su padre hubiese sugerido su administración hasta entonces.

Con prudencia y moderado optimismo, empezó a administrar a su padre el régimen de nutrientes (cuyos detalles abordaremos en capítulos siguientes) que yo le había prescrito. Al cabo de 10 semanas, Jonathan me dejó un mensaje diciendo que le devolviese la llamada urgentemente.

Temí que algo malo pudiera haberle sucedido a su padre. No obstante, cuando llamó de nuevo me alivió saber que George no sólo estaba tolerando el programa sino que, en palabras del propio Jonathan, «se estaba comportando como si fuera un hombre nuevo». Se mostraba mucho más sociable, había recuperado su viejo sentido del humor, podía disfrutar viendo una película en compañía de la familia, e incluso era capaz de mantener largas y fecundas conversaciones con su nieto (cuyo nombre ahora podía recordar sin mayores problemas), en torno a las materias que el muchacho estudiaba en la escuela. Y lo que es más importante: de nuevo se sentía bien consigo mismo. Mediante una alimentación adecuada para su cerebro, George había conseguido retomar el control de su vida en maneras cargadas de significación y sentido. Ahora, transcurrido un año y medio desde entonces, sigue sintiéndose bien. Con una combinación de alimentos y suplementos dietéticos diseñada a su medida, George ha logrado dejar de tomar la medicación para controlar su hipertensión sin que ello entrañe riesgo alguno para su salud.

Aunque en su mayoría las respuestas al tratamiento no son tan espectaculares como la anterior, puedo afirmar, desde mi experiencia, que el de George B. no es un caso tan aislado. Es el resultado que en buena lógica puede esperarse de la aplicación de un programa de cuidado y alimentación adecuado para el celebro. Esto sirve para ilustrar que poseemos los conocimientos y la capacidad para detener, o en buena medida prevenir, el inminente *tsunami* de deterioro de la memoria que, de no ser atajado a tiempo, con la edad empezará a tragarse a todos los *baby-boomers*, y, dado que son multitud, esto causará estragos en la economía y los presupuestos de la nación, terminando por arrasar un ya de por sí sobrecargado sistema de salud pública. Los estudios revelan que simplemente demorando el inicio de la enfermedad de Alzheimer un solo año, la sanidad estadounidense, por ejemplo, podría ahorrar unos 20 mil millones de dólares en gasto sanitario público y demás costes asociados. Puede hacerse, y este libro le enseñará cómo hacerlo con todo lujo de pormenores.

Las sienes de todos los *baby-boomers* de América están tornándose grises, toda vez que los miembros más jóvenes de este grupo formado por cerca de 78 millones de personas han superado ya los cuarenta años de edad. Los que avanzan en vanguardia soplaron ya las 60 velas en el año 2006.

Aunque se trata de una generación que se ha afanado por mantener una apariencia física siempre espléndida y juvenil, bajo sus raíces teñidas y sus párpados rellenos de Botox sobreviven 78 millones de cerebros en franca e inexorable decadencia, cerebros por cuya buena vejez estos *baby-boomers* actualmente están haciendo muy poco, y sí mucho para causarles lesiones.

Las estadísticas que poseemos actualmente nos dicen que existe una gran probabilidad de que con la edad se produzca una decadencia notable en las facultades mentales. Tal como señaló —correctamente— David Brooks en el editorial publicado el 2 de octubre de 2005 por *The New York Times*, un espeluznante 40% de nosotros sufrirá alguna forma de demencia (entre los *baby-boomers* estadounidenses, este porcentaje supondría la friolera de 32 millones de personas que no serían capaces de encontrar las llaves de su casa y que infructuosamente buscarían en sus bancos de memoria la palabra justa o el nombre de alguien conocido). Alrededor del 10% de las personas que han superado los sesenta y cinco años de edad padecerán una decadencia ligeramente superior en sus facultades mentales, denominada deterioro cognitivo leve (MCI según su acrónimo en lengua inglesa). Este grupo estaría compuesto por casi 8 millones de *baby-boomers*, quienes experimentarían un déficit de la memoria mayor y más persistente, similar al que puede apreciarse en los casos leves de la enfermedad de Alzheimer. Una vez que los *baby-boomers* empiecen a cumplir los 65 años, algunos de ellos (estadísticamente en torno al 15% por año entre aquellos que tengan MCI) desarrollarán la enfermedad de Alzheimer, sufriendo un deterioro de la memoria y de su raciocinio que interferirá sustancialmente con su capacidad para vivir de manera independiente. La mayoría de esta gente necesitará medicación y asistencia médica en su vida diaria, una situación que sin duda supondrá una carga financiera y emocional enorme sobre el país habida cuenta la elevada población que pertenece a este grupo.

Razones para la esperanza

La edad pasa factura tanto a la persona como a la máquina. Eso no es noticia. Las articulaciones crujen, las arterias se angostan, la visión se nubla, la piel se arruga, la cintura se expande y el pecho se descuelga. Cuanto más vivimos, mayores son los efectos de la gravedad y del tiempo. Y lo cierto es que cada vez son más las personas que viven más tiempo. Bastante más tiempo. Los niños nacidos en 1900 tenían una esperanza de vida de 47,9 años en el caso de los varones y de 50,7 años en el caso de las mujeres. Un siglo después, el progreso de la ciencia médica ha proyectado estos guarismos hasta los 74,1 años para los varones y los 79,5 años para las mujeres. En el decurso de nuestras vidas vamos acumulando un bagaje de imperfecciones, cicatrices y abolladuras por todo el cuerpo. Es posible que bebamos mucho en detrimento de nuestro hígado; es posible que nuestra alimentación sea deficiente en detrimento de nuestro corazón y nuestra cintura; y es posible que fumemos en detrimento de casi todo lo nuestro y lo ajeno. Si así lo decidimos, podemos modificar estos factores de riesgo con relativa facilidad. La mayoría de nosotros lo hace a regañadientes a medida que pasa el tiempo y cuando los estragos de la edad se hacen evidentes en los test de laboratorio, por un lado, y en el espejo, por el otro. Aunque en términos generales —y también en lo tocante a la nutrición y el estilo de vida—, hacer lo que es bueno para el cuerpo será asimismo beneficioso para el cerebro, hay algunas medidas específicas que bien podríamos y deberíamos adoptar si nuestro objetivo es mantener este órgano vital en la mejor forma posible hasta el final de lo que esperamos que sea una vida muy larga y productiva.

El cerebro es en muchos aspectos como cualquier otro órgano del cuerpo, sólo que más importante. Es más delicado, más activo en el plano metabólico, más vulnerable a las lesiones, requiere de más energía y está más necesitado de un apoyo dietético y un estilo de vida adecuados para preservar su buena salud durante más tiempo. Infortunadamente, se trata de una parcialidad de nuestra salud que ignoramos con suma facilidad, porque las consecuencias del envejecimiento del cerebro no se manifiestan en una forma tan clara y palpable como las arrugas de nuestra piel, fácilmente distinguibles frente al espejo, o una baja forma física, fácilmente contrastable al subir una escalera. No existe un test de laboratorio sencillo que nos permita detectar el riesgo rápida e inequívocamente.

Los dogmas científicos pretéritos nos enseñaban que con la edad las neuronas y las células nerviosas se mueren. En nuestros días estamos empezando a comprender que mucho antes de que se produzca la muerte de las células, unas alteraciones muy sutiles reorientan las conexiones interneuronales, unas alteraciones que en última instancia les roban su capacidad para comunicarse entre ellas de forma efectiva. Dicho con otras palabras: la pérdida de la lucidez mental nos acecha y se aproxima sigilosamente, pero lo cierto es que a lo largo de nuestra vida hemos sentado las bases para que así suceda. La buena noticia es que no es demasiado tarde. *¡Podremos intervenir hasta que las neuronas perezcan definitivamente!* Por consiguiente, aprender a cuidar y alimentar adecuadamente el cerebro nos servirá para ralentizar o incluso revertir la decadencia de las facultades mentales que a todos nos sobrevendrá con la edad —en algunos casos con mayor severidad que en otros—. Y puede incluso servir para afinar la concentración en los cerebros más jóvenes, tal como he tenido ocasión de comprobar muchas veces a lo largo de mi carrera.

La historia de Christopher

Christopher era un estudiante universitario de primer curso. A sus diecinueve años, se enfrentaba a sus primeros exámenes parciales. Abrumado por el gran caudal de información que tenía que asimilar, se topó con la cruda realidad de que sus técnicas de estudio no estaban a la altura de las circunstancias, que no era tan eficiente ni tan productivo como debería. Falto de sueño y estresado, sobrevivía con una dieta de comida basura y elevadas dosis de cafeína que sólo servía para acentuar su nerviosismo y que le impedía conciliar el sueño cuando disponía de una pizca de tiempo libre. Puesto que su madre y yo nos conocíamos desde hacía años, ella le recomendó que me llamase para ver qué podía hacer al respecto. Cuando el muchacho se puso en contacto conmigo, me confesó que necesitaba alguna cosa que funcionase y que tuviera efectos rapidísimos.

Chris necesitaba ayuda para aprender a relajarse y así aliviar el estrés al que se veía sometido y que ciertamente era el causante de la mayor parte de sus miserias. Yo le enseñé algunas técnicas para lograrlo. No sin reparos, accedió a sustituir la comida basura por el pescado, la carne, los productos lácteos, las frutas y las verduras en la cola de la cafetería de la universidad. Hasta ese punto estaba desesperado. Ahora bien, a estas alturas su maltrecho cerebro necesitaba algo más que una dieta nutritiva y equilibrada para que el muchacho pudiese focalizar la atención durante tiempos prolongados y concentrarse en sus estudios. Ciertamente, eso es algo que algunas personas consiguen consumiendo cafeína. Tradicionalmente se ha asociado el consumo de café con un menor riesgo de desarrollar la enfermedad de Alzheimer, pero en el caso de Chris no era la opción más aconsejable, dado que no toleraba la agitación, el nerviosismo y otros de sus efectos secundarios. Descartado el café, le diseñé un régimen que incluía mayores dosis de vitaminas del grupo B, una batería de antioxidantes tales como el ácido α-lipoico y la coenzima Q10 (CoQ_{10}), una dosis bastante cuantiosa de magnesio, un poco de dimetilaminoetanol (DMAE) y huperzina A. En ensayos clínicos recientes, se ha demostrado que estos últimos ingredientes sirven para incrementar la concentración en períodos prolongados cuando se toman en cantidad suficiente.

Escasas semanas después, fue capaz de presentarse a los exámenes parciales y salir muy bien parado de tan agobiante tesitura. Cuanto más prolongaba su tratamiento, con mayor efectividad se concentraba en sus estudios y así refinaba sus técnicas de estudio. Tan bien le fue que al término del período académico consiguió la mejor calificación en algunas de las materias. Su asombrosa transformación me granjeó un buen número de conversos al plan de refuerzo del bienestar cerebral entre sus amigos. La última vez que tuve contacto con Chris me comentó que estaba considerando seriamente la opción de estudiar un postgrado.

Las decisiones que tomamos en los primeros años de nuestra vida en lo concerniente a la dieta y el estilo de vida tienen una honda repercusión en el desarrollo de ciertas enfermedades en épocas posteriores. Esta relación es especialmente evidente en los campos de la obesidad, las patologías cardiacas, la hipertensión y la diabetes. Actualmente sabemos que los niños obesos con el tiempo se convertirán en adultos obesos. Todos hemos visto cómo muchos universitarios entusiastas se transformaban en hombres de negocios orondos, dotados de abultadas barrigas y *bypasses* triples. Ahora bien, lo que parece menos obvio son los efectos de nuestra alimentación y nuestras costumbres en nuestra capacidad para percibir, pensar, concentrar la atención, recordar y reaccionar ante los estímulos procedentes de nuestro entorno. A fecha de hoy está muy claro que la vida que vivimos puede colocarnos en una situación de mayor riesgo de perder estas capacidades mucho antes de lo que cabría imaginar. Todos gastamos grandes cantidades de energía y de dinero en preservar el buen aspecto de nuestro cuerpo, pero es muy poco lo que dedicamos a cuidar aquello que nos distingue como humanos frente al resto de las especies. Consideremos las palabras de René Descartes: «Pienso, luego existo». Y si no podemos pensar, entonces ¿qué somos?

Preservar (o incluso mejorar) la buena salud de nuestros sentidos, la agudeza mental y la memoria es posible. De hecho, es una opción bastante asequible e indolora. En capítulos siguientes le enseñaré métodos para evaluar hasta qué punto usted se encuentra en situación de riesgo de perder la memoria, de sufrir un deterioro cognitivo leve o la enfermedad de Alzheimer con el paso de los años. También descubrirá qué le conviene hacer y por qué.

2. ¿Por qué es vulnerable el cerebro? Los principios de Ricitos de Oro

 He dedicado los mejores años de mi vida al estudio del cerebro humano, a la investigación de cómo está hecho, a componerlo y a descomponerlo, a apreciar todas sus funciones, a entender por qué es quizás el más vulnerable —y valioso— de nuestros órganos. Algunas veces en mi trabajo como neurocirujano, que consiste principalmente en procurar recomponer los fragmentos dañados del cerebro para restaurar su funcionamiento en la medida de lo posible, un profundo conocimiento de la estructura y las funciones cerebrales es, qué duda cabe, de gran importancia para el profesional que trata de sanar un cerebro lesionado o enfermo y restituirle la buena salud. Pero sostengo que, puesto que el conocimiento es poder, nos corresponde a *todos* los que deseamos mejorar nuestras funciones cerebrales —llámese eliminar el ofuscamiento mental propio de la mediana edad, disfrutar de una mayor lucidez en las reuniones, concentrar la atención durante más tiempo, mejorar la capacidad de discurrir (y por extensión nuestra forma física) o, simplemente, robustecer nuestro cerebro para que envejezca en óptimas condiciones—, aprender algunas nociones básicas sobre la estructura y el funcionamiento del cerebro. No se preocupe, pues no tengo la intención de abrumarle con tecnicismos. No hay que ser neurocirujano para entender lo que voy a explicarle. Limítese a seguirme en nuestro periplo hacia unos pocos conceptos clave.

Su cerebro, primera lección

Empecemos desde dentro y procedamos hacia el exterior. Un cerebro está compuesto por un elevado número de células individuales —cientos de miles de millones— que pueden ser divididas en cuatro categorías: *neuronas*, las diseñadas para procesar la información; *astrocitos*, células con forma de estrella que proporcionan apoyo físico y metabólico a las neuronas, a las que superan en número en una proporción de 10 a 1; *oligodendrocitos*, que producen una suerte de aislamiento de grasa denominado mielina, que sirve para recubrir las interconexiones o el cableado que conecta las células cerebrales al objeto de reducir la electricidad estática y asegurar la propagación rápida de las señales eléctricas; y las *microglías*, las recolectoras de la basura cerebral o la brigada de limpieza que, al igual que los leucocitos del cuerpo, patrullan sus dominios en busca de algo que esté fuera de lugar, como, por ejemplo, un germen, una sustancia extraña, sangre fuera de los vasos sanguíneos, o los residuos de las células dañadas o consumidas o simples fragmentos celulares. Dediquemos unos instantes a observar con mayor detenimiento el funcionamiento de estas células.

LAS NEURONAS

A lo largo y ancho de este libro, siempre que utilice el término célula cerebral me estaré refiriendo, en la mayoría de los casos, a las neuronas, las células especiales del cerebro específicamente diseñadas para transmitir la información que posibilita que nos movamos, hablemos, recordemos, percibamos y comprendamos las cosas que podemos oír, ver, tocar, oler y degustar en el mundo sensorial que nos circunda.

La morfología neuronal favorece esta función transmisora. La neurona presenta un cuerpo que alberga la información genética codificada que controla la célula así como sus mecanismos para la producción de energía. Una suerte de terminaciones o extensiones se proyectan desde sus costados. El grueso del equipo para la producción de energía se localiza en los extremos de estas extensiones, donde tiene lugar la actividad energética más intensa. Los cuerpos de las neuronas y sus conexiones cercanas constituyen lo que denominamos *materia gris*, siendo así que las conexiones más lejanas y de mayor alcance (recubiertas por su aislamiento de mielina) conforman la llamada *materia blanca*.

Desde uno de los costados de la neurona, la más larga de estas extensiones —llamada *axón*— se proyecta hacia el exterior hasta encontrarse con la neurona adyacente. Su longitud puede ser calibrada en unidades microscópicas en el caso de las conexiones internas del cerebro, pudiendo también alcanzar longitudes superiores al metro cuando conectan el cuerpo celular, situado bien en el cerebro o bien en la médula espinal, con la yema de los dedos de las manos o los pies. Cuando cortamos un nervio, por ejemplo, del pie, la rodilla o la mano, lo que cortamos realmente son manojos de miles de estas extensiones recubiertas de mielina, cada una de las cuales forma parte de una neurona individual cuyo cuerpo celular está situado a mucha distancia del punto de corte. Sorprendente, ¿no le parece?

En el extremo opuesto de la neurona hay un racimo compuesto (generalmente) por extensiones más cortas llamadas *dendritas*, que configuran el último de los elementos implicados en el mecanismo transmisor. Son las responsables de recoger la información entrante. El sistema de transmisión se pone en marcha cuando se conectan entre sí los extremos de varias neuronas, es decir, cuando el axón de una neurona se encuentra con las dendritas de otra neurona, que a su vez se conectan a través de su axón a las dendritas de otras varias neuronas, y así sucesivamente. Esta compleja red de interconexiones (parece increíble que una única neurona pueda recibir información procedente de otras diez mil) posibilita que las señales eléctricas viajen con extrema rapidez y alcancen todas las áreas del cerebro de manera virtualmente simultánea.

Y lo que es más sorprendente si cabe: a pesar de que las transmisiones se propagan por todas partes de forma casi instantánea, una señal eléctrica circula en un único sentido a través de una neurona, o sea, desde las dendritas que reciben la señal, atravesando el cuerpo de la célula, y posteriormente a lo largo de su axón y hasta las dendritas de otras neuronas. Esta asombrosa interconexión no es, en sentido estricto, de naturaleza física; el axón de una neurona no está realmente conectado con las dendritas de sus neuronas vecinas. Aunque viven en estrecha proximidad, existe un espacio ínfimo —que denominamos *fisura sináptica*— que las separa. Cuando la señal eléctrica alcanza el extremo del axón, provoca la liberación de unos mensajeros químicos específicos, llamados neurotransmisores, algunos de los cuales posiblemente le resultarán familiares: norepinefrina, dopamina, acetilcolina, serotonina, ácido γ-aminobutírico (GABA), glutamato y tantos otros. Después de ser liberados, estos neurotransmisores flotan en ese espacio; cada uno de ellos se adhiere al extremo de una dendrita, en una hendidura perfectamente adaptada a su forma (llamada receptor) y donde transmite la información a la siguiente neurona, estimulando de esta suerte otra ola de impulsos eléctricos que atravesarán el cuerpo de la neurona y recorrerán el axón hasta llegar a la fisura sináptica, y así una y otra vez. La región submicroscópica donde las terminaciones del axón de una neurona se encuentran con las fibras de las dendritas de la siguiente, incluyendo el espacio que las separa, se denomina *sinapsis*, el lugar del cerebro donde el neumático verdaderamente entra en contacto con el asfalto de la carretera, por recurrir a un símil automovilístico. En páginas posteriores de este mismo capítulo, tendrá la oportunidad de ampliar sus conocimientos sobre este concepto y las razones de su importancia.

Después de que cada oleada de impulsos eléctricos la atraviese, la neurona debe reiniciarse. Lo hace mediante la activación de un sistema de bombeo de sustancias químicas tales como el calcio, el magnesio, el potasio y el sodio, elementos que envía hasta su capa más externa, la llamada *membrana celular*. Esta actividad de reinicio —uno de los procesos corporales que más energía requieren— sucede repetidamente, a veces cientos o miles de veces por segundo, y es en gran medida la responsable de la elevada demanda de energía por parte del cerebro.

Estas sinapsis o interconexiones neuronales no son fijas como la instalación eléctrica de una vivienda; más bien varían de manera incesante en el transcurso de nuestras vidas, formándose de nuevo a medida que percibimos, respondemos y experimentamos o bien sufriendo un retroceso con el desuso. Este fenómeno, conocido por el nombre de *plasticidad*, es el que nos permite aprender y también, en buena medida, el artífice de todas aquellas características exclusivas del ser humano. No obstante, al mismo tiempo la plasticidad hace del cerebro un órgano extremadamente vulnerable a las lesiones. Sobre esta cuestión también abundaremos más adelante en este capítulo.

ANATOMÍA DEL CEREBRO

Todas estas miles de millones de células cerebrales se agrupan en centenares de racimos, llamados núcleos o regiones, seleccionados generalmente según sea su función principal —por ejemplo, un racimo de células cerebrales situado en la región posterior de la cabeza controla la visión; una agrupación ubicada en el costado izquierdo, por encima de las orejas, controla el lenguaje; una pareja de estos núcleos está íntimamente relacionada con la facultad de la memoria; otros racimos controlan las emociones, el oído, la percepción de los olores, el movimiento de las manos, los dedos de las manos y los pies, o la capacidad que posee la piel de las mejillas para sentir un leve roce o el pinchazo de un alfiler—. El cerebro no es más que

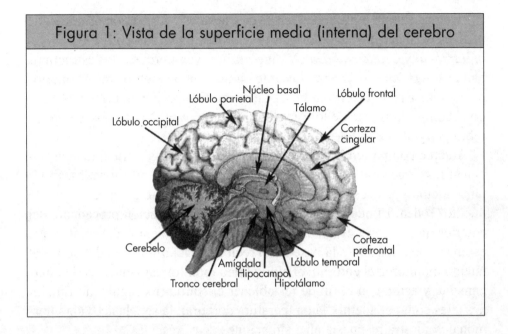

Figura 1: Vista de la superficie media (interna) del cerebro

Lóbulo occipital
Lóbulo parietal
Núcleo basal
Tálamo
Lóbulo frontal
Corteza cingular
Cerebelo
Amígdala
Hipocampo
Tronco cerebral
Hipotálamo
Lóbulo temporal
Corteza prefrontal

una estructura integrada por estas varias regiones, un todo que conforma un órgano vital. A continuación paso a describir la evolución del cerebro, desde sus orígenes sencillos, cuando regía el comportamiento de las criaturas que vivieron hace quinientos millones de años, hasta ese órgano tan exquisitamente complejo y sofisticado que es el cerebro humano moderno.

En la base del cerebro, justo donde la médula espinal se inserta en el cráneo, se asienta una colección de células cerebrales denominada *tronco cerebral* (véase la Figura 1). Esta estructura minúscula, aproximadamente del tamaño del dedo meñique, contiene un número de racimos de células nerviosas que controlan funciones tan elementales para la vida como ordenar que respiremos, que conciliemos el sueño o nos despertemos. Las partes del cerebro que controlan el latido del corazón, el equilibrio, el movimiento de los ojos, y otras funciones tales como toser o tragar, residen asimismo, en su mayor parte, en el tronco cerebral. También se alojan aquí las redes de células responsables de alertar a los centros lejanos que controlan las funciones superiores del cerebro, indicándoles que su concurso podría ser necesario. En síntesis: muchas de las funciones más esenciales para nuestra supervivencia se concentran en una pequeña región densamente poblada.

Asentada sobre el tronco cerebral descansa otra formación primitiva de núcleos de materia gris de origen inveterado, integrada por el *tálamo*, el *hipotálamo* y el *núcleo basal*. Y digo «primitiva» porque estas estructuras han existido desde el mismo instante en que hubo cerebros rudimentarios de cualquier laya. Decir también que desde tiempo inmemorial han guiado el comportamiento de los reptiles y algunas aves, que no poseen un cerebro pensante de índole superior.

Aunque comparten la misma región cerebral, estas estructuras desempeñan funciones muy diferentes, si bien íntimamente relacionadas. El tálamo recibe y procesa la información sensorial entrante desde el mundo que nos rodea. El núcleo basal actúa sobre la información procedente del exterior que procesa el tálamo y ordena los movimientos corporales que estima necesarios sobre la base de lo recibido. Del mismo modo en que el tálamo monitorea el entorno, el hipotálamo monitorea lo que sucede internamente y actúa con el fin de restablecer el equilibrio, regulando funciones tales como el apetito, la temperatura corporal, la sed, la actividad hormonal y nuestra respuesta ante situaciones de estrés.

En la posición inferior de la región posterior del cerebro se encuentra el *cerebelo*, una formación cerebral del tamaño de un limón. Las señales que emite el cerebelo tienen una notable repercusión sobre la coordinación, el equilibrio, la estabilidad del tronco del cuerpo, y además controla con inusitada precisión la musculatura, una función que se revela como esencial para ejecutar actividades tales como escribir, pintar y tocar el piano.

El cerebro siguió evolucionando a los largo de miles de años en respuesta al creciente volumen de información procedente del medio y a la necesidad de un procesamiento más eficiente. Por ejemplo, a medida que la obtención de alimentos y la coexistencia con los predadores devenían más y más complejas, afloró la necesidad de centros de pensamientos de orden superior. Entre los primeros pasos dados en esta dirección cabe destacar el desarrollo de otra región cerebral de origen arcano conocida con el nombre de *sistema límbico*, que sirve para controlar las respuestas emocionales tales como el miedo, la ansiedad y el enojo, así como la memoria y la orientación espacial. Después de todo, conocer la ruta más segura que conduce al pozo de agua más próximo y recordar la situación exacta de la guarida de leones que se interpone en nuestro camino son tareas que poseen un inequívoco valor de supervivencia. Son tres las estructuras cerebrales constituyentes del sistema límbico: el *hipocampo*, que desempeña un rol fundamental en la memoria; la *corteza cingular*, que participa de la categorización de los acontecimientos que nos suceden según sean su significación e importancia y dirime hasta qué punto debemos prestarles atención o preocuparnos; y finalmente la *amígdala*, que se encarga de procesar e interpretar las situaciones que presentan una fuerte carga emocional como, por ejemplo, la agresión y el miedo.

La más reciente expansión en el proceso evolutivo del cerebro recibe el nombre de *neocórtex*, esto es, la *corteza nueva*, que no es otra cosa que una capa exterior que presenta ondulaciones arrugadas de color gris y valles perfectamente visibles en la superficie del cerebro. Esta estructura, que supone la participación de los leones en lo que concierne al cerebro superior o la corteza, únicamente está presente en los mamíferos, y en los seres humanos posee un alto grado de desarrollo. La corteza nueva podría compararse con una lámina de células cerebrales de escaso grosor, apenas unos milímetros, e intrincadamente doblada, que al desplegarse cubriría una superficie de 200.000 milímetros cuadrados. Esta formación compacta y tan profusamente plegada reduce la cantidad de conexiones necesarias para conectar las distintas regiones. Comparada con los centros internos del cerebro, la corteza nueva es mucho más rica en conexiones. Más aún: los circuitos aquí presentes son altamente plásticos, lo cual significa que están reconectándose continuamente en respuesta a lo que experimentamos, en buena medida al igual que un ordenador es capaz de actualizar continuamente su *software* sin mediar supervisión externa o períodos de inactividad. La plasticidad, sin embargo, tiene un precio: un cerebro altamente plástico es, a su vez, un cerebro altamente vulnerable a las lesiones.

La corteza nueva dispone de cuatro regiones distintas, los lóbulos. En términos generales, cada uno de ellos desempeña una función particular (véase la Figura 2). Por ejemplo: el *lóbulo occipital*, situado en la zona posterior del cerebro, nos permite ver tras haber interpretado la información sensorial que recaban nuestros ojos. El *lóbulo frontal*, la mitad anterior del cerebro justo detrás de la frente, es el encargado de planear y ejecutar las acciones de la musculatura. En la región anterior del lóbulo frontal se distingue un área llamada *corteza prefrontal* (PFC en inglés), antes conocida como «cerebro silencioso» porque no presentaba indicios de realizar ninguna función o, al menos, porque nadie sabía exactamente cuál era su cometido.

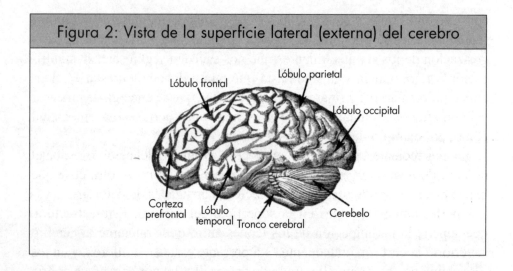

Figura 2: Vista de la superficie lateral (externa) del cerebro

En la actualidad se sabe que la corteza prefrontal es la responsable de las funciones ejecutivas. Es la parte de nuestro cerebro que nos permite imaginar el futuro que jamás hemos visto basándonos en lo aprendido en el pasado y en nuestros recuerdos y crear una imagen mental de lo que nos gustaría hacer así como diseñar un programa para hacer realidad la acción deseada.

Trabajando como si se tratara del director de una gran empresa multinacional, o como el director de una orquesta sinfónica, la corteza prefrontal idea un plan integral destinado a conseguir un objetivo o propósito específico y, a continuación, delega y dirige las tareas que es necesario ejecutar para alcanzar ese objetivo en las regiones del cerebro más adecuadas para ello. Por esta razón, el área prefrontal es la parte del cerebro que presenta una mayor densidad de conexiones, y se encuentra directamente conectada con todas las demás regiones funcionales. Esta disposición posibilita una maquinaria reactiva y de pensamiento eficiente y altamente flexible. Por el contrario, empero, esta profusión de interconexiones que la hace tan flexible también convierte a la corteza nueva en general (y la corteza prefrontal en particular) en una zona más vulnerable a las enfermedades, las lesiones y la degeneración producto del envejecimiento que cualquier otra parte del cerebro. Es como un motor de altas prestaciones. Funciona como la seda cuando se le da un mantenimiento adecuado, pero la dejadez hace que renquee y se ahogue.

En la región opuesta del cerebro, justo por encima de la oreja, se localizan los lóbulos temporales, que se ocupan de procesar el sonido y, en el caso del lóbulo temporal izquierdo fundamentalmente, del habla y el lenguaje. La ubicación escorada del centro encargado del habla explica que las personas que sufren un derrame en el lado izquierdo del cerebro experimenten mayores problemas con el habla que quienes sufren un derrame en el lado derecho.

Por encima de las áreas temporales, a mayor altura en ambos lados del cerebro, se localizan los *lóbulos parietales*, que se encargan de procesar los mensajes sensoriales complejos, especialmente aquellos de naturaleza táctil, esto es, los recabados por el sentido del tacto. Estas regiones nos permiten percibir la diferencia entre el placer que nos reporta el contacto de nuestros pies con la fina arena de la playa y la incomodidad derivada de caminar con esa misma arena dentro de nuestras sandalias.

Con todo, ninguna de estas actividades cerebrales de orden superior podría llevarse a cabo de no ser por los neurotransmisores, los mensajeros químicos del cerebro que salvan el espacio sináptico para transportar la información de una neurona a otra. Observemos con atención algunos de ellos.

LOS NEUROTRANSMISORES

Los neurotransmisores son pequeños compuestos químicos que actúan en el cerebro a modo de mensajeros que establecen vías de comunicación entre las neuronas. Como los vociferantes corredores de bolsa que actúan sobre el parqué de los mercados bursátiles entre un incesante clamor de mensajes entrecruzados, los neurotransmisores anegan los billones de sinapsis que existen en el cerebro cientos de miles de veces por segundo, elevando su voz constantemente sobre las demás. A modo de ejemplo: el *glutamato* es un neurotransmisor que comunica un mensaje que excita las neuronas; a su mensaje se opone el que transmite el *GABA*, que posee efectos tranquilizantes. Estos dos neurotransmisores ejercen presiones opuestas del tipo *yin-yang* u *on-off* directa e individualmente sobre las neuronas. Otros operan con mayor sutileza, ajustando con suavidad el control del volumen de aquellos mensajes que comprometen a grandes grupos de neuronas. Lo que el cerebro escucha depende básicamente del equilibro establecido entre todos ellos. En párrafos siguientes abordaré las características y las funciones de algunos de los neurotransmisores principales.

La *acetilcolina* (ACH en su acrónimo inglés), el primer neurotransmisor que fue identificado, actúa en nuestro cuerpo con el fin de regular un amplio espectro de las denominadas *funciones autónomas*, como la regulación del ritmo cardiaco, la presión sanguínea, las funciones glandulares y los movimientos del tracto intestinal. En el cerebro, sin embargo, la acetilcolina está implicada esencialmente en el almacenamiento y la recuperación de la información aprendida (recordada). Una carencia de acetilcolina —tal como la que se presenta en la enfermedad de Alzheimer— debilita la memoria, lo cual a su vez plantea dificultades para encontrar las palabras, calcular el saldo de un talonario de cheques o para recordar un rostro o un nombre. Los suplementos dietéticos o la medicación que favorecen la liberación y la permanencia de la acetilcolina en las sinapsis durante algunos instantes más, pueden inducir una notable mejoría en la memoria. Fármacos como el Aricept operan de esta manera.

La *dopamina* (DA), tan importante para algunas funciones cerebrales como la atención y la concentración, también es necesaria para afinar la coordinación de nuestros movimientos. Con toda probabilidad es más conocida por tener un papel destacado en la enfermedad de Parkinson, ese trastorno neurodegenerativo devastador que afecta a más de medio millón de estadounidenses, entre ellos algunas celebridades como Michael J. Fox y Muhammad Ali. Las investigaciones han detectado la ausencia de dopamina como causa de los síntomas de la enfermedad de Parkinson, a la que pueden achacarse la inexpresividad facial, los andares erráticos, desgarbados, el arrastre de los pies, el movimiento torpe y descoordinado, así como la agitación y los temblores tan característicos de esta patología. La restitución de la dopamina en combinación con otros medicamentos constituye uno de los tratamientos más exitosos para combatir este trastorno.

La *norepinefrina* (NE) vigila estrechamente las condiciones internas de nuestro organismo, regula la temperatura corporal, el ritmo metabólico y el apetito, libera numerosas hormonas y pone en alerta máxima a nuestro sistema nervioso frente a cualquier peligro o amenaza, cerciorándose de que estamos en disposición de defendernos o salir huyendo.

Entre la comunidad científica existe un amplio consenso acerca de que la *serotonina*, o más exactamente la falta de ella, es una de las causas de la depresión y la base de toda una categoría de fármacos antidepresivos, los así llamados inhibidores selectivos de la recaptación de serotonina (SSRI) tipificados por Prozac. La serotonina es un neurotransmisor del bienestar que envía mensajes que guardan alguna relación con la regulación de las áreas sociales y emocionales, incluyendo los estados de ánimo, la ansiedad y el miedo. Un equilibro adecuado en los niveles de serotonina asimismo mejora nuestra capacidad para conciliar el sueño.

La *taurina*, un aminoácido que se comporta en buena medida como un neurotransmisor, actúa sobre el tronco cerebral al objeto de ajustar el volumen en las señales de inflamación que surgen después de producirse un trauma o una isquemia cerebral (pérdida de riego sanguíneo en un área determinada), o en circunstancias de estimulación excesiva de las células nerviosas, tales como los procesos de excitotoxicidad.

Aunque los anteriores son sólo unos pocos entre los muchos compuestos que pueden transmitir señales en el interior del cerebro, conforman el grupo que mejor se ajusta a las ambiciones de este libro, siendo así que este breve análisis de los mismos debería servir para familiarizarle con el concepto básico. Seguidamente me gustaría cambiar de tercio y concentrar su atención sobre otro tipo de célula cerebral, una que guarda una estrechísima relación con la perdida de memoria asociada al envejecimiento.

LAS MICROGLÍAS
Anteriormente mencioné que las microglías cerebrales desempeñan una función similar a la que realizan los glóbulos blancos en el resto del cuerpo, es decir, combatir las infecciones o los cuerpos extraños. Se desplazan por todos los rincones del cerebro ordenándolo, recogiendo y reciclando escombros y cuerpos extraños, eliminando las células viejas y desgastadas y arrastrando todo aquello que no esté en su sitio. Ahora bien, no se limitan a ser una brigada de celosos porteros, pues también ejercen como perros sabuesos que olfatean estupefacientes, entrenados para detectar cualquier rastro químico de forasteros invasores, cualquier objeto o sustancia que pudiera entrañar algún peligro para el cerebro y los atacan y los destruyen si es necesario. Igualmente, pueden reconocer el peligro de otras maneras —por ejemplo, detectando las sustancias químicas especiales que libera una neurona cuando está sometida a un fuerte nivel de estrés, ya sea metabólica o físicamente—. Cuando las microglías identifican a un invasor o detectan una señal de peligro, activan una alarma que dispara toda

una cascada de inflamaciones diseñadas para neutralizar el problema, lo cual normalmente significa destruir su causa, sea la que sea.

Esta función protectora y de combate propia de las microglías, como en el caso de sus primos los glóbulos blancos, es un mecanismo de defensa de origen remoto concebido para activarse, identificar y gestionar el problema, y rápidamente desactivarse una vez que el peligro haya pasado o haya sido sofocado. No obstante, en algunas ocasiones el botón de alarma se queda atascado en la posición de activación, una situación que mantiene a las microglías en estado de máxima alerta y comporta una escalada de varios ciclos de inflamación que podrían lesionar grave y extensivamente el cerebro. Esta clase de alerta inflamatoria inapropiada y de largo recorrido es precisamente lo que se tuerce en algunos trastornos cerebrales tan progresivos, destructivos e incapacitadores como la esclerosis múltiple (MS).* De capital importancia para nuestra discusión, la activación crónica de las microglías, aunque en un grado mucho más leve, también es parte de lo que sucede en el cerebro envejecido, privándonos de nuestra memoria y nuestras capacidades mentales. Al hilo de esto, permítaseme interrumpir nuestro estudio de la estructura del cerebro y dedicar un momento a la cuestión de cómo funciona la memoria.

La memoria en acción

¿Ha visto alguna vez una fotografía de una centralita de teléfonos antigua? Un equipo de operadoras sentadas en una hilera (en las grandes ciudades

---

* En la esclerosis múltiple, el sistema inmunitario (incluyendo las microglías) ataca y destruye algunas secciones del aislamiento de mielina en el cerebro y alrededor de los nervios. Allí donde se destruye la mielina, aparecen placas de tejido endurecido (esclerosis). Esto allana el camino de la electricidad estática, lentifica la transmisión de los estímulos nerviosos y la hace más costosa, o, en los casos más graves, se interrumpe periódicamente perdiéndose las señales eléctricas. Esta situación propicia los accesos imprevisibles de síntomas como el embotamiento, el hormigueo, los estremecimientos, la pérdida repentina del control de una extremidad o de la visión, tan característicos de esta patología. Todavía no ha podido determinarse con certeza la causa del ataque autoinmune.

ocupaban salas enteras), cada una frente a un panel atestado de conexiones con luces intermitentes y redes de cables entrecruzados por medio de los cuales ella (porque generalmente eran mujeres) conectaba telefónicamente a los dos interlocutores. Aunque en una escala infinitamente más compleja, esta comparación sirve para que visualicemos el modo en que las neuronas se comunican entre sí. Una se conecta a otra —o, para ser más exactos, a unas 10.000 compañeras neuronas— para charlar un rato. La profundidad, la amplitud y la envergadura de la centralita cerebral se hacen más evidentes cuando entendemos que un único cerebro humano envía más señales de comunicación en un día que todos los teléfonos del mundo. A la vista de ello, y con tantas señales zumbando por el cableado cerebral, ¿cómo es posible que podamos pensar, recordar y actuar de una manera ordenada? ¿Cómo funciona nuestra mente?

En el momento de nuestro nacimiento, a excepción de las partes primitivas del cerebro que necesitamos para sobrevivir —el tronco cerebral y el sistema límbico—, disponemos de una centralita cerebral que está prácticamente en blanco. Los centros superiores del cerebro, incluyendo los lóbulos frontales y la corteza prefrontal, alcanzan su madurez en una fase bastante tardía de nuestro desarrollo, porque los billones de conexiones (las sinapsis) que poseen deben ser conectadas, reconectadas y esculpidas por la experiencias tempranas de nuestra vida. Conectar la centralita supone un enorme coste energético. El cerebro del niño recién nacido consume casi dos tercios de la energía utilizada por todo su cuerpo, mientras que el cerebro adulto demanda sólo alrededor del 20% de la producción energética de nuestro cuerpo. Esa cantidad sigue convirtiéndolo en el rey de los órganos en lo que al consumo de energía se refiere, si bien empalidece cuando lo comparamos con la necesidad de energía que evidencia el cerebro de un neonato cuando está cableando y activando todos sus circuitos.

Para un cerebro de cualquier edad, el aprendizaje de cada nueva experiencia estimula una conexión asimismo nueva. La repetición consolida la conexión y activa el cerebro para hacerla semipermanente como resultado de recubrir las conexiones con mielina, una operación más o menos equivalente a soldar los cables de los altavoces de un equipo de audio antes que unirlos y retorcerlos para unir ambos polos. Esto minimiza la electricidad estática y garantiza una conexión más segura y veloz, de suerte que podamos recuperar la información aprendida mucho más rápida y fácilmente en el futuro, a veces incluso de forma automática.

Aquello que llamamos *memoria* es el proceso mediante el cual el cerebro retiene las experiencias aprendidas a lo largo del tiempo gracias a estas conexiones sinápticas físicas y fuertemente bobinadas. Los científicos dividen los archivos de la memoria en dos categorías principales. La primera es la memoria *de procedimiento*, relacionada con el aprendizaje de una tarea o destreza, como escribir con un teclado, tocar el piano, caminar, andar en bicicleta o patinar —esto es, un procedimiento cuyo desempeño puede mejorar con la práctica hasta que deviene algo casi automático—. El segundo tipo de archivo básico de la memoria es la memoria *declarativa*, relacionada con el almacenamiento de hechos, cosas tales como su número de teléfono o su domicilio, los nombres de sus nietos, la lista de los reyes godos o quién fue el primer hombre en dar la vuelta al mundo en el año 1522.

La memoria declarativa en sí misma se divide en dos áreas netamente diferenciadas. La primera de ellas recibe el nombre de memoria *semántica*, que incluye el almacenamiento de hechos y conceptos aprendidos. Es, en la mayoría de los casos, el tipo de memoria que empleamos en la escuela para aprender a leer y escribir y en nuestras clases de aritmética. Está sujeta al olvido en ausencia de repetición y ejercicio que mantengan sus circuitos perfectamente engrasados.

La segunda clase, la llamada memoria *episódica*, está referida a nuestro personal bagaje de acontecimientos, así como los tiempos, los lugares y las emociones que los rodearon. En general, cuantas más sean las emociones asociadas con un acontecimiento, más fuerte y más vívida será la memoria episódica del mismo. Por ejemplo: si usted estaba vivo en 1963, muy probablemente podrá responder a esta pregunta sin la menor vacilación: ¿dónde se encontraba usted cuando se enteró de que el presidente Kennedy había sido abatido por un disparo? Los momentos decisivos, como el antedicho, producen lo que se ha dado en llamar la *memoria de flash*, queriendo decir con ello que el acontecimiento en cuestión genera de forma casi instantánea una serie de interconexiones duraderas entre las células del cerebro. El sótano donde se almacena la memoria de flash, como es el caso de todos los recuerdos declarativos, se ubica fundamentalmente en conexiones situadas dentro del hipocampo y la corteza nueva.

Por otro lado, las conexiones neuronales de la memoria de procedimiento se encuentran principalmente en el núcleo basal, el cerebelo y la médula espinal.

Esta separación física para ambos tipos de memoria nos ayuda a explicar por qué, a medida que pasan los años, es muy posible que tengamos dificultades para encontrar la palabra justa o poner nombre a una cara, aunque podamos recordar sin problemas cómo se anda en bicicleta. Las áreas de almacenamiento de la memoria declarativa —la corteza nueva y el hipocampo—, debido a su cableado de altas prestaciones y a su necesidad de permanecer flexibles para rehacer las conexiones según sea necesario, corren un riesgo mucho mayor de degenerar con el paso del tiempo. Mantenerlas en óptimas condiciones durante tanto tiempo como sea posible —y así preservar nuestra memoria— es nuestro primer objetivo. Pese a la complejidad inherente al cerebro, identificar qué se necesita para mantenerlo saludable es, de hecho, una tarea muy sencilla. Todos los medios que podamos emplear para alcanzar este objetivo —observar una dieta más equilibrada, tomar determinados suplementos nutricionales beneficiosos para el cerebro, hacer el ejercicio físico y mental adecuados, evitar las sustancias tóxicas, etc.—, todos sin excepción surten efecto incidiendo sobre una o más de las cuatro áreas básicas de la célula cerebral cuya buena salud es imperativo proteger.

Los principios de Ricitos de Oro

Las matemáticas son una ciencia pura muy, muy precisa: dos más dos son siempre cuatro, y no ocho, no siete, no nueve. Las matemáticas son como un interruptor de la luz de tipo estándar: está encendido o está apagado. Llevando esta analogía un poco más lejos, decir que los procesos biológicos operan en buena medida como un reóstato o un regulador de intensidad, que presentan varias posiciones: encendido, apagado y cualquier posición situada entre ambos extremos. Según lo exija la ocasión, un proceso biológico dado podría ser apagado por completo, podría operar a toda máquina o también podría situarse en un nivel de funcionamiento intermedio, buscando incesantemente la posición biológica más dulce para que todo se mantenga en óptimas condiciones.

Si bien esto es verdad para el cuerpo en su conjunto, el cerebro, más que cualquier órgano, se afana por mantener sus procesos críticos operando con total seguridad en una zona «sencillamente perfecta» el mayor tiempo posible, ni demasiado lento ni demasiado rápido, a una temperatura no demasiado caliente ni demasiado fría, sin pasarse de la raya y sin quedarse corto. Para lograrlo, a la vista del sinfín de alteraciones y desafíos de naturaleza física, metabólica, química y ambiental que se producen continuamente, el cerebro debe ser lo suficientemente ágil para reajustarse en fracciones de microsegundo. Es interesante constatar que si bien los retos a los que tiene que enfrentarse momento a momento son prácticamente ilimitados, todos ellos atañen virtualmente a una o más de las cuatro áreas críticas que el cerebro debe regular o dirigir estrechamente: el flujo del calcio, el equilibrio entre la insulina y la glucosa (el azúcar en sangre), la disponibilidad de los factores de crecimiento más adecuados para reparar y regenerar, y el control de la inflamación. Virtualmente todos los accesos tóxicos o traumáticos, los desafíos planteados por la medicación o los tratamientos farmacológicos, y los cambios en las circunstancias metabólicas o nutricionales del cerebro, afectan a una o más de estas cuatro áreas críticas, siendo así que el cerebro se esfuerza denodadamente para restablecer el equilibrio. Por este motivo, he decidido bautizarlos con el nombre de *principios de Ricitos de Oro*. Para facilitar la comprensión del funcionamiento del cerebro y sus razones, por qué las cosas se tuercen con la edad, los traumas o las enfermedades y cómo es posible preservar o aun mejorar las funciones cerebrales, atrevámonos a explorar cada uno de estos principios con todo lujo de detalles.

PRIMER PRINCIPIO DE RICITOS DE ORO: EL CONTROL DEL FLUJO DE CALCIO

Nuestras neuronas (o células cerebrales) deben ser capaces de comunicarse con las demás de suerte que podamos llevar a cabo cualquiera de las actividades maravillosas que nos definen como seres humanos. Todas las acciones, desde componer una sinfonía, cantar una canción, pintar un cuadro, tocar el piano o charlar con los amigos hasta leer un buen libro o reírse de un chiste, se reducen a la necesidad que tienen las neuronas de comunicarse entre sí con facilidad.

Las neuronas se comunican entre sí por medio de sus sinapsis, que son extensiones de sus membranas celulares (o pieles) que conforman los puntos de contacto entre ellas y sus vecinas (en un sentido muy simplista, podemos comparar las sinapsis con ese instrumento construido con latas de estaño atadas en ambos extremos de una cuerda que los niños utilizan para hablar unos con otros). Sin embargo, el sistema es extraordinariamente complejo, puesto que todas y cada una de las neuronas reciben información entrante (esto es, a través de un punto de contacto sináptico) procedente de hasta otras 10.000 neuronas. Tomando en consideración que en el cerebro humano hay aproximadamente 100.000 millones de neuronas, eso significa que un cerebro promedio dispone de 1.000 billones de puntos de contacto que se activan continuamente, comunicándose entre sí de manera incesante.

Pero, al contrario que la analogía de la lata de estaño, las sinapsis carecen de una ubicación fija y una forma determinada. Las sinapsis emergen, retroceden, se reconectan y alteran su forma, de manera harto literal hora tras hora, bajo la influencia constante y modeladora de nuestra historia (los conocimientos o las actividades pretéritas) y la carga de nueva información entrante. Esto recibe el nombre de reforma en tiempo real de la *plasticidad* sináptica, y constituye la base de la memoria de aprendizaje, la atención y las emociones. Dicho más brevemente: la base de nuestra humanidad.

Una buena manera de plantear la formación de sinapsis consiste en equipararla al izado de la carpa de un circo. En primer lugar, los trabajadores extienden el inmenso lienzo en el suelo; a continuación, situándose debajo del mismo, empiezan a levantar partes de la carpa recurriendo a postes telescópicos. Gradualmente se forma la cúpula y, seguidamente, cuando los operarios tensan las cuerdas una por una, emerge toda la cubierta.

El surgimiento de una nueva sinapsis tiene lugar de un modo bastante parecido. Una pequeña región de la membrana de la célula cerebral es equiparable al lienzo; esta porción es izada desde la superficie mediante la construcción de microtubos en el interior de la célula, estructuras de carácter submicroscópico muy semejantes, si se me permite, a los gigantescos postes telescópicos de la carpa. Los postes que conforman este andamiaje cerebral están íntimamente relacionados, encajan perfectamente los unos con los otros, un extremo con otro, consolidados por medio de unas proteínas aglutinantes que reciben el nombre de proteínas *tau* (recuerde este término, porque las proteínas tau desempeñan un rol de capital importancia en la pérdida de memoria, muy especialmente en la enfermedad de Alzheimer).

Usted podría preguntarse qué pinta el calcio en todo este asunto. Pues bien, resulta que el flujo de los iones de calcio en el seno de la célula, coordinado y regulado con precisión, dispara tanto la construcción de las estructuras tubulares como su consolidación gracias a la acción de las proteínas tau, queriendo decir con ello que todo el aprendizaje, la memoria, la atención y las emociones en última instancia dependen de que el cerebro sea capaz de controlar a la perfección la entrada del calcio.* Siendo como es uno de los principios de Ricitos de Oro, la cantidad de calcio presente en la célula no debe ser excesiva ni tampoco escasa, sino exactamente la adecuada. La célula permite que el calcio fluya en su interior y realice su cometido. Posteriormente, gasta una tremenda cantidad de energía para devolver el calcio al exterior, dado que en caso de acumularse en el interior, su presencia sería potencialmente letal. Si la cantidad de calcio es escasa, la sinapsis no resultará suficientemente excitada y jamás disparará su señal; mientras que con una cantidad excesiva la célula nerviosa literalmente se excitará hasta la muerte.

Una desviación de las concentraciones de calcio mucho más allá de la zona adecuada, bien podría romper el equilibrio entre la creación y la destrucción de sinapsis. Cuando se produce una destrucción de sinapsis excesiva las neuronas se desconectan, un hecho que redunda en un debilitamiento de las funciones cerebrales. Esto es hasta cierto punto lo que ocurre en la pérdida de memoria provocada por el envejecimiento, y en grado extremo lo que tiene lugar en la enfermedad de Alzheimer.

SEGUNDO PRINCIPIO DE RICITOS DE ORO: EL CONTROL DEL EQUILIBRO DE LA INSULINA Y LA GLUCOSA

El cerebro tiene un dulce paladar. El cerebro demanda una dieta continua de glucosa (azúcar en sangre), su principal combustible, extrayendo alrededor de 100 gramos (aproximadamente media taza) de glucosa de la sangre

---

* Aunque el calcio es el caballo de tiro de la comunicación entre las células cerebrales, su liberación depende básicamente de otra sustancia química cerebral, el llamado glutamato, que puede encontrarse en los alimentos (el aditivo potenciador del sabor conocido como glutamato monosódico, MSG en su acrónimo inglés, por ejemplo), y que en grandes cantidades se revela tóxico para el cerebro, sobre lo que abundaremos más adelante.

cada día al objeto de mantener el funcionamiento de las sinapsis a pleno rendimiento. No se trata de una cantidad tan difícil de conseguir en esta época caracterizada por la profusión de alimentos ricos en carbohidratos, tales como la pasta y los *bagels*, pero nuestra maquinaria bioquímica no surgió en un planeta donde abundara el carbono. Antes bien, nosotros evolucionamos fundamentalmente comiendo carne, una dieta monótona complementada con cualesquiera recursos miserables, siempre escasos en carbono, que nos ofrecía la naturaleza según la estación, que en determinados climas pueden ser mínimos. Así las cosas, ¿cómo satisfacían nuestros ancestros las exigencias de glucosa de nuestro cerebro? La respuesta es que bioquímicamente.

Sus cerebros, como el nuestro, precisaban una asignación diaria de azúcar. Con el fin de satisfacer estas necesidades, el cuerpo humano está ingeniosamente equipado para producir toda la glucosa que el cerebro requiere a partir de las proteínas. Las proteínas proceden de lo que consumimos en nuestra dieta o, en épocas de grandes hambrunas —dado que el cuerpo únicamente puede almacenar el azúcar necesario para funcionar correctamente durante 24 horas, antes de que se produzca un problema—, de lo que puede extraer de las reservas de proteínas de nuestro cuerpo (los músculos, los huesos y otros órganos), construidas a partir de las materias primas que el cuerpo es capaz de transformar en glucosa.

Con abundantes proteínas y grasas que comer y todos los mecanismos bioquímicos funcionando normalmente, tanto el cerebro como el cuerpo pueden arreglárselas felizmente y sobrevivir con una dieta escasa en fuentes de carbohidratos. En términos evolutivos, por eso mismo echamos los dientes.

Suficiente. Usted podría preguntarse qué tiene que ver la insulina en todo esto. Después de todo, la insulina es una hormona que normalmente asociamos con la diabetes, con el descenso del azúcar en sangre cuando está demasiado alta. Y en sentido estricto eso es cierto. Cuando comemos, nuestros procesos digestivos descomponen los alimentos en proteínas, grasas y azúcares. Las proteínas y los azúcares propician la liberación de insulina por parte del cuerpo, cuya acción consiste en separar estos dos nutrientes del torrente sanguíneo y dirigirlos hacia aquellos tejidos donde puedan ser de alguna utilidad. Este ciclo de nutrición natural funcionará correctamente siempre y cuando tengamos algún alimento que llevarnos a la boca, ya sea glucosa u otra cosa, como una proteína, que podamos transformar en glucosa.

En algún punto del proceso, nuestros cuerpos aprendieron una ingeniosa técnica que contribuye a satisfacer la necesidad de glucosa tan característica del cerebro en tiempos de escasez. Así fue cómo desarrollamos la capacidad para resistir temporalmente la acción de la insulina. Para comprender mejor lo que esto puede significar para el cuerpo o para el cerebro, piense en la insulina como la llave que abre la puerta a través de la cual la glucosa puede abandonar el torrente sanguíneo y penetrar en los músculos y otros tejidos. La resistencia a la insulina, por tanto, sirve para atrancar la puerta, de suerte que la llave resulta completamente inefectiva y así se cierra bruscamente el paso de la glucosa.

Los músculos, los órganos e incluso el corazón pueden funcionar bastante bien (incluso lo prefieren) empleando las grasas como fuente de combustible para la producción de energía. Al hacerse temporalmente resistentes a la insulina, los músculos y los órganos se transforman en grasa al quemarse para obtener energía, lo cual preserva toda la glucosa presente en la sangre para ese cerebro adicto al azúcar.* Cuando la comida vuelve a ser abundante, nuestros cuerpos retornan a un estado de sensibilidad normal a la insulina, y el organismo vuelve a la normalidad. Es por ello que, desde una perspectiva evolucionista, y dado que los períodos de hambruna generalmente no se prolongan demasiado, la capacidad de desarrollar una resistencia transitoria a la insulina resulta muy útil por cuanto nos permite sobrevivir en tiempos de escasez.

Avancemos ahora hasta el tiempo presente, cuando, al menos en Occidente, no hay problemas de escasez ni grandes hambrunas, donde rara vez padecemos de falta de carbohidratos o calorías. Parecería lógico argumentar que, bajo tales circunstancias, el cerebro funcionaría de manera óptima, felizmente bañado en un incesante mar de azúcar en sangre. No obstante, la

---

* La resistencia transitoria a la insulina también ocurre en las mujeres durante los últimos meses del embarazo, cuando el azúcar en sangre de la madre debe ser compartido por dos cerebros, el suyo y el del bebé. Esta situación suele resolverse después del parto. En algunas mujeres, esto ocurre hasta el punto de que sobreviene una diabetes auténtica, que en determinadas ocasiones no remite después de dar a luz.

realidad contradice este aserto. Aunque nuestros cuerpos evolucionaron su maquinaria para salvarnos de la escasez, en el transcurso de la historia del ser humano las épocas de abundancia han sido tan breves en términos relativos que no hemos desarrollado medio alguno para hacer frente a lo opuesto. El hambre produce resistencia a la insulina (a fin de preservar las funciones cerebrales bajo condiciones adversas), al igual que, en contra de la intuición, el consumo excesivo de calorías. La ingestión crónica de demasiados alimentos perjudiciales afecta en Estados Unidos a casi treinta millones de personas, niños y adultos por igual, en la forma de resistencia a la insulina o diabetes auténtica. Esta ingente población ha subvertido un pequeño truco de supervivencia hasta convertirlo en una forma de vida caracterizada por unos niveles de insulina y glucosa elevados y sostenidos en el tiempo, cosa que genera la paradoja metabólica, tanto para el cuerpo como para el cerebro, de pasar hambre en situaciones marcadas por la abundancia. Todo el azúcar en sangre del mundo no puede alimentar un cerebro resistente a la insulina. Huelga subrayar que un exceso de insulina o de glucosa puede reportar consecuencias terribles o incluso causar lesiones graves.

Además de controlar el azúcar en sangre (o no, como en el caso de la resistencia a la insulina), ¿desempeña la insulina alguna función en el cerebro? Hasta hace no mucho tiempo, la respuesta de la comunidad científica a esta pregunta habría sido un atronador y rotundo no. Pero todo eso cambió cuando en tiempos recientes los investigadores descubrieron la presencia de receptores de insulina en muchas regiones del cerebro —y es interesante que se localicen en los centros cerebrales encargados de controlar el apetito, el pensamiento complejo y la memoria—. Asimismo, se ha encontrado insulina en el cerebro. En consecuencia, el sentido de nuestras preguntas ha variado sustancialmente, siendo ahora necesario averiguar a qué responde exactamente su presencia allí. Está claro que en el centro encargado del apetito la insulina actúa como lo hace en la musculatura, esto es, abriendo la puerta para permitir la entrada de glucosa en las células cerebrales. En otras zonas su rol no resulta tan obvio. Sea como fuere, una investigación no exenta de cierta intriga nos proporciona algunas pistas.

Elucidar la función que realiza una hormona o una sustancia química corporal no siempre es tarea fácil; de hecho, a menudo resulta más sencillo ver lo que hace una sustancia como resultado de eliminarla y observar lo que *no* ocurre en su ausencia. Precisamente eso es lo que hizo un grupo de investigadores con una variedad de ratones que habían sido criados de manera tal que no tuviesen receptores de insulina en sus cerebros. Los científicos notaron que los cerebros de estos ratones no eran capaces de utilizar la glucosa en la misma medida que sus congéneres normales. Eso no es tan sorprendente, pero lo que sí llamó la atención de los investigadores es que los ratones también desarrollaron cambios inusuales en sus cerebros, alteraciones muy similares a las que pueden apreciarse en los cerebros de los humanos que padecen la enfermedad de Alzheimer. Además, los ratones no sólo perdieron importantes funciones de la memoria, que comprometían su capacidad para orientarse a través de un laberinto, sino que asimismo mostraban un comportamiento demente. Todos estos hallazgos son análogos a los cambios que se aprecian en la enfermedad de Alzheimer que afecta a los seres humanos. Al menos en el caso de los ratones, los síntomas eran consecuencia directa del hecho de que el cerebro había perdido la capacidad de mantener el equilibrio entre la glucosa y la insulina. A partir de esta observación (y otras de semejante naturaleza) se colige el segundo principio de Ricitos de Oro: una incapacidad del cuerpo para hacerse resistente a la insulina resulta mortal para el cerebro cuando se padece hambre; la resistencia crónica a la insulina resulta mortal cuando hay superabundancia. Una vez más, el cerebro quiere las cosas en su justa medida.

TERCER PRINCIPIO DE RICITOS DE ORO: EL CONTROL DEL CRECIMIENTO, LA REGENERACIÓN Y LA REPARACIÓN

En el útero materno, el bebé nonato crece a partir de una única célula hasta convertirse en un recién nacido totalmente formado al cabo de los nueve meses de gestación, un complejo proceso que se desarrolla bajo la atenta batuta de ciertos factores de crecimiento, unos diminutos mensajeros hormonales que estimulan, regulan y orquestan la producción y el mantenimiento de nuevas células. El infante crece hasta erguirse y convertirse en un niño que camina, el niño se transforma en un adolescente, el adolescente en un joven y el joven en un adulto, todo bajo la influencia de una serie de factores de crecimiento específicos. Desde antes del nacimiento y durante toda la vida adulta, los factores de crecimiento gobiernan el edificio, remodelando y reparando el cuerpo entero, y eso también es aplicable al cerebro.

Hubo un tiempo en que los científicos pensaban que los seres humanos nacíamos dotados con una batería completa de células cerebrales, todas las habidas y por haber, siendo así que en ese preciso instante comenzábamos a perderlas. Investigaciones recientes —muy estimulantes, por cierto—, han demostrado que el cerebro maduro puede formar células nuevas capaces de conectarse a e integrarse en las redes de comunicación existentes, siempre y cuando nuestro cerebro sea capaz de mantener un suministro adecuado de determinados factores de crecimiento vitales (¡lo más intrigante del caso es que podemos disminuir o reabastecer el suministro por medio de decisiones que atañen directamente a nuestro estilo de vida!).

En el instante del nacimiento, el cerebro del recién nacido contiene muchas más neuronas que las que tendrá ulteriormente cuando alcance la edad adulta. En rigor, durante la infancia, el número de sinapsis alcanza una cifra máxima cercana al doble de las que tiene un adulto. ¿Por qué sucede así, considerando que sin duda los niños son considerablemente más pequeños y menos capaces que los adultos? ¿Por qué sucede así cuando todo indica que su necesidad de una intrincada red de conexiones es mucho menor? Esto se debe al fenómeno de la *plasticidad*, esa capacidad del cerebro humano para cambiar incesantemente, para dar nueva forma a sus conexiones al objeto de aprender y recordar.

Desde el preciso instante del alumbramiento, o incluso desde antes, nuestro cerebro empieza a procesar enormes cantidades de información sensorial entrante —el aire frío, la luz intensa, el dolor de las agujas, el sonido de las voces, la calidez del regazo de los padres, etc.—. Cada uno de los impactos sensoriales que recibimos en el decurso de la vida, pero especialmente en nuestros primeros años de formación, actúa a modo de un pequeño cincel, esculpiendo nuestro cerebro, consolidando nuevas destrezas, nuevas informaciones, nuevas caras y nuevos lugares, robusteciendo las conexiones que se emplean con frecuencia y recortando las redundantes o aquellas que caen en desuso. Es ahí donde el exceso de neuronas y sinapsis de un niño entra en juego: posibilita que una ingente cantidad de material en bruto proveniente de la experiencia de cada individuo sea esculpido hasta construir un cerebro adulto maduro, dotado con una amplia red de conexiones que comunica rápida y eficientemente las células cerebrales con el fin de garantizar la supervivencia de las más utilizadas. Las neuronas nacieron para comunicarse. Las que lo hacen convenientemente se integran en circuitos de comunicación totalmente funcionales que nos permiten recordar un acontecimiento, un rostro, caminar, hablar o sonreír. Aquellas que no logran establecer conexiones sólidas basadas en nuestras vicisitudes y experiencias son eliminadas.

El proceso de conectar las neuronas entre sí, que resulta en nuestra capacidad para recordar y aprender, progresa por etapas a medida que crecemos, alimentado por lo que parece ser una amalgama alfabética e interminable de auténticos promotores del crecimiento: el factor de crecimiento nervioso (NGF), la neurotrofina 3 (NT3) y el factor neurotrófico derivado del cerebro (BDNF), entre otros. El BDNF, por ejemplo, sostiene el crecimiento y la supervivencia de las células cerebrales nuevas, incrementa su resistencia a las lesiones y espolea la construcción, la remodelación y la reconexión de nuevas sinapsis o conexiones entre las células nuevas desde antes del nacimiento y hasta la muerte. Y, según ha confirmado el trabajo experimental con ratones que presentaban un déficit de BDNF, su carencia provoca un debilitamiento de la memoria y la capacidad de aprendizaje. Cabe señalar aquí que algunas investigaciones realizadas con seres humanos indican que la falta de BDNF puede ser una verdadera deficiencia (la presencia de BDNF en cantidad insuficiente) o meramente funcional —dicho con otras palabras: se puede desarrollar una resistencia al BDNF, no muy diferente de la resistencia que pueden desarrollar nuestros músculos a la insulina, una situación caracterizada por su abundancia en el medio, si bien las células son ciegas a su mensaje.

La fluidez de pensamiento depende de que exista una comunicación ininterrumpida de alta velocidad entre las células cerebrales. Si la conexión es irregular, las células del cerebro pueden procesar y sólo reaccionar ante una fracción de la información entrante. Si estas regiones se desconectan funcionalmente, el resultado es equiparable al corte abrupto de una videoconferencia. La tecnología más sofisticada de escaneado cerebral ha demostrado la pérdida de conectividad funcional con el paso de los años, un hallazgo que se corresponde con un declive en la capacidad para realizar determinadas tareas a medida que envejecemos.

El cerebro recurre a los factores de crecimiento, tales como el BDNF, al objeto de mantener el equilibrio entre la construcción de nuevas conexiones entre las células cerebrales (o el fortalecimiento de las ya existentes) y su eliminación o su reducción. La pérdida del soporte del BDNF (ya sea por falta de producción o por debilitamiento de su mensaje) redunda en una rotura del equilibrio, el recorte de las conexiones y la pérdida de células cerebrales. Una vez más, el cerebro se esfuerza por mantener este proceso exactamente en el nivel adecuado; y si no puede, las funciones cerebrales se resienten. La buena noticia para nosotros es que podemos, tomando las decisiones recomendadas en el programa Brain Trust, incrementar la producción de BDNF de nuestro cerebro y revertir ese equilibrio para que juegue a nuestro favor.

CUARTO PRINCIPIO DE RICITOS DE ORO: EL CONTROL DE LA INFLAMACIÓN

En la Roma del siglo I después de Cristo, Aulo Cornelio Celso describió la inflamación aguda como un fenómeno caracterizado por cuatro síntomas clásicos: hinchazón, enrojecimiento, dolor y calidez, o en terminología latina, *tumor*, *rubor*, *dolor* y *calor*. En los dos milenios que siguieron, apenas hemos sido capaces de mejorar su perspicaz descripción de los signos visibles de la respuesta inflamatoria aguda. Sus cuatro síntomas clásicos, enseñanzas que hoy se transmiten en las facultades de medicina del mundo entero, siguen ofreciéndonos una imagen perfecta de lo que podemos ver y sentir cuando algo incita una respuesta de esta naturaleza en nuestro organismo: pensemos en la herida infectada de una astilla, la picadura de un mosquito, un ojo irritado o una apendicitis. El malestar que deriva de estas situaciones es consecuencia, fundamentalmente, del ataque que organiza nuestro cuerpo contra algo que percibe como un enemigo exterior y de su esfuerzo para expulsarlo recurriendo a la única arma defensiva sobre la que tiene autoridad: el sistema inmunitario.

Nosotros dependemos de un sistema inmunitario altamente vigilante para que nos proteja de los ataques de las bacterias, los virus y los hongos del mundo que nos rodea; y reconozca y elimine cualquier célula peligrosa y malintencionada que pueda aparecer en el organismo, células que de no ser revisadas puntualmente podrían originar un cáncer. A modo de ejemplo: si pisamos un clavo oxidado, la punción portará cualesquiera bacterias que pudiera haber en la superficie del clavo o en la planta del pie desnudo hasta lo más hondo de la herida. En sí mismo el trauma causa la liberación de varios compuestos inflamatorios específicos, señales químicas que, como un SOS, pondrán en alerta a las tropas de vanguardia del sistema inmunitario, que a su vez enviarán sus glóbulos blancos al área afectada para evaluar la situación y, mediante la liberación de compuestos inflamatorios propios, llamarán a los refuerzos necesarios para organizar un ataque que destruya al causante de la alarma y seguidamente limpiarán el caos resultante de la batalla.

La selección natural sirvió para construir un sistema inmunitario en vigilancia constante, que responde de manera expeditiva y rotunda frente a las agresiones específicas de duración limitada cuando así se le indica, y que se inhibe una vez que la amenaza ha sido derrotada y erradicada definitivamente. Sin embargo, este sistema no resulta tan adecuado cuando se estimula constantemente o si está crónicamente desplegado. El desarrollo de enfermedades tales como la artritis reumatoide y la esclerosis múltiple nos ofrecen elocuentes ejemplos del daño producido cuando se activa un sistema inmunitario crónicamente estimulado. En el interior del cuerpo, la inflamación desempeña un papel de importancia cardinal, pero debe ser controlada. Lo mismo es aplicable al cerebro.

En lugar de recurrir a la brigada de glóbulos blancos que patrulla por el cuerpo, el cerebro delega esa misión a las microglías, que permanecen alerta y combaten a los microbios y demás invasores, además de encargarse de limpiar los residuos celulares y de reciclar las proteínas de deshecho y otros detritos que acumulamos para vivir. Como los glóbulos blancos de la sangre, las microglías también responden a la llamada de los compuestos inflamatorios.

Con el envejecimiento, el cerebro pierde peso y volumen cuando el número de neuronas y de redes interneuronales disminuye. Sorprende descubrir que, al mismo tiempo, el número de microglías parece incrementarse realmente y, con ellas, los niveles de compuestos inflamatorios que éstas generan y liberan.

Aunque la ciencia moderna no ha sido capaz de mejorar la descripción que de la inflamación aguda hiciera Celso hace dos mil años, sí ha realizado un excelente trabajo a la hora de desbrozar y explicarnos lo que sucede en los niveles microscópico, submicroscópico e incluso químico. Estos compuestos inflamatorios que los glóbulos blancos y las microglías liberan en la zona donde actúa un enemigo percibido, son un buen ejemplo de ello. En particular un compuesto denominado factor α de la necrosis tumoral (TNFα en lengua inglesa), poseedor de una relevancia crítica para el cerebro: el TNFα interfiere en la acción del BDNF, cuya pérdida, como hemos podido comprobar, debilita la memoria, la velocidad de reacción y la facilidad de pensamiento. Cuando los niveles de TNFα aumentan y la actividad del BDNF disminuye, el cerebro pierde su capacidad de crear y reparar las conexiones sinápticas, quedando inhabilitado para soportar el estrés derivado de las toxinas, el exceso de calcio y las lesiones.

¿Qué podría elevar los niveles de TNFα? Entre los ejemplos más conocidos cabe destacar la resistencia a la insulina o la diabetes, circunstancia esta que pone de manifiesto la importancia de controlar ese sistema. En una cascada cíclica de hechos desafortunados, el exceso de azúcar en sangre redunda en una insulina elevada, lo cual produce resistencia a la insulina, que a su vez está asociada con un exceso de TNFα, que a su vez conduce a una resistencia al mensaje del BDNF, que a su vez ocasiona una pérdida neta de conexiones entre las células funcionales del cerebro; un hecho que, finalmente, desemboca en un debilitamiento de la memoria, una menor velocidad de reacción y un estado de ánimo deprimido, entre otras cosas.

En clara observancia de los principios de Ricitos de Oro, el equipo de la respuesta inflamatoria que opera en el cerebro debe mantenerse siempre vigilante y preparado para la acción, pero no sobreestimulado.

Los tres pilares básicos del programa Brain Trust —la nutrición, los suplementos dietéticos y el ejercicio tanto para el cerebro como para el cuerpo— trabajan de manera coordinada al objeto de mantener el equilibrio según los cuatro principios de Ricitos de Oro abordados anteriormente. Por esta razón le animo a observar el programa en su totalidad. Le garantizo que obtendrá unos resultados inmejorables.

3. ¿Está usted en situación de riesgo?

 Saber que puede haber un problema cerebral o ser consciente de las formas de prevenirlo carece de valor a menos que usted pueda determinar de manera inequívoca si es o no necesario ocuparse del mismo. ¿Cuál es su *situación* exacta en el espectro de la memoria, la organización y la capacidad de concentración? ¿Es usted tan ágil como solía o como le gustaría ser? ¿Es capaz de permanecer vigilante durante períodos de tiempo prolongados al tiempo que realiza tareas aburridas o, por el contrario, nota que su atención se dispersa? ¿Le resulta fácil concentrarse en tareas mentales como la lectura o se ve obligado a releer frases o párrafos una y otra vez debido a la ofuscación cerebral? ¿Se encuentra usted en una situación de mayor riesgo de sufrir un deterioro de la memoria por su historial familiar, médico o su estilo de vida? Son muchos los factores de este tipo que pueden tener consecuencias sobre la salud cerebral.

En este capítulo usted ampliará sus conocimientos sobre los factores de riesgo, aprenderá qué son y cómo operan para robarnos nuestra memoria o lentificar nuestros procesos de pensamiento y menoscabar nuestros reflejos. En capítulos siguientes, también descubrirá todas las buenas noticias acerca de los remedios y las recomendaciones más efectivas para eludir los problemas citados aquí. Antes de entrar en esa discusión, empero, me gustaría que hiciese una evaluación pormenorizada de su situación personal respondiendo a una serie de preguntas muy oportunas que le ayudarán a definir su estado y dónde se encuentra usted (o un ser querido) en el amplio espectro de la salud cerebral.

CUESTIONARIO PARA UNA CORRECTA EVALUACIÓN DEL RIESGO CEREBRAL

PARTE 1
Usted debería dar respuesta a todas y cada una de las siguientes preguntas con el número que mejor se ajuste a su realidad. No dude en hacer una

fotocopia de estas páginas y utilizarla para responder al cuestionario. La puntuación varía del 0 al 3 para cada respuesta. Probablemente le resultará muy útil y esclarecedor que otra persona que le conozca bien responda también al cuestionario referido a usted, y que luego comparen sus resultados.

0 Nunca		1 Rara vez	2 Ocasionalmente	3 Frecuentemente
Respuestas				
Ajenas	Propias			
–	–	1. ¿Traspapela las cosas o las cambia de lugar (las llaves, las gafas, la billetera)?		
–	–	2. ¿Tiene dificultades para encontrar la palabra justa?		
–	–	3. ¿Tiene que anotar las cosas para no olvidarse de hacerlas		
–	–	4. ¿Presta una atención escasa a los detalles?		
–	–	5. ¿Se distrae con facilidad?		
–	–	6. ¿Es usted impulsivo? ¿Actúa antes de pararse a pensar?		
–	–	7. Si la radio o la televisión están encendidas, ¿tiene dificultades para concentrarse?		
–	–	8. Si es interrumpido, ¿le resulta difícil recordar dónde había dejado su anterior tarea?		
–	–	9. ¿Pierde el hilo de su argumentación mientras está hablando?		
–	–	10. ¿Experimenta una creciente dificultad para llevar a cabo cálculos mentales (como calcular una propina, el saldo de su talonario de cheques)?		
–	–	11. ¿Le resulta ahora más difícil aprender tareas nuevas que en el pasado (cómo usar un reproductor de DVD, de vídeo o su ordenador, por ejemplo)?		
–	–	12. ¿Experimenta una creciente dificultad para seguir los argumentos de las películas?		
–	–	13. ¿Experimenta sentimientos de aflicción o tristeza que no puede explicar?		
–	–	14. ¿Se siente inexplicablemente nervioso?		
–	–	15. ¿Sufre de baja autoestima?		
–	–	16. ¿Ha dejado de frecuentar a sus amigos y evita los actos sociales?		

–	–	17. ¿Tiene sentimientos de pánico, miedo o ansiedad sin que exista una razón aparente que los justifique?
–	–	18. ¿Tiene problemas graves en su vida (laborales, económicos, familiares)?
–	–	19. ¿Se ha visto obligado a superar situaciones extremas o muy estresantes en el pasado (conflictos bélicos, abusos infantiles, muertes o pérdidas personales)?
–	–	20. ¿Tiene que enfrentarse a una enfermedad grave (propia o de sus padres, de un hermano o de un hijo)?

PARTE 2

Sí	No	
–	–	21. ¿Tiene usted un padre, una madre, abuela o abuelo, hermano o hermana que ha padecido la enfermedad de Alzheimer, algún tipo de demencia o ha sufrido un derrame cerebral?
–	–	22. ¿Tiene usted diabetes del tipo 1 o 2?
–	–	23. ¿Tiene usted la enfermedad de la arteria coronaria?
–	–	24. ¿Su presión sanguínea presenta una lectura sistólica (el número mayor) superior a 140 o una lectura diastólica (el número menor) superior a 80?
–	–	25. ¿Alguna vez se le ha diagnosticado una depresión?
–	–	26. ¿Alguna vez se le ha diagnosticado un trastorno por estrés postraumático (TEPT)?
–	–	27. ¿Alguna vez ha sufrido una lesión en la cabeza que le haya provocado una pérdida de la consciencia?
–	–	28. ¿Padece un sobrepeso superior a los 14 kg?
–	–	29. ¿Dedica usted menos de 3 horas semanales al ejercicio físico? (Se considera ejercicio físico a caminar, nadar, jugar al golf, hacer senderismo, bailar y andar en bicicleta.)
–	–	30. ¿Es usted fumador?
–	–	31. ¿Ha superado un cáncer?
–	–	32. ¿Come usted pescados grasos menos de tres veces al mes? (Entre los pescados grasos se incluyen el salmón, las anchoas, los arenques, la caballa y las sardinas.)
–	–	33. ¿Come usted grasas «trans» artificiales (hidrogenadas) tres o más veces a la semana? (Las grasas «trans» artificiales se

		hallan en la margarina, los alimentos procesados tales como los biscotes, las patatas fritas, las masas pasteleras, las pizzas y las galletas. También llamadas aceites animales y vegetales parcialmente hidrogenados.)
_	_	34. ¿Consume usted alimentos fritos tres o más veces por semana?
_	_	35. ¿De manera rutinaria duerme usted menos de seis horas por noche?
_	_	36. ¿Padece usted un fallo cardiaco congestivo, un enfisema, una enfermedad pulmonar obstructiva crónica (EPOC), o una apnea del sueño?
_	_	37. ¿Consume usted metanfetaminas, cocaína o éxtasis (3, 4-metilenodioxi-metanfetamina; MDMA)?
_	_	38. ¿Tiene usted, o ha tenido, una enfermedad periodontal, habiendo perdido un diente o con un diente flojo?
_	_	39. ¿Padece usted osteoporosis?
_	_	40. ¿Presenta usted una homocisteína elevada (igual o superior a 12)?
_	_	41. ¿Toma usted más de 7 copas (las mujeres) o 14 (los hombres) de alcohol a la semana?
_	_	42. ¿La circunferencia de su cabeza mide menos de 54 cm (en las mujeres) o de 56 cm (en los hombres) y ha completado menos de dieciséis años de escolarización?
_	_	43. ¿Tiene usted cuatro o más hermanos de sangre?
_	_	44. ¿Ve usted la televisión más de cuatro horas al día?
_	_	45. ¿Ha cumplido ya los setenta años de edad?
_	_	46. ¿Toma usted actualmente, o ha tomado en el pasado, una medicación por vía oral de corticoesteroides (tal como Decadron, prednisona, hidrocortisona y Medrol) durante un período prolongado de tiempo para el tratamiento de patologías como el asma, la arteritis de células gigantes (ACG), la artritis reumatoide, el lupus eritematoso sistémico (LES), o cualquier otro trastorno?

Adjudique 3 puntos a las respuestas afirmativas y 0 puntos a las negativas.

PARTE 3
Test de la memoria

Para esta sección de la evaluación, necesitará papel y lápiz y un reloj que disponga de segundero (o un temporizador de cocina) antes de comenzar. Este test comporta la memorización de una lista de diez palabras durante un breve intervalo cronometrado, que luego deberá intentar recordar transcurrido un descanso de 20 minutos. Por esta razón, le convendrá cerciorarse de disponer de tiempo suficiente.

Memorice la lista de palabras que sigue durante no más de 1 minuto.

Pimienta

Vela

Cuaderno

Kayak

Paraguas

Armario

Sinfonía

Asociado

Prosperar

Bicicleta

Tras dedicar un período de 1 minuto al estudio de estas palabras, ocúpese en algo totalmente distinto durante 20 minutos: vea la televisión, salga a dar un paseo, escriba una carta. Asegúrese de activar el cronómetro o el temporizador. Cuando se haya consumido el tiempo, anote todas las palabras que pueda recordar.

PUNTUACIÓN

12 puntos para 0-3 palabras

6 puntos para 4 o 5 palabras

3 puntos para 6 o 7 palabras

0 puntos para 8 o más palabras

CATEGORÍAS DE RIESGO

Ahora, sume las puntuaciones obtenidas en cada una de las tres partes o ejercicios, para determinar el grado de riesgo de desarrollar un deterioro de la memoria con el paso de los años. Busque su puntuación en la lista que sigue:

0-15	Su riesgo es bajo.
16-30	Su riesgo es moderado.
31-45	Su riesgo es elevado.
Superior a 45	Su riesgo es muy elevado.

En breve analizaré el significado de estos factores de riesgo para la salud cerebral, y seguidamente abordaré la más complicada cuestión de cómo interpretar cada una de estas categorías al objeto de que su puntuación cobre algún sentido. A medida que vayamos profundizando en el análisis de estos factores de riesgo, de inmediato caerá en la cuenta de que unos tienen más importancia que otros. En todo caso, es posible que le sorprenda la inclusión de algunos en este análisis, dado que, al menos superficialmente, parecen simples lugares comunes más que otra cosa. Tan sólo le pido un voto de confianza. Se lo aclararé todo en las páginas siguientes.

Una ventana con vistas a la enfermedad de Alzheimer

Antes de proseguir, me gustaría pedirle que realice un test adicional. Probablemente le parecerá muy sencillo, pero lo cierto es que a la gente con demencia —aun en grado leve— le plantea ciertas dificultades. Esta experiencia le proporcionará una vaga noción de cómo es la vida de quienes padecen la enfermedad de Alzheimer u otras formas de demencia (o incluso formas más benignas de problemas que afectan al pensamiento y la memoria), y servirá para demostrar la severidad de las frustraciones mentales que ellos y sus cuidadores enfrentan cotidianamente. Y lo que es más importante: este sencillo test dibuja una imagen muy cruda y reveladora del grado de pérdida de fortaleza mental que algunos de nosotros podríamos sufrir en el futuro si no cuidamos nuestro cerebro como es debido.

Tal vez piense que usted jamás obtendrá una mala puntuación en un test como el que le propongo, pero me siento obligado a recordarle que la mitad de la población desarrollará la enfermedad de Alzheimer a los ochenta y cinco años de edad, y que muchas más personas padecerán un declive cognitivo menor, aunque relevante, cumplida la cincuentena, pasados los sesenta o después.

EL TEST DE LAS CATEGORÍAS

Un test rápido para detectar la demencia[4]
Para esta prueba usted necesitará papel y lápiz y un reloj que incorpore un segundero (o un temporizador de cocina). Asigne un período de 30 minutos por categoría para cada persona que realice el test, durante el cual deberá enumerar tantas palabras como sea posible (un máximo de 10 por categoría).

Colores
Animales
Frutas
Ciudades

Sume un punto por cada respuesta correcta, hasta un máximo de 40 puntos.

RESULTADOS DEL TEST

Menos de 15 respuestas correctas	Probable demencia
Entre 15 y 24	Posible demencia
25 o más respuestas correctas	Sin demencia

Se trata de un test bastante sencillo y directo para la inmensa mayoría de las personas. El abanico de puntuaciones le dará una idea clara de las

---

4. Este test ha sido desarrollado por B. Isaacs y A. T. Kennie: «The Set Test as an Aid to the Detection of Dementia in Old People», en *British Journal of Psychiatry* 123 (1973), págs. 467-470.

dificultades que enfrenta una persona con un cerebro debilitado o merma-
do en sus facultades a la hora de realizar tareas sencillas que muchos de
nosotros nunca pensamos dos veces. Una baja puntuación en este sencillo
test no es necesariamente indicativa de que una persona tenga la enfermedad de Alzheimer o cualquier otra forma de demencia; una puntuación baja
tan sólo realza la necesidad de realizar más pruebas y de que un médico
cualificado valore el caso.

Un diagnóstico clínico de la demencia incluye las circunstancias que a
continuación se relatan:

- Hallazgos que la confirmen tras la realización de pruebas neuropsico-
lógicas específicas.
- Déficits en dos áreas de la cognición (por ejemplo: la memoria, el jui-
cio o el habla).
- Un empeoramiento progresivo de los síntomas.
- Ninguna alteración en los niveles de alerta o conciencia.
- Generalmente comienza una vez superados los sesenta y cinco años de
edad.
- Ausencia de otros trastornos que pudieran explicar la sintomatología.

Si alguno de sus seres queridos muestra algún indicio de estar perdiendo la memoria, de cierta confusión u ofuscamiento mental, evidencia
cambios en su personalidad, desorientación, problemas en la dicción o
cualquier otro signo o síntoma relacionado con el cerebro —aun cuando
se trate de usted mismo—, acuda a un especialista de su confianza para
que evalúe el caso y realice un diagnóstico del trastorno, así como de los
posibles tratamientos.

Algunas veces, de hecho muy a menudo, las dificultades en el ejercicio
de la memoria y los cambios en el comportamiento son consecuencia de
los efectos secundarios de la medicación prescrita o de remedios que no
precisan receta médica, o también son consecuencia directa de la falta de
vitaminas, los problemas de tiroides, el abuso de drogas, la depresión o incluso de los tumores cerebrales. Sólo mediante una evaluación exhaustiva
podremos aislar sus causas, que pueden o no guardar relación con la enfermedad de Alzheimer.

¿Qué factores influyen en nuestra salud mental? ¿Y qué pone a nuestro cerebro en situación de riesgo?

Tanto nuestra información genética como nuestro entorno determinan la fortaleza de nuestro cerebro en todos los momentos de nuestra vida. Puesto que es la pérdida de células cerebrales y sus conexiones lo que nos roba potencia mental, parece razonable afirmar que la densidad de dichas células y la riqueza de sus interconexiones en la flor de nuestra vida mental determinarán la mayor o menor capacidad de nuestra reserva cognitiva. En resumen: cuanto mayor sea el cerebro y más interconectado se encuentre en los primeros años de la vida, más conexiones podremos perder manteniendo intactas nuestras facultades mentales al producirse un traumatismo o con el envejecimiento. Por ende, no debería sorprendernos que los genes y el entorno asimismo determinen la medida en que habremos de perder esa capacidad con el paso del tiempo.

Ni que decir tiene que por entorno no sólo debemos entender la influencia perniciosa o tóxica del mundo que nos rodea, sino también nuestra alimentación, los suplementos vitamínicos que tomamos o no, nuestros hábitos, las actividades (mentales y físicas) que llevamos a cabo durante nuestra vida y un buen puñado de otros factores. Si así lo decidimos, virtualmente todos ellos pueden ser modificados con un poco de voluntad. Abordaré cada una de estas áreas por riguroso turno, pero antes permítame explorar el único factor que no podemos cambiar: nuestros genes.

LA HISTORIA FAMILIAR

¿Acaso en su familia existe una propensión a desarrollar un deterioro de la memoria con el paso de los años? Entre sus parientes de mayor edad, ¿a alguno se le ha diagnosticado la enfermedad de Alzheimer? Si no es así, mejor para usted, si bien eso no significa que pueda despreocuparse de la salud de su cerebro. Y a la inversa, si la respuesta es afirmativa, recuerde que aunque la ciencia es clara a la hora de dictaminar que tener antecedentes familiares implica un mayor riesgo de contraer trastornos de la memoria, la herencia por sí sola no transforma ese riesgo en certeza. A modo de ejemplo: aun cuando un hermano gemelo desarrolle la enfermedad de Alzheimer, casi la mitad de las veces el otro gemelo no la desarrollará. Son muchos los factores que intervienen en esta cuestión. Que en su familia haya alguien que ha padecido un debilitamiento notorio de la memoria o la enfermedad de Alzheimer, tan sólo subraya la importancia de que usted adopte unos hábitos alimentarios más adecuados y que desde ya se ocupe de mejorar la salud de su cerebro.

La verdadera enfermedad de Alzheimer de origen hereditario es, por fortuna, muy rara, únicamente responsable del 5% de todos los casos. En este reducido grupo de personas, el deterioro de la memoria se inicia en una fase más temprana de la vida, generalmente pasados los cuarenta o los cincuenta años, siendo así que la enfermedad adopta un curso mucho más rápido y agresivo. Ahora bien, un cierto riesgo puede darse incluso en aquellas familias que no presentan los genes que propician la auténtica enfermedad de Alzheimer de origen hereditario.

El ejemplo más común y mejor documentado de riesgo genético de contraer la enfermedad de Alzheimer afecta a las personas portadoras de una variante de un gen concreto llamado apolipoproteína E (Apo-E). Todos tenemos el gen de la Apo-E, aunque sólo el 20% de nosotros —una de cada cinco personas— es portador de al menos una copia de la variante del gen que ha sido asociada con un mayor riesgo de pérdida de memoria.

Como es el caso de todos los genes, cada uno de nosotros hereda dos copias: una de la madre y otra del padre. En el caso del Apo-E, cada copia puede ser de tres tipos, denominados épsilon 2, 3 y 4. Únicamente el alelo épsilon 4 (ϵ4) conlleva el riesgo de desarrollar el colapso de la memoria. Así pues, ser portador de una sola copia del alelo ϵ4 incrementa el riesgo de contraer Alzheimer hasta cuatro veces; dos copias podrían incrementar el riesgo hasta 16 veces.

Es importante comprender, sin embargo, que los estudios genéticos encaminados a determinar los tipos de Apo-E, aun cuando su médico estuviera dispuesto a hacerlos, no sirven para predecir quién desarrollará la enfermedad de Alzheimer, toda vez que ser portador del alelo no pasa de ser un mero *factor de riesgo*, no la causa de su posterior desarrollo. Le digo más: incluso las personas que sí portan una copia del épsilon 4 podrían lanzar una moneda al aire para dirimir las probabilidades de desarrollar esta patología; el 50% de ellas la desarrollará y el 50% restante no, una proporción que una vez más —y obstinadamente— nos recuerda que el genotipo no lo predice todo. Cuando la enfermedad de Alzheimer se desarrolla en el seno de este grupo, la aparición de los síntomas se produce varias décadas después que en personas con antecedentes familiares claros, presentándose generalmente a partir de los setenta años.

A pesar de esta demora en su inicio, la ciencia ha dado con un hallazgo clave. Mediante el uso de la tomografía por emisión de positrones (PET), un tipo de escáner cerebral especializado que evalúa la actividad metabólica, los investigadores han demostrado que las personas mayores de treinta años que portan la variante Є4 de la Apo-E presentan ya algunas anomalías en el metabolismo de la glucosa en ciertas regiones cerebrales. Esta importante conexión ofrece una mayor probabilidad de que los portadores de la Apo-E Є4 puedan preservar la buena salud de su cerebro aun habiendo heredado el riesgo. Para este grupo, y por razones que luego abordaremos, controlar el metabolismo de la glucosa y la insulina en épocas tempranas de la vida adopta una mayor relevancia si cabe.

El valor de conocer esta información genética o familiar respecto de la pérdida de memoria reside, fundamentalmente, en que pone el acento sobre la necesidad de prestar una mayor atención a las decisiones que tomamos y afectan a nuestro estilo de vida, puesto que pueden mejorar (o empeorar) nuestra salud cerebral. Adentrémonos ahora en este terreno, examinando qué otras cosas, al margen de nuestros genes, pueden elevar o disminuir el riesgo de que suframos un deterioro cognitivo o de la memoria con el paso de los años.

LA RESISTENCIA A LA INSULINA, LA PREDIABETES Y LA DIABETES

Las investigaciones han demostrado inequívocamente que tener un exceso de azúcar en sangre, diabetes o resistencia a la insulina incrementa el riesgo de desarrollar un deterioro de la memoria con el tiempo —incluso de desarrollar la enfermedad de Alzheimer— para todos los grupos, no sólo para aquellos que tienen el gen de la Apo-E (Є4). Aunque no sabemos exactamente cómo incrementa el riesgo la diabetes, la relación que existe entre ambas patologías es fácilmente apreciable una vez que entendemos que el cerebro produce la inmensa cantidad de energía que precisa para funcionar a partir de la glucosa (o azúcar en sangre) principalmente. El cerebro humano es un gran acaparador de energía. De manera harto sorprendente, aun cuando sólo representa un exiguo porcentaje del peso total de nuestro cuerpo, el cerebro consume el 20% de la energía que produce nuestro organismo. En circunstancias normales, el cerebro consume una cantidad fija de glucosa establecida en torno a los 100 gramos diarios —el equivalente a un poco más de media taza de azúcar—, la necesaria para satisfacer sus demandas energéticas. De ahí su dependencia crítica de una maquinaria reguladora del azúcar perfectamente engrasada.

Un control deficiente de la glucosa por parte del cuerpo significa una elevación del nivel de glucosa presente en el cerebro. Unos niveles altos de glucosa sostenidos en el tiempo en última instancia conducen a un nivel elevado de insulina, que a su vez provoca una respuesta disminuida o resistencia a la insulina, y esto genera una mayor cantidad de glucosa. A medida que los niveles de azúcar se incrementan con el tiempo, empiezan a darse reacciones químicas irreversibles entre las moléculas de azúcar y las proteínas tanto en la sangre como en el cerebro, formando de esta suerte unos compuestos que la ciencia ha bautizado con el nombre de *productos finales de glicación avanzada*, normalmente abreviado con el muy atinado acrónimo AGE. La adición de glucosa a las proteínas no sólo las hace inefectivas, sino que también incrementa la carga de radicales libres en el cerebro, que a su vez daña las células cerebrales. Los estudios clínicos han logrado documentar la asociación entre la creación de AGE en el torrente sanguíneo y el fenómeno del encogimiento o reducción del volumen cerebral. De hecho, hay un estudio que pone de manifiesto que el nivel de AGE es el factor de riesgo más significativo relacionado con el encogimiento cerebral.

Los niveles elevados de glucosa asimismo disparan los niveles de cortisol, que intensifica el daño sufrido por las células cerebrales, interrumpe el metabolismo del azúcar en el cerebro y, finalmente, afecta a los procesos del pensamiento, la memoria, el aprendizaje, así como al tiempo de reacción. Abundaré en la noción del estrés y sus efectos en el cerebro un poco más adelante. Por ahora le bastará con tener presente que un nivel elevado de azúcar en sangre desempeña un importante rol en esta materia.

La diabetes está asimismo asociada con la ateroesclerosis, que reduce la irrigación sanguínea en el cerebro, privándole de algunos nutrientes críticos para su supervivencia. Esto, a su vez, hace mucho más difícil que el cerebro pueda satisfacer su tremenda necesidad de energía y mantener sus funciones a pleno rendimiento. Además, una variante particularmente común de la diabetes asociada con la obesidad, que causa estragos entre la población infantil (tan íntima es esta relación que algunos investigadores han optado por bautizarla con el nombre de *diabesidad*), incrementa drásticamente la inflamación en el cuerpo y en el cerebro.

Los estudios revelan que un cuerpo diabético con sobrepeso es un cuerpo inflamado, siendo así que nuevas investigaciones apuntan la posibilidad de que esta inflamación afecte también al cerebro, contribuyendo a la pérdida de memoria y la reducción del volumen cerebral con la edad, y quizás desempeñe un papel activo en la producción de esas placas pegajosas que son un síntoma distintivo de la enfermedad de Alzheimer. Así pues, es posible que la diabesidad sea el factor de riesgo alterable más prioritario en nuestra búsqueda de una mejor salud cerebral. En nuestra singladura hacia ese objetivo no hay mejor manera de empezar que trabajando el siguiente factor de riesgo.

UNA DIETA DE COMIDA BASURA

Somos, en gran medida, lo que comemos. De este modo, es lógico pensar que dado que nuestro cerebro se muestra especialmente vulnerable en tantas otras maneras, bien podría verse influido por la calidad de nuestra dieta. Y en efecto es así. Una alimentación de pobre calidad, caracterizada por el abuso de la comida basura —alta en aceites vegetales parcialmente hidrogenados, azúcar, jarabe de maíz y otros hidratos de carbono procesados—, incrementa sustancialmente el riesgo de pérdida de memoria. Por esta razón, en la lista de mis tareas para mejorar las funciones cerebrales y mantener un cerebro en óptimas condiciones sitúo la nutrición en un lugar prominente.

La memoria de Occidente está fallando, no sólo porque el *baby-boom* determinó hace muchos años que un mayor porcentaje de nuestra población empezaría a envejecer casi al unísono (no cabe duda de que esta verdad demográfica acentúa el problema), sino también porque la calidad de los alimentos que comemos, en el conjunto de la nación, se ha deteriorado al tiempo que se intensificaba nuestra adicción a la velocidad y el pragmatismo. En vez de disfrutar de comidas saludables compuestas por ingredientes frescos y naturales, demasiadas de nuestras comidas vienen envueltas en cartón o en plástico, congeladas, precocinadas, listas para freír o directamente achicharradas, y metidas a presión en recipientes de espuma para que nos las comamos siempre a la carrera. Con independencia de lo que parezca contener el envoltorio, virtualmente todas las comidas rápidas, listas para comer o de conveniencia, están compuestas mayormente por azúcar, almidones refinados, grasas y aceites de mala calidad, además de esa porción de proteínas que ocasionalmente se les agrega. Una dieta estable de cereales, pasteles industriales o bollería para calentar, pizza, hamburguesas de restaurante de comida rápida, patatas fritas, tentempiés varios y refrescos carbonatados no sirve precisamente para proporcionar al cerebro los nutrientes que necesita al objeto de funcionar adecuadamente, mucho menos a pleno rendimiento. Si lo antedicho se asemeja, siquiera parcialmente, a su dieta habitual, usted y yo tenemos mucho que hablar.

EL ESTRÉS CRÓNICO

A fecha de hoy, y según discurren las cosas actualmente, todo indica que el estrés es algo con lo que tenemos que aprender a vivir. De ser así, para nuestra salud será muy importante que intentemos protegernos de sus estragos en la mayor medida posible. Aunque es cierto que nosotros, los seres humanos, fuimos diseñados por la naturaleza para soportar sin mayores problemas episodios breves de estrés repentino —correr para salvar la vida huyendo de algo que entraña peligro para nuestra supervivencia, por ejemplo—, los sistemas prehistóricos que tiene nuestro cuerpo apenas están preparados para resistir y superar la presión constante a la que nos vemos sometidos en el trabajo, en nuestro entorno doméstico, la derivada de las facturas, las llamadas telefónicas, la iglesia, los niños, la escuela, las actividades comunitarias y la sobrecarga de información a la que estamos expuestos día sí día también.

Los ensayos con animales de laboratorio han demostrado que este tipo de estrés crónico inflige daños en determinadas partes delicadas del cerebro que guardan relación con la memoria y el aprendizaje. Se sabe que en las personas, unos niveles elevados y persistentes de cortisol, la hormona del estrés —incluso aquellos niveles situados en el umbral que todavía pueden ser considerados técnicamente normales—, contribuyen al deterioro de la memoria y están relacionados con el encogimiento de ciertas áreas cerebrales que son clave para la memoria, como, por ejemplo, el hipocampo, una zona extremadamente frágil. En condiciones normales, los niveles de cortisol disminuyen durante las horas de sueño y aumentan cuando estamos despiertos. No obstante, los niveles tienden a mantenerse elevados de manera anómala y persistente durante los períodos de falta de sueño.

Más aún: el estrés crónico puede provocar ansiedad o una depresión leve, e interferir con nuestra capacidad para conciliar el sueño y dormir profundamente. Pero probablemente no necesitaremos la verdad de los ensayos de laboratorio para convencernos de que trabajar muchas horas durmiendo poco no es saludable para el cuerpo ni para el cerebro. La mayoría de nosotros lo hemos experimentado alguna vez y hemos sufrido sus consecuencias en primera persona.

LA FALTA DE SUEÑO

Nuestro cuerpo necesita descansar, pero nuestro cerebro necesita dormir. El milagro del sueño es precisamente lo que posibilitó que nuestro cerebro evolucionase hasta adoptar su configuración actual. El sueño preserva su función para seguir operando de manera saludable. Con todo, según un estudio reciente realizado por la National Sleep Foundation, uno de cada cinco estadounidenses duerme menos de lo necesario de manera habitual. Eso es el 20% de nosotros. Personas cansadas, confundidas e incapaces de realizar correctamente (mucho menos óptimamente) tareas que requieren de nuestra atención, un discernimiento lúcido y reacciones ágiles, rápidas y precisas.

El trabajo impide que algunos de nosotros durmamos lo suficiente. Son tantos los universitarios y los estudiantes de medicina que se ven obligados a trasnochar para preparar a fondo sus exámenes, los médicos, las enfermeras, los agentes de policía, los bomberos, el personal militar, los transportistas que cubren largas distancias, quienes trabajan por turnos —y actualmente incluso lo abogados, los contables y los MBA en el desempeño rutinario de sus carreras—, que dormir poco parece haberse convertido en un requisito más de su profesión. Las jornadas laborales de 14, 18 o incluso 20 horas, la aceptación de turnos dobles, trabajar los fines de semana y renunciar a las vacaciones, tal vez le reporten alguna que otra satisfacción económica, pero a costa de unas preciosas horas de sueño. Y no lo dude, en última instancia esta falta de sueño se cobrará un peaje. Los estudios han demostrado que mantenerse despierto durante 20 horas seguidas afecta negativamente a nuestras reacciones en la misma medida que lo hace el alcohol consumido en niveles considerados ilegales en la inmensa mayoría de los países occidentales.

En cualquier caso, las interminables jornadas laborales no son la única razón de la falta de sueño. Aun quienes son lo bastante afortunados para meterse en la cama a una hora razonable día tras día y permanecer allí las 8 horas recomendadas puede que no duerman bien. Nos agitamos, damos vueltas en la cama y nos despertamos aquejados de reflujo gástrico, ardor de estómago, taquicardias y estrés por razones de muy diversa índole (económicas, laborales, familiares, y demás asuntos perturbadores), siendo así que todas impiden que nuestro sueño sea profundo y reparador. Es posible que algunos de nosotros (particularmente quienes padecen diabesidad) desarrollemos un trastorno muy peligroso y potencialmente fatal denominado apnea del sueño, caracterizado por pausas respiratorias que pueden prolongarse durante breves lapsos de tiempo a lo largo de toda la noche, y que provoca sonoros ronquidos, agitación violenta, sueño ligero, fatiga y somnolencia al día siguiente. Recuerde, el cuerpo necesita descansar, pero el cerebro necesita dormir. Dormir profunda y naturalmente.

El sueño progresa naturalmente observando unos ciclos. Esto significa que durante la noche transitamos por diferentes fases que difieren fundamentalmente en la velocidad de las ondas cerebrales generadas durante las mismas y en la presencia o la ausencia de actividad muscular. Desde la transmisión rápida que tiene lugar cuando estamos despiertos, las ondas cerebrales se ralentizan progresivamente a medida que nos relajamos y nos adentramos en un sueño más y más profundo. De manera periódica durante estas fases prolongadas de lenta transmisión de las ondas, el cerebro durmiente se interna en unos ciclos especiales llamados REM o MOR (movimiento rápido del ojo), un fenómeno que, es interesante señalar aquí, sólo se presenta en los animales de sangre caliente. Actualmente los científicos creen que, al menos en los humanos, las fases del sueño natural actúan, por emplear una analogía informática, como si este tiempo de procesamiento *off-line* sirviera para que el cerebro gestione con solvencia la descomunal cascada de información sensorial (especialmente visual) que recibe todos los días. Además, la investigación indica que cantidades adecuadas de ambos tipos de sueño son de vital trascendencia para consolidar y reforzar los recuerdos y el aprendizaje.

Estudios muy interesantes realizados con voluntarios varones jóvenes y sanos han demostrado que incluso unos pocos días de pérdida de sueño (con un promedio de 4 horas de sueño por noche) podrían perturbar los sistemas metabólicos que regulan el azúcar en sangre. Esto produce una intolerancia transitoria a la glucosa del grado que se aprecia en la diabetes. Cuando estos sujetos jóvenes recuperaron sus nueve horas de sueño diarias, las alteraciones metabólicas se resolvieron. Y eso es una buena noticia.

La privación crónica del sueño, con independencia de cuál sea su causa, estresa el cerebro e interfiere con el normal descenso nocturno de las hormonas del estrés, tales como el cortisol, que posteriormente aumentan hasta alcanzar niveles superiores a los normales. Los escáneres del tipo MRI revelan que una elevación persistente de esta hormona durante un período de varios meses provoca, en efecto, una reducción del volumen del hipocampo, la región cerebral responsable de la precisión de la memoria. Además, unos niveles crónicamente elevados de cortisol no sólo producen resistencia a la insulina y un nivel de azúcar en sangre elevado (ambos riesgos de suma importancia para la pérdida de memoria), sino que también debilitan la capacidad de las células cerebrales para generar energía, interrumpen su metabolismo del calcio e incluso las hacen más vulnerables a las agresiones tóxicas o físicas procedentes del entorno.

Por fortuna, la restauración de un patrón del sueño natural y profundo, unida al consabido descenso del nivel de cortisol, contribuye a que el hipocampo se recupere en la mayoría de los casos. Los escáneres cerebrales del tipo MRI han servido para documentar la recuperación de un hipocampo previamente disminuido como resultado de dormir más y mejor. Si la falta de horas de sueño le provoca ofuscamiento mental y está afectando negativamente a su memoria, restaurar el sueño natural se impone como una medida señera para preservar la buena salud de su cerebro. Este programa le proporcionará un marco de referencia adecuado para diseñar un régimen alimentario saludable, así como trucos y recomendaciones interesantes para que usted pueda volver a dormir profundamente.

GOLPEARSE LA CABEZA CONTRA UN MURO

Las lesiones en la cabeza constituyen uno de los más evidentes factores de riesgo procedentes del entorno que pueden robarnos la memoria y la lucidez mental. Todos conocemos a alguien, o lo hemos visto en la televisión, que ha perdido la conciencia después de sufrir un golpe, ya sea por un puñetazo, una caída o por el impacto de un casco de fútbol americano. Hemos sido testigos de las expresiones atónitas de sus rostros, sus miradas vacías y su evidente confusión fruto de una desorientación espacial grave, amén de que tiempo después apenas recuerdan lo sucedido. Las conmociones cerebrales, aun las más leves acompañadas por una breve pérdida de conciencia, nítidamente alteran la memoria de corto plazo, cosa que a menudo desencadena una amnesia transitoria, dificultad para encontrar las palabras y reconocer las caras, y lentifican la velocidad de reacción. La confusión mental derivada de estas lesiones puede prolongarse durante varios minutos o varias semanas, incluso durante toda la vida. Un fuerte impacto en la cabeza, si viene acompañado por una pérdida de la conciencia durante una hora o más, bien puede doblar el riesgo de desarrollar un déficit de la memoria (incluso la enfermedad de Alzheimer) en etapas posteriores de la vida.

El presidente Reagan, por ejemplo, sufrió un impacto en la cabeza como resultado de haberse caído de un caballo no mucho antes de que el equipo de médicos que lo trataba le diagnosticase la enfermedad de Alzheimer. Deje que me anticipe y le diga que con ello no pretendo dar a entender que la caída del caballo fue la causa de su enfermedad. Sin embargo, cuando las áreas delicadas del cerebro que participan de la memoria y el aprendizaje empiezan a encogerse y a deteriorarse y desempeñan una función meramente marginal, un impacto severo en la cabeza bien podría ser la gota capaz de colmar el vaso, dado que induce un estrés añadido sobre un órgano que ya se encuentra en serias dificultades.

En la estela del calvario sufrido por Ronald Reagan, las investigaciones científicas han procedido raudas y veloces a estudiar las causas, la naturaleza y la evolución de la enfermedad de Alzheimer y de todo cuanto la rodea. Algunos de estos estudios han obtenido pruebas fehacientes que vinculan las lesiones en la cabeza con el ulterior desarrollo de algunos tipos de demencia crónica y progresiva (como la enfermedad de Alzheimer) y con el desarrollo de enfermedades cerebrales y del sistema nervioso progresivamente degenerativas (como la enfermedad de Parkinson).

Aunque siempre podemos extremar las precauciones frente a los accidentes —puede resbalarse, sufrir una caída, una bala perdida podría alcanzarle en la cabeza, etc.—, estoy convencido de que usted no se prestaría a ello voluntariamente y sin reparos. Después de todo, la mayoría de nosotros no se golpea la cabeza contra un muro a propósito. ¿O sí? En un sentido, esto es algo que sucede con relativa frecuencia en el mundo del deporte. En algunos casos, como el boxeo, el fútbol americano, el rugby y el fútbol, el riesgo de sufrir un fuerte golpe en la cabeza es muy alto. En otras disciplinas, tales como el *jogging* y el *puenting*, es mucho menos evidente, por cuanto la lesión no se produce como resultado de un impacto singular y aislado, sino que es el resultado de golpear repetidamente el cerebro contra el cráneo que lo contiene.

Ya ve usted, el cerebro es un órgano tan delicado y de una importancia tan sustantiva para nuestro organismo que la naturaleza lo ha encajado en una gruesa armadura de hueso —el cráneo—, donde flota sobre un colchón de líquido protector. Pero incluso este sabio sistema de protección no está hecho a prueba de cretinos. Dado que el cerebro se encuentra flotando suavemente en el interior de cráneo, en un deporte como el *puenting* el golpe seco que detiene el salto al vacío puede sacudir la cabeza y arrojar el cerebro contra la dura pared interna del cráneo. Afortunadamente, la inmensa mayoría de la gente no hace *puenting* diariamente. Sea como fuere, de esta misma manera, aunque con tintes menos dramáticos, las crónicas y repetitivas sacudidas características del *jogging* —una actividad que según todas las estimaciones realizan periódica y disciplinadamente unos 30 millones de personas en Estados Unidos, y llevado al extremo en el caso de los casi 400.000 corredores habituales de maratón—, pueden provocar un golpeo reiterado y seco del cerebro, que flota sobre su colchón líquido, contra los huesos del cráneo.

Una herramienta bastante sensible que los científicos han desarrollado al objeto de evaluar el grado de traumatismo que sufre el cerebro como resultado de una lesión en la cabeza, es la medición de una proteína específica que libera un cerebro lesionado, llamada S-100B, que puede detectarse en la sangre. Los estudios han demostrado que aquellos pacientes cuyos análisis de sangre revelan un nivel elevado de la proteína S-100B después de padecer una lesión leve en la cabeza, tienen una mayor probabilidad de desarrollar un déficit cerebral o de la memoria. Más aún: los niveles de S-100B son más altos en los boxeadores, cuya cabeza claramente recibe muchos más golpes. Los investigadores han demostrado que algunos corredores de grandes distancias presentan tanta S-100B en su sangre como los boxeadores. Se desconocen las consecuencias que esto tiene para la salud cerebral de los corredores a largo plazo, pero no por ello esta relación deja de ser inquietante. Consecuentemente, para las personas que presentan otros factores de riesgo relacionados con la pérdida de memoria, correr podría revelarse como una estrategia a todas luces contraproducente, al menos en lo tocante a la salud cerebral.

«Fantástico —podría pensar usted—, ¡tendré que descartar el ejercicio físico, y dedicarme a vivir como un animal de sofá, y así velar por la salud de mi cerebro!» Piénselo dos veces. Desafortunadamente, el reverso de la moneda del ejercicio físico en lo que concierne a la salud cerebral, esto es, el sedentarismo, tampoco es en absoluto bueno. En rigor, las investigaciones revelan que, en sí mismo, un estilo de vida sedentario supone un importante riesgo de sufrir pérdida de memoria.

Para preservar la salud cerebral, la clave consiste en permanecer activo aunque optando por una actividad física que no maltrate su cerebro sometiéndolo a ese golpeo constante contra las paredes internas del cráneo. El ejercicio físico sensato, moderado y realizado con regularidad estimula la liberación de ciertos compuestos químicos beneficiosos, tales como el factor neurotrófico derivado del cerebro (BDNF). El BDNF promueve el crecimiento, la reconstrucción y la reparación del cerebro. Nos corresponde hacer lo posible para disponer de una mayor cantidad de BDNF, es decir, plantearnos como principal objetivo la construcción y el mantenimiento de un cerebro saludable y en óptimas condiciones de funcionamiento.

EL ENDURECIMIENTO DE LAS ARTERIAS Y LA HIPERTENSIÓN

Una inmensa red de arterias transporta sangre desde el corazón hasta todos los recovecos del cuerpo, desde la punta de la nariz hasta los dedos de los pies, para entregar los nutrientes y el oxígeno que son esenciales para la supervivencia y el correcto funcionamiento de nuestros tejidos. Cuando somos jóvenes nuestros vasos sanguíneos son flexibles y están perfectamente limpios y diáfanos. Ahora bien, para algunos de nosotros, seguramente la mayoría, el transcurrir del tiempo nos pasa factura. Y, al igual que ocurre con las tuberías de una casa vieja, los vasos se angostan por acumulación de sedimentos, tornándose más rígidos. Este proceso de endurecimiento —llamado arterioesclerosis— puede ocurrir en los vasos sanguíneos de cualquier zona del cuerpo, desde la enorme aorta que envía sangre desde el corazón a todos los rincones del cuerpo, hasta las diminutas arterias coronarias y los capilares que alimentan el corazón, pasando por las arterias carótidas y vertebrales del cuello que suministran sangre a la cabeza y el cerebro.

La rigidez y el angostamiento de los vasos sanguíneos pueden elevar la presión sanguínea. ¿Por qué? Piense en lo que ocurre con la presión cuando usted tapa la boca de una manguera de agua mientras el flujo del líquido elemento permanece constante: el agua sale por la boca con una presión mayor. Cuanto menor sea el diámetro del orificio de salida, mayor será la presión. Es una sencilla cuestión física.

Alrededor del 25% de los adultos padecen hipertensión, si bien sólo un tercio de ellos lo saben. Puesto que los estudios indican que la presión sanguínea elevada bien puede ser una de las causas principales de la pérdida de memoria con el paso de los años, a todos nos compete revisarla y, en caso de tenerla alta, adoptar las medidas necesarias para controlarla.

Ahora bien, más allá de elevar la presión sanguínea, la arterioesclerosis puede inducir un amplio abanico de consecuencias negativas. Por ejemplo, el estrechamiento de los vasos sanguíneos que se encargan del suministro de sangre al corazón puede provocar una angina de pecho (dolor del corazón), primero estando activos y posteriormente incluso en reposo. Si el suministro se interrumpe por completo, sobrevendrá un ataque al corazón. Cuando los sedimentos angostan las arterias carótidas o las cerebrales, esta menor irrigación priva al cerebro del oxígeno, la glucosa y los demás nutrientes esenciales que tanto necesita. Al igual que un corazón falto de oxígeno, un cerebro necesitado de oxígeno no puede funcionar adecuadamente, mucho menos a pleno rendimiento.

Por si fuera poco, algunos fragmentos pequeños de las placas endurecidas presentes en el interior de las arterias o los coágulos de sangre que se forman a su alrededor, en ocasiones pueden desprenderse y viajar por el torrente sanguíneo y, finalmente, obstruir algunos tramos más angostos, interrumpiendo por completo el riego sanguíneo en una región del cerebro, causando lo que ha dado en llamarse un ataque isquémico o la pérdida focal aguda y transitoria de una función cerebral. Otro tipo de ataque, llamado ataque hemorrágico, puede ocurrir cuando, a resultas de una elevada presión sanguínea, se revienta un área debilitada en la pared enferma de una arteria que suministra nutrientes al cerebro. En cualquier caso, a las porciones del cerebro que dependen de ese riego sanguíneo que se ha visto afectado no les irá demasiado bien, toda vez que las células cerebrales afectadas enfermarán y, con mucha frecuencia, morirán. Entre los síntomas de estas patologías cabe señalar el embotamiento, el hormigueo, los estremecimientos, las interrupciones en el habla o en la memoria, la dificultad para escribir, hablar o caminar, dependiendo de las zonas del cerebro que hayan resultado dañadas por el ataque.

Pero algunas veces los pequeños fragmentos de placa o los coágulos sólo obstruyen las arterias momentáneamente, interrumpiendo el suministro de oxígeno y otros nutrientes fundamentales el tiempo suficiente para causar ciertos síntomas de manera transitoria como, por ejemplo, aturdimiento, alteraciones en la visión, pérdida de la capacidad para hablar o moverse normalmente, una sintomatología que se resuelve al cabo de 24 horas aproximadamente. Estos ataques isquémicos transitorios (AIT) —o miniderrames cerebrales, como se los denomina a menudo—, pueden causar lesiones menos inmediatas, aunque no dejan de ser lesiones. La reiteración de estos pequeños ataques finalmente se cobrará un gravoso peaje en la memoria y las funciones cerebrales.

¿Qué provoca el endurecimiento de las arterias? Actualmente, la respuesta más extendida y ampliamente aceptada atribuye a la inflamación crónica de bajo nivel el origen y la formación de placa en las arterias, llámense la aorta, las arterias coronarias, las carótidas, las vertebrales o los vasos sanguíneos más pequeños que alimentan el cerebro. Entre los varios factores de riesgo que propician su desarrollo, la resistencia a la insulina, la diabetes y la hipertensión parecen ser los que desempeñan los roles estelares. Y ciertamente existe un componente genético que tener en cuenta. Aunque quizás sea el tabaquismo el mayor factor de riesgo —uno que bien podemos modificar o incluso revertir—. A decir verdad, un estudio reciente así lo concluyó tras observar una muestra de 1.000 personas durante cinco años en un intento por relacionar los distintos factores de riesgo con el desarrollo de la enfermedad de Alzheimer. Los investigadores encontraron que tener tres o más de estos factores incrementaba sustancialmente el riesgo de desarrollar la enfermedad de Alzheimer, en un porcentaje tan espectacular como el 340%, siendo la condición de fumador uno de los indicadores más notorios.

FUMAR (EL TABAQUISMO)

Debido a que los riesgos conocidos y asociados con este comportamiento son muchos y variados, no debería sorprendernos que fumar sea peligroso para nuestra memoria. Como suele suceder, todo aquello que no es bueno para el corazón, los pulmones, la piel y el cuerpo en general tampoco es bueno para el cerebro… sólo que en este caso es peor. Un estudio, publicado en la prestigiosa revista científica *Neurology* en 1999, demostró que fumar duplica el riesgo de que una persona desarrolle la enfermedad de Alzheimer. Basándonos en tal estadística, sería razonable asumir que fumar asimismo incrementa las probabilidades de desarrollar otras formas menos severas de pérdida de memoria. ¿Por qué fumar es algo tan perjudicial para el cerebro? La lista de razones es extensa y particularmente tóxica.

Para empezar, los humos que desprende el tabaco al quemarse, como el plástico o el Teflón quemado, son en sí mismo venenosos. Cada bocanada de humo de cigarrillo contiene no sólo la nicotina que los ha hecho famosos —o infames—, sino también monóxido de carbono y alrededor de otros 4.000 compuestos tóxicos identificados. Si bien es cierto que el cuerpo evita en gran medida el paso de las toxinas al torrente sanguíneo y que de éste pasen al cerebro, también lo es que el escudo protector, denominado barrera sanguínea del cerebro, no está construido a prueba de cretinos. Esto significa que algunas sustancias logran atravesarla. Es por ello precisamente que las personas pueden colocarse esnifando colas y pegamentos, emborracharse tomando bebidas alcohólicas o marearse fumando un cigarrillo. A pesar de la barrera sanguínea del cerebro, estas sustancias pasan desde los pulmones o el estómago al torrente sanguíneo, y de ahí al cerebro. Y puesto que el cerebro está compuesto mayormente por grasas muy delicadas, muchos de estos compuestos tóxicos pueden disolver las membranas y los tejidos de grasa, envenenar las células cerebrales y lesionarlas o directamente acabar con ellas. Además, el tabaco ha sido designado como uno de lo principales culpables del desarrollo de otros factores de riesgo para el cerebro, tales como la resistencia a la insulina, el endurecimiento de las arterias y la elevada presión sanguínea.

La buena noticia para los fumadores es que dejar el hábito, a cualquier edad, reduce notablemente el riesgo. Estadísticas recientes estiman que 46 millones de adultos norteamericanos fuman, y que cerca del 70% de ellos afirma que les gustaría dejarlo. La cuestión es clara: si usted fuma, corre un mayor riesgo de sufrir un deterioro de la memoria y la enfermedad de Alzheimer. Si a usted le preocupan su lucidez mental y la exactitud de su memoria, dejar el hábito del tabaco constituye un primer paso importante para preservarlas y mejorar su funcionamiento. Dé ese paso. Use los parches de nicotina, los chicles, utilice inhaladores nasales, recurra a la hipnosis, pero, por lo que más quiera, si le preocupa su cerebro, deje de fumar lo antes posible.

EL CONSUMO DE ALCOHOL

Los efectos que produce el alcohol en el cerebro y en la memoria demuestran la necesidad de consumirlo con moderación. Como para la salud cardiaca y el control del peso, todo indica que el consumo de alcohol en cantidades moderadas —del orden de una copa al día aproximadamente— es mejor para la salud cerebral que la abstinencia total. El resultado de algunos estudios diseñados al objeto de evaluar la relación existente entre el alcoholismo y la demencia confirmada, indican que las personas que toman una copa a la semana disminuyen el riesgo de sufrir un deterioro de la memoria en torno al 35% en comparación con los abstemios; quienes consumen entre una y seis copas por semana reducen ese riesgo en un 54%. Este efecto protector empieza a declinar un tanto, hasta situarse en una reducción del 31%, en aquellos sujetos que toman entre siete y trece copas semanalmente, siendo así que más allá de esta cifra el efecto protector se desvanece completamente. Así, las personas que de manera habitual ingieren catorce o más copas a la semana presentan un riesgo de sufrir demencia con el paso de los años superior en un 22%.

La mayoría de nosotros está perfectamente familiarizada con los efectos que el consumo de alcohol ejerce sobre las funciones cerebrales a corto plazo. Un nivel de alcohol en sangre de sólo 0,02% puede debilitar ostensiblemente nuestra capacidad para conducir un automóvil o un vehículo industrial. Niveles superiores al mencionado pueden incapacitarnos para caminar siguiendo una trayectoria recta, y, para expresarlo con claridad, pueden incluso provocar desvanecimientos. El alcoholismo crónico no sólo produce diversos tipos de amnesia y síndromes de pérdida de conocimiento, sino que, según se sospecha, también es causa del encogimiento del volumen cerebral.

El alcohol es una sustancia tóxica. Se trata, básicamente, de un solvente graso que el hígado tiene que desintoxicar y eliminar. Desde esa perspectiva, resulta fácil entender por qué un consumo de alcohol excesivo puede ser nocivo para el cerebro, que como sabemos está integrado principalmente por grasa. Lo que no está tan claro es por qué el consumo moderado de alcohol puede ser beneficioso para el cerebro. Ni, en puridad, cuáles son los motivos exactos por los que una ingesta moderada de alcohol puede conferir una cierta protección para la memoria, un efecto que todavía no hemos logrado descifrar, si bien los neurocientíficos siguen afanándose en comprender el mecanismo subyacente.

LOS TRATAMIENTOS FARMACOLÓGICOS

Aun los mejores fármacos pueden tener efectos secundarios negativos de cierta consideración o incluso graves. Algunos de ellos afectan al cerebro, ya sea porque le privan de algunos nutrientes críticos o porque directamente debilitan el pensamiento y la memoria. El cerebro está compuesto principalmente por grasas delicadas que son particularmente susceptibles a la oxidación —o, dicho en lenguaje coloquial, que se ponen rancias con facilidad—. Para prevenir esta situación, el cuerpo suministra al cerebro una ingente partida de antioxidantes, muy especialmente la coenzima Q10 (CoQ_{10}), un compuesto antioxidante de origen natural cuyas propiedades o funciones van dirigidas a fabricar energía siendo, a la vez, un buen protector cardiovascular. Este nutriente tan trascendental no sólo actúa para preservar la frescura y el correcto funcionamiento de las grasas delicadas del cerebro, sino que se revela absolutamente esencial para la producción de energía en el interior de las células cerebrales. Un papel muy importante habida cuenta de que una escasez de energía bien podría provocar un funcionamiento cerebral perezoso, ralentizar los tiempos de reacción, derivar en una mayor fatiga y una pérdida notable de agudeza mental.

Una clase de fármacos muy común y que se prescribe abundantemente pertenece a la primera categoría, esto es, los medicamentos que reducen la llegada de los nutrientes críticos. Los medicamentos de estatina, generalmente empleados para reducir el colesterol, privan al cerebro de uno de los antioxidantes protectores críticos. Este tipo de medicamentos disminuyen el colesterol como resultado de interferir con la acción de una enzima concreta que controla la producción de colesterol en el hígado. Desafortunadamente, esta enzima también controla la producción de CoQ_{10}. Tomar estatina, ya sea en la forma de Lipitor, Crestor, Zocor, Mecavor, Pravachol o algunas otras marcas comerciales, puede disminuir sus niveles de CoQ_{10} en un 50% y poner su memoria en grave riesgo. Y su potencial para dañar las células nerviosas no acaba en la cabeza; las personas que toman estos fármacos también dicen sentir embotamiento, agitación y estremecimiento en las extremidades; de hecho, esto ocurre con una frecuencia 16 veces superior en quienes toman estatina que en quienes no la toman.

Pero las estatinas no son los únicos fármacos que pueden reducir los niveles de coenzima Q10. Cabe destacar otras medicaciones comúnmente prescritas que pueden tener el mismo efecto, a saber: los antidepresivos mayores y los tranquilizantes (Tenormin, Catapres, Dyazide, Toprol, Inderal), así como las medicaciones para la diabetes (Glucotrol, Micronase, Tolinase). Si usted se ve en la tesitura de tomar uno de estos fármacos, por amor a su cerebro le aconsejo complementar su uso con un suplemento alimenticio, muy particularmente con la toma diaria de coenzima Q10.

Otro grupo de nutrientes esenciales para el cerebro que sufren la interferencia o la reducción de otros fármacos que se prescriben habitualmente es la familia de las vitaminas B, cuya escasez durante siglos ha sido relacionada con algunos síntomas que abarcan desde los trastornos del estado de ánimo y la pérdida de memoria hasta la demencia auténtica. Tras la guerra civil norteamericana, los sanatorios para enfermos mentales del sur se vieron atestados de personas que, según se creía, estaban desquiciadas, cuando en sentido estricto sólo padecían un trastorno llamado pelagra, una afección crónica con manifestaciones cutáneas y perturbaciones digestivas, nerviosas e incluso mentales, producida por defectos en la alimentación, sobre todo de vitamina PP, asociada a la falta de otra vitamina del grupo B (una aportación deficiente de harina de maíz). En tiempos más recientes, las investigaciones han desvelado otro mecanismo a través del cual una carencia de ácido fólico, vitamina B_6 y B_{12}, podría afectar a las funciones cerebrales. En la actualidad sabemos que estas vitaminas desempeñan un papel trascendental en la correcta gestión de una sustancia llamada homocisteína, un subproducto generado por ciertos procesos corporales. La homocisteína resulta muy tóxica en caso de que no se active y se recicle de manera adecuada —una tarea que requiere un suministro ajustado de estas vitaminas del grupo B—. Cuando el suministro es demasiado elevado, se incrementa el riesgo de sufrir un derrame cerebral, un ataque cardiaco o incluso la enfermedad de Alzheimer.

Un amplio abanico de medicamentos de uso común puede alterar los niveles de vitaminas del grupo B: las aspirinas, los diuréticos (líquidos o en pastillas) empleados para tratar la hipertensión, los fármacos bloqueadores de los ácidos estomacales (tales como Nexium y Prilosec), los anticonceptivos que contienen estrógenos y las terapias hormonales sustitutivas en comprimidos (tales como Ortho-Novum, Ortho-TriCyclen, Premarin, Prempro y CombiPatch), los fármacos empleados para combatir la osteoporosis (como Fosamax, Actonel y Evista), y el medicamento más recetado para el tratamiento de la enfermedad de Parkinson (Sinemet). Con la excepción de las píldoras anticonceptivas, se trata de fármacos que se prescriben principalmente a las personas mayores, el grupo que peor tolera cualquier agresión contra el cerebro. La carencia de vitaminas del grupo B y el subsiguiente aumento de la homocisteína que esto provoca, suponen una amenaza doble para el cerebro en proceso de envejecimiento.

Otros medicamentos pueden interferir directamente en el correcto funcionamiento del cerebro, causando somnolencia, ralentizando los procesos de pensamiento así como la velocidad de reacción y provocando confusión mental a todos los niveles. Casi la totalidad de los medicamentos que incluyen la advertencia de no ser administrados en combinación con bebidas alcohólicas pertenecen a este grupo. Los fármacos diseñados para causar sedación o relajación son los candidatos más obvios, y eso incluye a los tranquilizantes, las pastillas para dormir, los medicamentos que se utilizan para combatir la depresión o la ansiedad, los relajantes musculares y los fármacos para los ataques. Cuando se administran según las instrucciones del laboratorio, los efectos que producen sobre el cerebro son, por lo general, leves y temporales. Interrumpir la medicación normalmente redunda en una desaparición de los síntomas sin efectos prolongados.

Como ya he comentado, los medicamentos pueden incidir perjudicialmente en las funciones cerebrales de dos maneras básicas, si bien existe un tercer grupo compuesto por unos agentes antiinflamatorios más potentes llamados corticoesteroides, o simplemente esteroides,* que puede tener efectos negativos sobre el funcionamiento del cerebro en otra manera muy distinta: emulando el indeseado efecto de una sustancia corporal de origen natural. El uso de terapias con esteroides, tales como aquellos tipificados

---

* No me refiero a los esteroides ilegales que algunos deportistas emplean para mejorar su rendimiento, fundamentalmente hormonas sexuales masculinas o sus precursores.

como cortisonas, puede poner en riesgo la salud cerebral del mismo modo en que lo hace la elevación crónica de su contrapartida natural, el cortisol. Los médicos generalmente prescriben estas medicaciones con esteroides para tratar los trastornos crónicos, como las alergias severas o el asma, la enfermedad de Crohn, la colitis ulcerosa, la artritis reumatoide, el lupus eritematoso sistémico (LES), y otras enfermedades similares de naturaleza inflamatoria o autoinmune. Los esteroides han sido calificados de «fármacos maravillosos» y, de hecho, son notablemente efectivos en el tratamiento de estas afecciones, que no suelen responder positivamente a otras terapias. Más aún: para algunas personas podría ser absolutamente imposible renunciar a su uso; sin embargo, la mayoría de los médicos coincide en opinar que es importante recurrir a ellos con moderación y limitar su uso al período más breve posible para que sean verdaderamente eficaces. Al igual que con el exceso de cortisol, el uso prolongado de los esteroides debilita la capacidad de las células cerebrales y nerviosas para resistir las agresiones, cosa que acentúa su propensión a perder sus conexiones intercelulares.

LAS DROGAS ILEGALES

Hubo una prolongada campaña televisiva realizada por la Partnership for a Drug-Free America durante las décadas de 1980 y 1990. Decía algo así como «Esto es tu cerebro. Esto es tu cerebro bajo los efectos de las drogas». Uno de estos conocidos anuncios mostraba un huevo crudo que se dejaba caer sobre una sartén muy caliente con el fin de ilustrar la idea de que las drogas pueden freír el cerebro de quien las consume. Este mensaje no sólo era contundente, sino que comunicaba la idea eficazmente. Las drogas de uso más común en las calles de nuestros pueblos y ciudades sin lugar a dudas provocan graves lesiones en el cerebro y, desafortunadamente, muy a menudo tienen secuelas prolongadas o irreversibles. Observemos a la sazón muy brevemente las cuatro drogas ilegales de las que más se abusa y que tienen efectos nocivos para el cerebro.

La anfetamina, denominada *speed* en el lenguaje popular, y sus derivados encabezan la lista de las drogas más consumidas y que más negativamente afectan al cerebro, principalmente porque su abuso está muy extendido. Estos compuestos estimulantes elevan la presión sanguínea hasta cotas verdaderamente estratosféricas, a menudo lo suficiente para causar un derrame cerebral, aun en cerebros jóvenes. No debería, pues, sorprendernos que la hemorragia cerebral no sea beneficiosa para este órgano, si bien no es la única manera en que las drogas pertenecientes a este grupo pueden causar lesiones. Investigaciones recientes han demostrado que el *speed* provoca en efecto cambios en las células cerebrales, dejando sedimentos de proteínas llamativamente similares a los que pueden apreciarse en las personas que sufren trastornos cerebrales degenerativos como, por ejemplo, la enfermedad de Alzheimer.

Un estudio realizado por la Universidad de Michigan sugiere que la cocaína puede destruir determinadas células cerebrales que producen un mensajero químico natural del bienestar que responde al nombre de dopamina. En rigor, la embriaguez que se siente al consumir cocaína tiene su origen en el aumento súbito de la producción de dopamina causado por esta droga, induciendo una clara sensación de euforia. El consumo crónico de cocaína —que suele seguir al consumo esporádico— puede reducir y finalmente destruir las células que producen la dopamina, privando al cerebro de este importante compuesto químico regulador e incrementando el riesgo de que su dueño desarrolle la enfermedad de Parkinson. Por si fuera poco, las propiedades estimulantes de la cocaína pueden asimismo elevar la presión sanguínea en grado suficiente para incrementar el riesgo de sufrir un derrame cerebral.

Desarrollado originalmente en Alemania como un supresor del apetito, el éxtasis (MDMA) tomó por asalto la escena de los *nightclubs* germanos no sólo a raíz de sus efectos estimulantes, que posibilitan que quienes lo consumen bailen sin parar durante toda la noche en las *raves* o las fiestas tecno, sino también por el efecto alucinógeno que, siempre según sus consumidores, contribuye a expandir sus sentidos y despojarlos de toda inhibición. En puridad, la droga se introduce en el cerebro y es allí donde induce el «subidón» luego de causar una producción súbita y excesiva de serotonina. Paradójicamente, el uso continuado de esta sustancia redunda en una disminución de este compuesto químico esencial, cuya pérdida puede revelarse mortal para la célula. El efecto alucinógeno muy probablemente ocurre cuando ese aumento súbito de la serotonina actúa sobre algunos de sus receptores, los llamados receptores psicodélicos. Estos receptores cerebrales también resultan afectados por los estupefacientes alucinógenos clásicos tales como el LSD, la silocibina y la mezcalina. Los efectos estimulantes están asociados con un índice elevado de complicaciones cardiacas, hipertensión y riesgo de sufrir un derrame cerebral.

Los estudios han logrado documentar la pérdida de memoria asociada con el consumo de éxtasis. La pregunta del millón es la siguiente: ¿son estas pérdidas temporales o permanentes? Para responder a esta pregunta, un estudio reciente comparaba a sujetos que seguían consumiendo la droga con otros que habían dejado de consumirla. Los que seguían consumiéndola, lógicamente en cantidad suficiente, parecían sufrir un deterioro progresivo y continuado de la memoria. Es interesante resaltar, sin embargo, que la memoria de algunos de los sujetos que ya no la consumían seguía presentando un deterioro evidente, si bien la de los sujetos restantes mejoró ligeramente, un hecho que esboza la idea de que al menos en algunas personas el efecto del éxtasis sobre la memoria podría ser reversible. Una buen noticia, qué duda cabe.

Tras experimentar su apogeo en los años sesenta y setenta del siglo XX, la marihuana ha regresado con fuerza en la pasada década y vuelve a ser la droga ilegal de mayor consumo en Estados Unidos. Aunque son muchos los que piensan que es una sustancia tóxica relativamente inocua, entre los efectos con potencial para alterar las facultades mentales del fumador de marihuana en el corto plazo cabe mencionar las dificultades en la memoria y el aprendizaje, la percepción distorsionada, las dificultades para pensar y resolver problemas y una notable pérdida de coordinación. El efecto que tiene el consumo prolongado de marihuana sobre el cerebro sigue siendo una incógnita; en cualquier caso, un estudio reciente indica que el uso prolongado provoca efectos asimismo duraderos.

Los investigadores compararon el desempeño de 20 consumidores de marihuana de largo plazo, 20 de corto plazo y otros 20 sujetos de control no consumidores, a quienes se practicaron diversos test para evaluar su memoria, atención, capacidad de concentración, así como su rapidez o agilidad mental. Así, los consumidores de largo plazo obtuvieron una puntuación significativamente peor en lo tocante a la memoria verbal y la agilidad mental que cualquiera de los sujetos restantes. Por otro lado, tanto los consumidores de largo como los de corto plazo evidenciaron un claro deterioro de su fluidez verbal, memoria verbal, atención y rapidez mental en comparación con los individuos no consumidores. En consecuencia, los investigadores concluyeron que el abuso prolongado de la marihuana tiene como consecuencia directa un deterioro de algunas regiones cerebrales, incluyendo las relativas a la memoria.

Señales de advertencia: la pérdida del oído y la pérdida del olfato

Para que el cerebro pueda procesar correctamente las señales procedentes del entorno debe tomar muestras de la realidad que nos circunda, cosa que hace enviando sondas hasta la superficie para que recaben esa información tan necesaria. Estas sondas reciben el nombre de órganos sensoriales —nuestros ojos, nuestra nariz, nuestra lengua y nuestra piel—. Las terminaciones nerviosas que nos permiten ver, oír, oler, saborear y sentir están directamente conectadas a las células cerebrales. Estos órganos sensoriales no pasan de ser, a todos los efectos, meras extensiones de nuestro cerebro y, como tales, pueden darnos pistas fiables para dilucidar el estado de salud del cerebro. Concretamente, dos de nuestros sentidos —el olfato y el tacto— pueden actuar a modo de abanderados de la salud cerebral. Si lo desea, en el capítulo 7 encontrará más información acerca de este particular, aunque, por ahora, sólo me interesa que usted sea muy consciente de que las personas que experimentan un aturdimiento de los citados sentidos tal vez presenten un riesgo acentuado de deterioro de la memoria, pudiendo incluso desarrollar la enfermedad de Alzheimer con el paso de los años.

Una persona puede tener la impresión de que su sentido del oído ya no se comporta como antaño, o también es posible que sean sus seres queridos quienes se percaten de ello. Conseguir que un otorrinolaringólogo haga una revisión de su capacidad auditiva no es difícil. La buena noticia es que usted puede adoptar un puñado de medidas para proteger su oído y no sufrir mayores pérdidas; esto puede hacerse mediante una alimentación adecuada, un asunto que abordaré en capítulos posteriores.

La pérdida del sentido del olfato resulta un tanto más difícil de identificar, pudiendo pasar completamente inadvertida durante mucho tiempo. También en el capítulo 7 encontrará un test del olfato dividido en diez pruebas que le ayudará a determinar si usted ha perdido parte de su anterior capacidad para identificar los olores, y cuyo resultado bien podría conducir a una evaluación más exhaustiva por parte de su médico para determinar la causa.

Llegados a este punto, usted sabrá dónde situarse en el amplio espectro del riesgo y estará mucho más familiarizado con la manera en que los distintos factores de riesgo repercuten en la salud cerebral. Dicho esto, ha llegado el momento de que nos centremos en aquello que se puede hacer al respecto. El programa Brain Trust le ayudará a mejorar ostensiblemente la salud y el desempeño de su cerebro. Además, puede ayudarle a prevenir males mayores como resultado de fortalecer su memoria, mejorar su capacidad de concentración, disipar el ofuscamiento mental y asegurarse de que su cerebro funcione a pleno rendimiento durante el mayor tiempo posible.

De este capítulo sobre los diferentes factores de riesgo le convendrá extraer al menos una enseñanza: salvo en el caso de la historia familiar, en su mano está hacer algo para reducirlos virtualmente todos. Los capítulos que siguen le mostrarán exactamente cómo hacerlo.

2.ª parte

El programa Brain Trust en tres fases

4. El cuidado y la alimentación del cerebro: qué comer y qué no comer

 De poco sirve descubrir que nos encontramos en situación de riesgo si no existe alguna cosa que podamos hacer al respecto a excepción de preocuparnos. No hace mucho tiempo el dogma científico esgrimía que el cerebro era un órgano que se deterioraba con el paso de los días; expresado de otro modo, que con los años perdíamos muchos millones de células cerebrales que en ningún caso podían ser reemplazadas. Los expertos creyeron alguna vez que nacíamos con un número determinado de células cerebrales y que no había más. De ser así, con la edad invariablemente la memoria empezaría a fallar y algunos de nosotros veríamos mermadas nuestras facultades mentales de manera progresiva hasta que finalmente nos extraviaríamos en el marasmo de la demencia senil. Una perspectiva muy sombría, cabe señalar.

Por fortuna para todos nosotros, y muy al contrario de la creencia anterior, hoy sabemos que es mucho lo que podemos hacer para preservar, proteger e incluso mejorar las funciones cerebrales *desde que nacemos y hasta la vejez*. La ciencia ha demostrado que en lugar de ser un órgano estático, el cerebro no sólo puede formar sino que de hecho forma millones de sinapsis nuevas (las interconexiones que posibilitan la comunicación entre las células cerebrales) todos y cada uno de los días de nuestra vida, con total independencia de nuestra edad. Mejor aún: los investigadores de varios laboratorios han logrado documentar que pueden formarse células nerviosas funcionales de nueva creación en un cerebro maduro; y no sólo unas pocas, sino legiones de ellas, unas 25.000 o más cada día. Para que eso ocurra, usted tiene que alimentar adecuadamente el cerebro y proporcionarle los cuidados necesarios, empezando hoy mismo. Veamos cómo.

Muchos de los factores que con la edad concurren y nos roban parte de nuestra memoria están relacionados con nuestro estilo de vida, son decisiones que nos competen y podemos controlar; por consiguiente, se trata de riesgos que podemos reducir si así lo decidimos. No me estoy refiriendo a nada muy distinto de cambiar nuestra dieta y nuestros hábitos cotidianos para minimizar el riesgo de sufrir una enfermedad cardiovascular. Al igual que podemos rehabilitar un cuerpo o un corazón frágil mediante una alimentación adecuada, con la ayuda de suplementos dietéticos y ejercicio físico, es posible insuflar aire fresco en un cerebro envejecido o incluso lesionado a causa de un derrame cerebral o un traumatismo cráneo encefálico recurriendo a estos mismos conceptos. En el caso concreto del cerebro, la cuestión es un tanto más delicada. He aquí las razones.

Cuando comemos o cuando tomamos un suplemento dietético, podemos asumir que, con independencia de lo ingerido, será absorbido por el torrente sanguíneo y con toda seguridad conseguirá abrirse camino hasta el corazón, los músculos, los órganos internos o los huesos, porque todos sin excepción se nutren de lo que nosotros les suministramos. No sucede así con el cerebro. Dado que está compuesto mayormente por grasas, el cerebro es un órgano excepcionalmente sensible a las lesiones tóxicas. Cualquier sustancia soluble en aceite —una extensa lista en la que figuran muchos pesticidas, herbicidas, hormonas, factores de crecimiento, sustancias contaminantes y medicamentos— puede transferirse muy fácilmente desde la sangre hasta el cerebro, donde podría causar estragos en las grasas delicadas que componen buena parte de la materia cerebral. Al objeto de evitar esta circunstancia, la naturaleza ha diseñado el cerebro dotándolo con diversas protecciones a prueba de errores (virtualmente todos), entre ellas un sistema de filtros que recibe el nombre de barrera sanguínea del cerebro. Este sistema monitorea el flujo sanguíneo a medida que discurre por la barrera y únicamente permite el paso de aquellas sustancias que reciben su aprobación, que finalmente acceden al interior del cerebro. Si he utilizado el adverbio *virtualmente* es porque, como Aquiles, aquel guerrero aparentemente invencible del que nos habla Homero en su *Ilíada*, el cerebro incorpora una armadura que tiene un punto débil, un punto diminuto que carece de protección y recibe el nombre de área desnuda de la barrera sanguínea del cerebro. A través de este minúsculo orificio de la barrera, algunas sustancias pueden deslizarse y atravesarla, y no todas ellas son buenas. Por esta razón me atrevo a comparar esta área desnuda del cerebro con el célebre talón de Aquiles.

En cierto sentido, la barrera sanguínea del cerebro funciona demasiado bien. Tal como sucede muy a menudo, un sistema diseñado para protegernos de los peligros también puede limitar nuestro acceso a determinadas cosas que podrían hacernos bien. En consecuencia, si un medicamento o un suplemento dietético tiene que llegar al cerebro para nutrirlo o para sanarlo, deberá ser capaz de atravesar los filtros de la barrera. Este hecho tiene mucha relevancia cuando se trata de seleccionar los alimentos que ingerimos y la forma más conveniente de tomar los suplementos dietéticos en pro de un óptimo funcionamiento cerebral. En un capítulo posterior abordaré el asunto de los suplementos con mayor detenimiento. Antes de eso, permítame que exponga las características esenciales de una dieta beneficiosa para el cerebro.

La dieta beneficiosa para el cerebro: qué comer

Tratándose de la buena salud en general, pienso que todo el mundo coincidirá conmigo al decir que deberíamos tener una dieta nutritiva y variada. Concedido, no todo el mundo está de acuerdo en qué significa eso exactamente; ¿acaso tiene que ser baja en carbohidratos, baja en grasas, baja en calorías, rica en proteínas? Como norma general, la afirmación «Tener una dieta nutritiva y variada» no crispará los ánimos de quienes lanzan sus propuestas desde virtualmente todos los sectores de la nutrición. Pero con el fin de mejorar la salud cerebral y optimizar su funcionamiento, existen determinados alimentos que destacan por su importancia. Entre ellos se encuentran el pescado y los mariscos, las bayas y frutas del bosque, las espinacas, ciertas hierbas y especias, el té verde, el café, los huevos, el aguacate, los frutos secos, las semillas y el vino. Deje que vuelva a anticiparme y diga que los anteriores no son los únicos alimentos que desde estas páginas le recomiendo. (Más adelante bosquejaré algunos planes alimentarios idóneos para el programa Brain Trust.) Tan sólo se trata de alimentos que, a mi juicio —avalado por la comunidad científica—, ofrecen los beneficios más directos para el cerebro. A continuación le explicaré por qué considero que los alimentos antedichos desempeñan un importante papel en mi dieta beneficiosa para el cerebro.

Los ácidos grasos esenciales pueden ser de dos categorías: omega-3 u omega-6. Puesto que el cerebro contiene la mayor concentración de ácidos grasos omega-3 de cadena larga, y dado que se encuentran fundamentalmente en el pescado y los mariscos, estos alimentos se sitúan en la parte alta de la lista. Localizadas en la capa exterior de las células nerviosas, donde se unen y consolidan las moléculas de los neurotransmisores posibilitando la comunicación intercelular, estas grasas son de capital importancia para todas las funciones que desempeña el cerebro.

Debido a que son extremadamente sensibles a la oxidación, es decir, propensas a ponerse rancias, estas delicadas grasas necesitan ser protegidas por un amplio abanico de compuestos naturales llamados antioxidantes. Los antioxidantes abundan en las frutas, las verduras y las especias, razón por la cual las bayas, las espinacas, el café y los aguacates son tan vitales para la salud cerebral. Los huevos, los frutos secos y las semillas son otras fuentes recomendables de nutrientes muy beneficiosos para el cerebro, entre los que se incluyen las grasas monosaturadas (las buenas), las vitaminas y los minerales. Por último, aunque no menos importante, se ha demostrado que el vino tomado con moderación constituye una excelente fuente de resveratrol y muchos antioxidantes flavonoides muy poderosos.

EL PESCADO Y LOS MARISCOS

Cuando era niño me enseñaron que el pescado era un buen alimento para el cerebro. Es probable que a usted le enseñaran lo mismo. Pues bien, resulta que esta historia de la abuela que nos enseñaron durante la infancia es cierta a todas luces, según revelan las investigaciones realizadas recientemente por los integrantes del Chicago Health and Aging Project. Este equipo de investigadores examinó los hábitos alimentarios de una muestra de más de 4.000 personas, y a renglón seguido realizó diversos test específicamente concebidos para conocer el estado de salud de sus cerebros. A esta población se le hizo un seguimiento exhaustivo durante seis años. El equipo concluyó que quienes comían más pescado habían preservado mejor sus funciones cerebrales relativas a la memoria quienes comían menos o simplemente no comían pescado. O, dicho de otro modo, el estudio demostró que comer pescado lentificaba de manera significativa el deterioro mental que invariablemente se da con el paso de los años.

¿Por qué razón el pescado es tan bueno para el cerebro? Ciertamente, el pescado es rico en proteínas de máxima calidad, importantes no sólo para la construcción del cerebro, sino para construir un cuerpo sano. En todo caso, en lo que concierne al cerebro, es más importante señalar que el pescado —muy particularmente las especies que habitan en aguas muy profundas del océano o bien en los arroyos de montaña que se nutren con el agua del deshielo (el salmón, la caballa, el atún, las sardinas y la trucha)— es una fuente rica en las grasas esenciales de las que depende el correcto funcionamiento del cerebro.

Estas grasas especiales, llamadas ácidos grasos omega-3, son moléculas muy poco saturadas que proporcionan a las membranas celulares de todo el cuerpo —y eso incluye a las células cerebrales— la flexibilidad y la fluidez necesarias para funcionar adecuadamente. En páginas siguientes ampliaré la información sobre este asunto.

En rigor, son las algas que viven en aguas frías las que producen los ácidos grasos omega-3, de importancia cardinal para nuestra supervivencia. Así pues, los peces los consiguen de segunda mano. Cuando éstos se comen las algas, los ácidos omega-3 se alojan en sus células de grasa o en sus hígados. Los peces que habitan en aguas frías contienen más grasa y pueden, por tanto, almacenar una mayor cantidad de ácidos grasos omega-3; precisamente por ello son nuestra mejor fuente en lo tocante a esta clase de nutrientes tan fundamentales para el cerebro. Infortunadamente, las grasas del pescado, como las grasas que conforman nuestro cerebro, también son un buen lugar donde almacenar metales pesados, pesticidas, productos orgánicos como el bifenil policlorinado (PCB en inglés), y otros compuestos químicos tóxicos, cosa que agrega un ingrediente de complejidad a la ecuación. Abordaré este tema en mayor profundidad más adelante, pero por ahora baste decir que, en términos generales, los peces pequeños (las sardinas) presentan menos toxinas que los peces de mayor tamaño (el atún).

En el cerebro, estas grasas esenciales tienen muy diversos·papeles. En primer lugar, y posiblemente el más importante, las células cerebrales las procesan e integran en la estructura de sus membranas celulares para mantenerlas flexibles y que contribuyan a su mejor funcionamiento. En el seno de la membrana de todas las células cerebrales hay algunas estructuras especiales, llamadas receptores, que funcionan como interruptores de activación de determinadas funciones cerebrales críticas. Si en un momento dado las membranas se tornasen demasiado rígidas, los compuestos químicos cerebrales no podrían accionar estos mecanismos de activación. Cuando esto ocurre, actividades cerebrales críticas tales como el aprendizaje, la velocidad de reacción y la memoria empiezan a deteriorarse.

Entre los pescados ricos en omega-3 se encuentran el salmón, el atún, la caballa, el arenque, la trucha, las sardinas y las anchoas. Y recuerde que, siempre en términos generales, cuanto menor sea el tamaño de los pescados, menos toxinas tendrán. La tabla 4.1 le proporciona una lista del contenido en ácidos grasos omega-3 de los pescados más comunes.

LAS BAYAS Y LAS FRUTAS DEL BOSQUE

Comer una amplia variedad de frutas y verduras frescas es importante para la salud en general, y en este sentido la salud cerebral no constituye una excepción. La ciencia ha identificado miles de compuestos químicos de procedencia vegetal que al parecer son beneficiosos para la salud humana, muchos de los cuales guardan alguna relación con los pigmentos que proporcionan su hermoso color a las frutas y a las verduras. Y, aunque sería muy práctico aislarlos en un solo comprimido o a lo sumo dos, el hecho es que parecen funcionar mejor de manera conjunta, en maneras que la ciencia todavía no ha conseguido emular. No obstante, la ciencia puede medir sus funciones y hacerlo constituye un valor en sí mismo, la llamada capacidad de absorción de los radicales de oxígeno (ORAC en inglés), un método que cuantifica la capacidad de cualquier sustancia alimenticia para neutralizar los radicales libres de oxígeno.

Aunque las ciruelas desecadas y las pasas son las que tienen una mayor capacidad de absorción, entre las frutas frescas las bayas encabezan las listas ORAC. Se trata de frutas con una densa carga nutritiva, pero que contienen menos azúcares concentrados que sus primas desecadas. Por esta razón, las bayas o las frutas del bosque son una fuente de compuestos ORAC muy interesante para el diseño de una dieta beneficiosa para el cerebro, muy indicadas especialmente para las personas que padecen obesidad, diabetes u otra enfermedad relacionada con la resistencia a la insulina, en quienes el control del exceso de azúcar se revela como una medida de máxima importancia.

Las grasas delicadas que componen una parte tan sustancial de la estructura del cerebro —las mismas que yo le animo a sustituir comiendo pescados de aguas frías— son bastante vulnerables al ataque del oxígeno, que es, huelga decirlo, un elemento muy necesario para la vida. Comer alimentos con un elevado contenido ORAC no sólo sirve para prevenir la oxidación de las grasas esenciales del cerebro, sino también para proteger la piel, el corazón y los ojos. La investigación sugiere que un simple aumento en la ingesta de estos alimentos también podría ayudarnos a prevenir la pérdida de memoria y a mejorar nuestra capacidad de aprendizaje. Dado que son deliciosos, es una tarea muy fácil de cumplir.

TABLA 4.1

Cantidad de ácidos grasos omega-3 en pescados y mariscos*

PESCADO/MARISCO	OMEGA-3 (gramos por ración de 90 gramos)
Atún	
Al natural (*light*), envasado en agua	0,26
Blanco, envasado en agua	0,73
Fresco	0,24-1,28
Sardina	0,98-1,70
Salmón	
Rojo, Real o Sockeye	0,68
Rosado	1,09
Chinook	1,48
Del Atlántico, de piscifactoría	1,09-1,83
Del Atlántico, salvaje	0,9-1,56
Caballa	0,34-1,57
Arenque	
Del Pacífico	1,81
Del Atlántico	1,71
Trucha arco iris	
De piscifactoría	0,98
Salvaje	0,84
Halibut	0,4-1,0
Bacalao	
Del Atlántico	0,24
Del Pacífico	0,13
Abadejo	0,2
Platija	0,42

PESCADO/MARISCO	OMEGA-3 (gramos por ración de 90 gramos)
Ostra	
Del Pacífico	1,17
Oriental	0,47
Cultivada	0,37
Langosta	0,07-0,41
Cangrejo, Real de Alaska	0,35
Gamba, camarón, quisquilla	0,27
Almeja	0,24
Vieira	0,17

* Los datos proceden de Iso, H., Kobayashi, M., Ishihara, J., Sasaki, S., Okada, K., Kita, Y., Kokubo, Y., y Tsugane, S. (2006): «Intake of Fish and Ω3 Fatty Acids and Risk of Coronary Heart Disease among Japanese», en Circulation *113, pp. 195-202.*

LAS ESPINACAS Y OTRAS VERDURAS DE HOJA VERDE OSCURA

Aunque hace muchos años que sabemos que las espinacas son la principal fuente de energía y el secreto de la fuerza del inefable Popeye el marino, sólo recientemente han salido a la luz los beneficios que reportan para la construcción cerebral. Las espinacas, como todas las frutas coloridas, son una superestrella de la ORAC, lo cual significa, desde luego, que tienen el poder antioxidante necesario para deshacerse de los radicales libres de oxígeno, del mismo modo como Popeye sometía a su rival Bruto. Dotadas con un amplio surtido de compuestos antioxidantes y antiinflamatorios —muy útiles para ralentizar el deterioro del cerebro, mejorar la memoria y ampliar sus habilidades, según revelan todas las investigaciones—, las espinacas son una de las pocas fuentes del ácido α-lipoico, un antioxidante inusitadamente versátil. (Me adentraré en esta cuestión, y muy particularmente en la importancia que tiene este antioxidante para el cerebro, en el próximo capítulo.)

Asimismo, las espinacas son ricas en ácido fólico, perteneciente al complejo de las vitaminas B y una de las armas más contundentes desplegadas por el organismo para neutralizar la homocisteína, un aminoácido derivado de la descomposición de otro importante aminoácido denomina-do metionina. Las principales fuentes alimenticias de metionina —un ami-noácido esencial para los seres humanos, lo cual significa que necesitamos comerlas para vivir— son las carnes rojas, el pescado y la carne de aves, si bien también puede encontrarse en el tofu, las frutas, los frutos secos, las judías pintas y las negras, los guisantes, el maíz, algunos quesos, el ajo y, para mayor sorpresa nuestra, en las espinacas. La mayoría de nosotros es capaz de utilizar la homocisteína que producimos naturalmente a partir de la metionina que debemos comer y, con la ayuda del ácido fólico, trans-formarla nuevamente en metionina. Sin embargo, algunas personas here-dan una dificultad genética para procesar la homocisteína, siendo así que el aminoácido se acumula en el torrente sanguíneo, promoviendo la ate-roesclerosis (endurecimiento de las arterias) y predisponiéndolas a sufrir ataques al corazón, derrames cerebrales, debilitamiento de los huesos y demencia. Según los datos obtenidos por el Framingham Study, en perso-nas mayores de sesenta años unos niveles de homocisteína elevados pue-den incrementar el riesgo de desarrollar la enfermedad de Alzheimer en un porcentaje igual o superior al 150%.

Ahora bien, los niveles de homocisteína también pueden elevarse en aquellas personas que no heredan ningún trastorno en el metabolismo de este aminoácido. La investigación revela que las personas con diabetes y las que padecen el trastorno de resistencia a la insulina —como se verá más adelante, con el paso de los años ambos trastornos sitúan al cerebro en una posición de claro riesgo de pérdida de memoria—, presentan un mayor riesgo de tener la homocisteína alta, y enfrentan mayores dificultades para mantenerla en niveles cercanos a la normalidad. Además, los niveles de ho-mocisteína elevados tienen un efecto mucho más acentuado sobre la salud de las personas con diabetes que sobre las que no padecen esta enfermedad.

Yo le animo a consumir espinacas con regularidad, así como sus parien-tes cercanos de hoja verde oscura, a saber: el nabo, la mostaza y otras ver-duras, las acelgas y la col rizada. Coma estas verduras en ensaladas frescas, aderezadas con aceite de oliva o bien en la forma de guisos y sopas.

LAS ESPECIAS

Muy apreciadas en prácticamente todas las gastronomías del mundo, las especias han sido utilizadas desde tiempo inmemorial para realzar el sabor o el color de las comidas y aun para sanar determinadas dolencias. La búsqueda y el control de los mercados de las especias ha desatado guerras, forjado ingentes fortunas, reflotado economías enteras, y su consecuencia más relevante fue el descubrimiento del continente americano. Más aún: una mezcla secreta de 11 hierbas y especias sirvió para construir todo un imperio del pollo frito. ¿Qué son las hierbas y las especias y por qué deberían figurar en nuestro plan alimentario para la buena salud cerebral?

Aunque la mayoría de la gente piensa que las hierbas y las especias son la misma cosa, lo cierto es que presentan notables diferencias. Las hierbas generalmente proceden de las hojas verdes de plantas de tallo no leñoso, y pueden emplearse frescas o desecadas para agregar sabor y una coloración vibrante a los alimentos. Hierbas como el tomillo, el romero, el orégano, la albahaca, el cebollino, la cebolla, el ajo, el cilantro, el perejil, el hinojo y el eneldo son de uso común en las cocinas de la mayoría de nuestros hogares. Las especias, por el contrario, son generalmente semillas secas enteras o molidas, bayas, cortezas o raíces de plantas. La mayoría de nosotros está familiarizada con especias como la canela, el cardamomo, el anís, la semilla de coriandro, la semilla de mostaza, el chile picante, la páprika (el pimentón dulce) y la pimienta negra. Esta distinción no es demasiado relevante para nuestro propósito. Puesto que nosotros empleamos pequeñas cantidades de hierbas y especias al objeto de dar sabor y color a nuestros platos, y no tanto sustancia, ambas nos ofrecen una manera sencilla de incrementar la ingesta de nutrientes saludables sin necesidad de añadir muchas calorías en nuestra alimentación. Observemos ahora algunos de los condimentos cuya acción beneficiosa para el cerebro ha podido comprobar la ciencia, especialmente aquellos que mejoran las facultades de nuestra memoria o previenen su pérdida con la edad.

La *cúrcuma*, una prima del jengibre, es la especia que proporciona a los *curries* indios su esplendorosa tintura amarilla. Originalmente, esta especia fue la primera en llamar la atención de los científicos que investigaban la enfermedad de Alzheimer, porque la incidencia de esta enfermedad es relativamente baja en la India, un inmenso país donde se consume curry de manera habitual. El análisis científico ha demostrado que uno de los ingredientes activos de la cúrcuma, la curcumina, podría prevenir el deterioro de las facultades mentales en animales de laboratorio. Igualmente, las pruebas realizadas en el laboratorio han demostrado que la curcumina y el *jengibre* disminuyen radicalmente la formación en el cerebro de los depósitos pega-josos que denotan la existencia de la enfermedad de Alzheimer. Además, tanto el jengibre como la curcumina eliminan la inflamación, una circuns-tancia determinante en el envejecimiento del cerebro y otras dolencias.

Un buen puñado de investigaciones ha revelado que la *canela*, una es-pecia señera e insustituible en la cocina festiva y uno de los sabores fa-voritos para el paladar tanto de los niños como de los adultos, reduce la inflamación e incluso tiene un poder antioxidante. Mejor aún: se ha demos-trado que la canela ayuda a controlar el azúcar en sangre y mejora la sen-sibilidad a la insulina, siendo así que cuando ambas cosas mejoran la salud cerebral mejora también.

Se sabe que hierbas como la *salvia* y el *romero* son beneficiosas para la salud del cerebro. El ingrediente activo de la salvia (la hierba principal en la condimentación de la carne de ave) estimula notablemente los nive-les de acetilcolina, uno de los compuestos químicos responsables de la transmisión de mensajes en los centros cerebrales encargados de la memo-ria. Algunos estudios han demostrado que los sujetos que tomaron aceite de salvia experimentaban una mejoría en su memoria de corto plazo así como en la habilidad para recordar palabras. Otras investigaciones sugie-ren que el romero tiene una sustancia que no sólo ayuda a mejorar la me-moria, sino que, de hecho, fomenta el crecimiento y la reparación de la red de interconexiones por medio de la cual las células cerebrales se comuni-can unas con otras.

Los compuestos químicos de naturaleza vegetal que proporcionan a una hierba o especia su sabor distintivo, su intenso aroma y su vibrante co-lor, a menudo también son los responsables de sus propiedades saludables. Así pues, la adición de una amplia selección de hierbas y especias saluda-bles a los alimentos que comemos, es una manera deliciosa y muy fácil de mejorar la salud cerebral y la del cuerpo en su conjunto.

EL CAFÉ

De forma reiterada, los investigadores han descubierto que las personas que beben un par de tazas de café con cafeína diariamente presentan una menor incidencia de la enfermedad de Alzheimer. El café —incluso des-cafeinado— contiene varios miles de compuestos antioxidantes, que bien podrían ayudarnos a mantener la agudeza mental y prevenir el deterioro del cerebro con el paso de los años. En tiempos recientes, también se ha demostrado que tomar café reduce el riesgo de desarrollar la diabetes, que por sí sola constituye una seria amenaza para la memoria.

Por fortuna para quienes no toman café, las investigaciones también han logrado verificar que esta misma protección puede obtenerse como resultado de incluir el té verde en nuestra dieta. Un estudio publicado en la prestigiosa revista *American Journal of Clinical Nutrition* revela que tomar una sola taza de té verde por día disminuye el riesgo de deterioro de las facultades mentales en un 38%. Tomar una segunda taza reduce el riesgo en un 54%. Los efectos beneficiosos del té verde pueden explicar en parte que en el Japón, un país donde el té verde es una bebida muy popular, se dé un menor riesgo de sufrir un deterioro de la memoria así como la enfermedad de Alzheimer. Dicho lo cual, le insto a disfrutar de al menos un par de tazas de café o té verde al día. Su cerebro se lo agradecerá.

LOS HUEVOS

El huevo es un alimento muy versátil que le convendría incluir en su dieta habitual. ¡Todas sus partes, incluida la yema! Y no, esto no es un error de impresión. Pero antes de que suspire y proteste, «¿Huevos? Este tipo está mal de la cabeza. Pero si están llenos de colesterol. ¡No tengo la menor intención de comer huevos!», lea con atención lo que tengo que decirle. Concedido, en los últimos quince años más o menos, el pobre huevo ha sido demonizado (injustamente), calificándolo de grave riesgo para la salud a causa del colesterol que contiene. Ahora bien, por suerte para nosotros, la ciencia sigue avanzando y, tal como nos recordó en su día Bob Dylan, los tiempos están cambiando.

Si bien es bastante cierto que los huevos son una fuente de colesterol, la ciencia certifica que comerlos no tiene por qué significar un aumento de los niveles de colesterol en sangre. En honor a la verdad, el colesterol procedente de la dieta tan sólo es responsable del 10 o el 15% del colesterol presente en el torrente sanguíneo. Su cuerpo, por sí mismo, genera el 85 o el 90% restante. Así pues, le recomiendo adoptar una medida a prueba de sustos: cerciórese de ingerir esta materia prima esencial en cantidad suficiente.

Y digo más: usted necesita colesterol para producir muchas hormonas, así como vitamina D. El colesterol también desempeña un papel vital como molécula estructural en la membrana de todas las células del cuerpo. El cerebro, muy especialmente, es un órgano dependiente del colesterol. La investigación con animales, incluyendo los primates no humanos y los seres humanos, revela que un déficit en el colesterol procedente de la dieta resulta en depresión, agitación y agresividad. Es interesante notar aquí que en la población reclusa el nivel de colesterol promedio es menor que entre la población en general.

No obstante, los huevos contienen mucho más que colesterol; son una fuente tan excelente como barata de proteínas y vitaminas importantes, tales como las vitaminas A, E, B_{12} y el folato (o ácido fólico). La yema es muy rica en luteína y zeaxantina —dos nutrientes que, conforme a las últimas investigaciones científicas, sirven para reducir el riesgo de degeneración macular en el ojo—. La mácula es la porción más importante de la retina, la pantalla situada en el fondo del ojo y sobre la cual enfocamos las imágenes que vemos. La degeneración macular es una de las causas principales de la ceguera. Asimismo, cabe recordar que el ojo no deja de ser una extensión del cerebro, de suerte que parece razonable afirmar que aquello que es bueno para el ojo también será bueno para el cerebro. Pero aún hay más. Los huevos son igualmente ricos en colina, otra vitamina perteneciente al grupo B que desempeña un papel cardinal en el mantenimiento de la buena salud cerebral. La colina es un componente importante en diversos procesos metabólicos, en la construcción de membranas celulares y del neurotransmisor acetilcolina. Dado que se ha detectado que la deficiencia de colina produce deterioro hepático, anomalías en el crecimiento, infertilidad, hipertensión, cáncer y pérdida de memoria, se ha fijado el consumo de un huevo al día como medida de prevención. La colina y el folato trabajan conjuntamente para disminuir los niveles de homocisteína, la cual, como bien recordará, pone al cerebro en situación de riesgo de pérdida de memoria cuando se permite su progresión ascendente. Por lo tanto, si usted ha evitado comer huevos por temor a su incidencia negativa en la salud, piénselo de nuevo. Si su objetivo es conseguir un cerebro en óptimas condiciones de funcionamiento, será el momento de abrir las puertas de su cocina a este alimento tan esencial y beneficioso para la salud (la yema y todo lo demás). Integrado en un plan alimentario equilibrado, le garantizo que el huevo no elevará sus niveles de colesterol y que su cerebro le estará eternamente agradecido.

LOS AGUACATES

Coma más aguacate, dado que posiblemente sea la fruta más valiosa, desde la óptica nutricional, que la naturaleza nos ha entregado. Por mucho que pueda sorprendernos, el aguacate no es una verdura; antes bien se trata de una baya rica en aceites semejante a la aceituna, si bien de tamaño considerablemente mayor. Y los aceites que contiene, en su mayoría grasas monosaturadas, contribuyen a mantener la flexibilidad de las membranas de las células cerebrales (en sentido estricto, de todas nuestras células), al objeto de que puedan funcionar perfectamente.

Ahora bien, los aceites sólo son una parte de la historia. Por ejemplo: podría extrañase también si le dijera que los aguacates contienen más proteínas que la leche de vaca. Igualmente, los aguacates son ricos en otros nutrientes muy importantes, como las vitaminas A, C, E y K, las vitaminas del grupo B y el ácido fólico; prácticamente todo el alfabeto de vitaminas se encuentra encerrado en esta exuberante fruta. No sólo eso, también son ricos en magnesio y en potasio, dos minerales de gran relevancia para el óptimo funcionamiento del cerebro, y que en Occidente toma en cantidad muy deficiente, estando muy lejos de la cantidad mínima recomendada para su consumo diario.

Resulta difícil exagerar la importancia del magnesio para el cuerpo humano ene tanto que se trata de un agente fundamental en más de 300 reacciones químicas, algunas de las cuales están directamente relacionadas con la producción de energía, la transmisión de las señales nerviosas y la comunicación entre las células. Más concretamente, el magnesio ayuda a proteger las células cerebrales frente a la estimulación excesiva, que podría revelarse mortal para la célula. Para alcanzar tan formidable gesta, el magnesio bloquea la entrada al interior de la célula de una cantidad excesiva de calcio. En el capítulo 2 ya se abordó el asunto de la estimulación excesiva de las células cerebrales, también llamada excitotoxicidad. Llegados a este punto, baste decir que el magnesio es la mejor arma natural contra la estimulación excesiva de las células cerebrales, y por esta razón todos deberíamos comer regularmente cualquier alimento rico en este elemento. Al hilo de esto, es necesario subrayar que el magnesio no se encuentra fácilmente en los alimentos. Pese a todo, las verduras de hoja oscura, los aguacates, los productos lácteos y las aguas minerales de origen natural contienen dosis moderadas de magnesio.

LOS FRUTOS SECOS Y LAS SEMILLAS

Los frutos secos y las semillas también contienen una cantidad notable de magnesio y nos brindan una sabrosa y muy fácil manera de agregar magnesio a nuestra dieta diaria, así como aceites y grasas saludables. Igualmente, las semillas y los frutos secos (que, en rigor, no dejan de ser semillas, principalmente de árboles, sólo que encerradas en una cáscara dura) de distintas clases proporcionan otros nutrientes importantes para el cerebro. Las plantas se esfuerzan enormemente en producir semillas. Además, las enriquecen con altas concentraciones de vitaminas, minerales, proteínas y aceites esenciales para incrementar sus posibilidades de brotar, prosperar y perpetuar la especie. Por increíble que parezca, si las almacenamos adecuadamente, algunas semillas pueden brotar aun pasados 200 años. Aunque todos los frutos secos y las semillas poseen un alto valor nutricional, son cuatro los que se me ocurren en este instante: el lino, el girasol, el sésamo y la calabaza. Dediquemos unas líneas a su análisis.

Las *semillas de linaza* están cargadas de aceites saludables, que acaparan casi el 30% de su peso. Muy particularmente, son ricas en ácido α-linoleico (ALA, en inglés), un ácido graso omega-3 que un cuerpo sano es capaz de transformar en grasas esenciales para el cerebro como son, por ejemplo, el ácido docosahexanoico (ADH) y el ácido eicosapentanoico (AEP). El resto de la semilla está compuesto, básicamente, por fibras y proteínas junto con una cantidad reseñable de vitamina E y caroteno, una característica común a todas las semillas y los frutos secos que sirve para mantener la frescura de su abundante contenido en grasas. El aceite de las semillas de linaza es bastante delicado y se pone rancio con facilidad, a pesar de que contiene antioxidantes, salvo que se almacene a buen resguardo del aire, el calor y la luz. Así pues, almacene tanto las semillas como el aceite en recipientes herméticamente cerrados y guárdelos en el frigorífico para preservar su frescura; y no caliente el aceite ni lo use para cocinar.

Las *semillas de girasol*, una de las plantas predilectas de los pájaros de jardín, están cargadas de proteínas y aceites saludables. De hecho, casi son aceite en un 50%. En cualquier caso, en estas semillas todavía queda espacio para mucho más: potasio, magnesio, fósforo y vitaminas del grupo B, que ayudan a generar energía para el cerebro y ponen freno a la construcción de la homocisteína tóxica que puede entrañar un riesgo para la memoria.

113

Las *semillas de sésamo*, que, gramo por gramo, contienen más proteínas que los huevos, fueron, muy posiblemente, el primer alimento de conveniencia que empleó la humanidad en su conjunto. Son pequeñas, ligeras y fácilmente transportables en los viajes de larga distancia. Asimismo, estas semillas son una magnífica fuente de minerales, vitaminas B y, entre todas las plantas del reino vegetal, con cáscara es una de las mejores fuentes de calcio. Las semillas de sésamo adoptan un papel prominente en las gastronomías asiática, india y de todo el Oriente Próximo, cocinas que las emplean esparcidas en ensaladas o salteadas con verduras y en los platos de carne. Pruebe a añadir semillas molidas o manteca de semilla de sésamo (ajonjolí), también llamada *tahina*, a las salsas o los batidos de proteínas.

Las *semillas de calabaza* son otra excelente fuente de proteínas, vitaminas y grasas saludables. Estas semillas, crudas o tostadas, constituyen un fantástico tentempié, aunque su aceite es bastante sabroso. El aceite de semilla de calabaza, de color verde oscuro, denso, con cuerpo y sabor mantecoso, constituye otra importante fuente de ácidos grasos omega-3, vitamina A y calcio. Supone una alternativa deliciosa al aceite de oliva cuando se trata de aderezar ensaladas.

EL VINO

Por último, aunque ciertamente no menos importante, le recomiendo que disfrute del vino con moderación, si puede tolerarlo, claro está. Son multitud los estudios que demuestran que tanto los hombres como las mujeres que beben una cantidad de vino entre ligera y moderada —no más de una o dos copas al día—, muy particularmente vino tinto, experimentan una menor incidencia de la enfermedad de Alzheimer y un menor deterioro de la memoria que las personas que no lo toman en absoluto. Es interesante constatar que el consumo de cerveza no reporta el mismo beneficio, una circunstancia que indica claramente que nada tiene que ver con su contenido de alcohol, que según las investigaciones eleva el colesterol de lipoproteínas de alta densidad (conocido como HDL, su acrónimo en lengua inglesa), el colesterol benigno, para entendernos. En honor a la verdad, algunos estudios revelan que las personas que toman una cantidad ligera o moderada de cerveza pueden de hecho sufrir un mayor riesgo de deterioro de la memoria que aquellas que se abstienen totalmente.

A la vista de ello, ¿qué tiene el vino que lo hace tan beneficioso para el cerebro? Algunos estudios apuntan la posibilidad de que se trate de una sustancia natural contenida en el vino y que recibe el nombre de resveratrol. El resveratrol es un antioxidante muy poderoso depredador de radicales libres, que se encuentra principalmente en la piel de las uvas tintas. El resveratrol es un polifenol que se localiza en el hollejo y las pepitas, y que pasa por lixiviación a los mostos y los vinos durante el proceso de fermentación. Por otra parte, el proceso de embotellado preserva el resveratrol al mantenerlo alejado del oxígeno. Aunque tanto el vino tinto como el vino blanco son derivados de las uvas tintas, los vinos blancos no pasan el suficiente tiempo en fermentación para adquirir el vibrante color violáceo característico de aquéllos; por esta razón los blancos contienen mucho menos resveratrol que los tintos, de modo que el zumo de uva no fermentado apenas contiene esta sustancia. Además, este compuesto, que es soluble en grasa, es absorbido con mucha mayor facilidad en presencia de alcohol, su solvente natural.

Para aquellas personas que no toleran el alcohol, el resveratrol está disponible en la forma de cápsulas dietéticas. Para quienes sí beben, únicamente decirles que no duden en disfrutar de una copa de vino tinto durante la cena, ya que es bueno para el corazón, es bueno para el cerebro y, si además les gusta el vino, simplemente porque está muy bueno.

La dieta beneficiosa para el cerebro: qué *no* comer

Desde antes del nacimiento y durante toda la vida, es importante suministrar al cerebro las materias primas que necesita para crecer, repararse y protegerse frente a cualquiera cosa que pudiera impedir o interferir en su óptimo funcionamiento. ¿Por qué? Al igual que existe una amplia variedad de alimentos beneficiosos para el cerebro, hay algunos que cuentan con un claro potencial para infligirle lesiones. En su mayoría —particularmente las agresiones tóxicas de los metales, los pesticidas y otros compuestos químicos—, estas sustancias se acumulan lentamente con el paso del tiempo hasta que finalmente causan algún problema. En este sentido, las investigaciones han revelado que la construcción de un cerebro lo más robusto posible durante los primeros años de vida se corresponde con el disfrute de un cerebro más saludable, activo y versátil en años posteriores, y lo mismo es aplicable a la ausencia relativa de carga tóxica. Dicho con otras palabras: cuanto menos expuestos estén los tejidos cerebrales a la acción de las toxinas potencialmente dañinas a lo largo de la vida, mejor será el pronóstico para el cerebro a medida que pasen los años. Y eso comporta la evitación de determinadas sustancias, o al menos reducir nuestra exposición a las mismas. Veamos qué podemos hacer al respecto.

LAS GRASAS HIDROGENADAS ARTIFICIALES («TRANS»)

En la medida de lo posible, evite alimentarse con grasas hidrogenadas artificiales, que se encuentran principalmente en los aceites vegetales parcialmente hidrogenados, en los productos que contienen margarina y en las grasas vegetales empleadas para elaborar masas pasteleras, ampliamente utilizadas en el procesado de alimentos.

Las grasas hidrogenadas artificiales son un producto tecnológico de la manufactura de alimentos. Se crean en los laboratorios de las fábricas como resultado de alterar la estructura química de las grasas poliinsaturadas que se encuentran, naturalmente y en cantidades reducidas, en el maíz, la semilla de soja y las verduras, con el propósito de que se comporten como si fuesen grasas saturadas en el momento de hornear o procesar los alimentos. Las propiedades estructurales alteradas de las grasas hidrogenadas artificiales impiden que se pongan rancias o que se echen a perder tal como ocurre con las grasas naturales poliinsaturadas. Esta característica sirve para prolongar su vida, ya sean embotelladas o como componentes de los alimentos de conveniencia, precocinados y de fácil preparación. Si suponen un peligro para el cerebro (y para la salud en general) se debe, fundamentalmente, a que se introducen en las membranas de las células causando un incremento de su rigidez, un hecho grave dado que impide su funcionamiento adecuado. Lo anterior es una mala noticia especialmente para el cerebro, un órgano constituido mayormente por grasa. Los productos que contienen grasas hidrogenadas artificiales también ejercen un efecto nocivo sobre los lípidos de la sangre, toda vez que disminuyen el colesterol del tipo HDL y elevan las lipoproteínas de baja densidad, el colesterol malo, para ser más precisos.

Es muy difícil evitarlas completamente, por su preponderancia en los alimentos que se comercializan actualmente. No obstante, usted puede (y debería) reducir la cantidad de grasas hidrogenadas artificiales a resultas de cocinar y comer alimentos integrales frescos siempre que sea posible, y limitando el consumo de alimentos precocinados en los que abundan las grasas «trans». Además, evite el consumo de margarina, las grasas de origen vegetal y animal que se utilizan para elaborar masas pasteleras, así como los aceites parcialmente hidrogenados de maíz, semilla de soja, alazor (cártamo), girasol y semilla de algodón, con independencia de su presentación (en botella, en bidón, en garrafa, en la forma de comida basura, etc.). No dude en leer concienzudamente las etiquetas.

LOS AZÚCARES CONCENTRADOS

Evite el consumo habitual de azúcares concentrados. Las cantidades elevadas de azúcar, sirope de maíz convencional y sirope de maíz de alto contenido en fructosa, en términos de nutrición ofrecen muy poco al cerebro, al tiempo que desestabilizan la correcta regulación del azúcar en sangre, una circunstancia que plantea serias dificultades al sistema y allana el camino hacia el deterioro de la memoria. Esto no significa que usted deba hacer votos de no volver a comer su postre favorito o tomar refrescos azucarados durante el resto de su vida, una medida que siendo beneficiosa para la salud exigiría un gran esfuerzo por su parte. Sea como fuere, lo más conveniente es que usted sea perfectamente consciente del alto precio que los azúcares concentrados imponen al cerebro. Consuma dulces con moderación a modo de placeres esporádicos, nunca en sustitución de la comida real ni como parte de su dieta diaria.

LOS ADITIVOS POTENCIADORES DEL SABOR Y LOS EDULCORANTES ARTIFICIALES

Evite en la medida de lo posible el consumo de glutamato monosódico (MSG en su acrónimo inglés), el potenciador del sabor utilizado en muchos alimentos procesados y muy a menudo en los restaurantes de comida china, así como cualquier alimento que lo incluya entre sus ingredientes. Las investigaciones indican que esta sustancia actúa como una excitotoxina que causa daños como resultado de «excitar» las células cerebrales hasta la muerte.

El aspartamo es un edulcorante no nutritivo. Aunque en apariencia no es nocivo, existen indicios para pensar que puede provocar dolores de cabeza, migrañas, mareos, confusión mental y posiblemente algunos síntomas de naturaleza depresiva. Un estudio de doble ciego realizado con pacientes infantiles epilépticos documentó un incremento estadístico significativo en la duración y la frecuencia de los ataques. Asimismo, en la literatura médica aparecen no pocos ejemplos bien documentados de trombocitopenia (trastorno caracterizado por un descenso en el número de plaquetas de la sangre) y del síndrome de Sjogren (SS) relacionados con el consumo de aspartamo. Por estas razones, yo le recomendaría evitar su consumo.

La sucralosa, comercializada bajo el nombre de Splenda, es un producto recién llegado al mercado. Es el único edulcorante de alta intensidad elaborado a partir de azúcar convencional. Su sabor es similar al de la sacarosa, pero su dulzor es aproximadamente 600 veces mayor. En mi opinión, se trata de un producto bastante seguro, aunque también es cierto que a mis oídos han llegado argumentos más o menos anecdóticos por boca de personas que atribuyen al consumo de sucralosa sus dolores de cabeza y sus molestias estomacales. Los estudios y la experiencia de su consumo a largo plazo todavía no están disponibles, de modo que, aunque usted parezca tolerarlo bien, por el momento yo le aconsejaría un uso prudente de este producto endulzante.

LOS PESTICIDAS, LAS HORMONAS Y LOS ANTIBIÓTICOS

Absténgase de consumir compuestos químicos tóxicos para el cerebro. E insisto una vez más: dado que el cerebro está compuesto mayormente por grasas, y dado que muchos compuestos químicos son solubles en grasa, el cerebro es un órgano especialmente vulnerable a toxinas tales como los metales pesados, los pesticidas, los herbicidas y las hormonas presentes en los alimentos. Para reducir su exposición a estas sustancias, intente poner en práctica las siguientes recomendaciones.

Compre productos orgánicos siempre que sea posible. Hacerlo reducirá de manera ostensible su exposición a los residuos tóxicos procedentes de aquellos pesticidas y herbicidas que permanecen en la comida, incluso después de lavarlos con agua y jabón. Algunos cultivos suelen estar más fumigados que otros. En lo tocante a los alimentos con un alto contenido en pesticidas, probablemente será más inteligente gastarse un dinero extra y comprar su versión orgánica, aun cuando no siempre pueda conseguir una amplia variedad de productos orgánicos en su mercado de frutas y verduras, su supermercado o su tienda de comestibles habitual (véase el recuadro 4.1).

RECUADRO 4.1. Alimentos con más residuos de pesticidas*

Manzanas	Nectarinas	Pimientos morrones dulces
Apio	Melocotones	Pepinos
Cerezas	Espinacas	Peras
Uvas	Fresas	Patatas
Lechugas	Frambuesas	Naranjas

* Datos provenientes de la «Shopper's Guide to Pesticides in Produce», publicada por el Environmental Working Group y disponible en www.foodnews.org (página visitada en marzo de 2007).

Igualmente, compre productos lácteos de origen orgánico. Si las vacas se alimentan en pastos que han sido rociados con pesticidas y herbicidas, o si han sido tratadas con hormonas del crecimiento para ganado bovino, antibióticos u otros compuestos químicos, todas estas sustancias aparecerán indefectiblemente en la leche. Los pesticidas, los herbicidas, las hormonas y los antibióticos se concentran en la grasa de los animales, y eso también es aplicable a la grasa de la leche. (Durante la lactancia, las mujeres que amamantan a sus retoños deberían recordar que este mismo fenómeno tiene lugar con la leche materna humana.) Huelga decir que la alternativa consiste en tomar únicamente productos lácteos desnatados. Sin embargo, si usted disfruta sobremanera del sabor intenso de la mantequilla y la nata, procure invertir una partida mayor de su presupuesto en productos lácteos de origen orgánico.

Compre carne de aves, de ganado vacuno, porcino y bovino de origen natural u orgánico, por las mismas razones expuestas para el caso de los productos lácteos orgánicos —las toxinas, en caso de estar presentes, se concentrarán en las grasas de los animales—. Y en este caso no existen alternativas exentas de grasas; aun la pechuga de pollo deshuesada y sin piel contiene algunas grasas. La carne con un menor contenido en toxinas es aquella que procede de animales que no han sido tratados con hormonas, antibióticos y factores de crecimiento, y que no han sido alimentados con maíz o piensos tratados con pesticidas. Una vez más, será bueno que gaste un poco más en comprar productos más seguros y naturales.

Los platos más beneficiosos para el cerebro: planes de comidas

Así las cosas, ¿en qué consiste la dieta beneficiosa para el cerebro? Para averiguarlo, analicemos los menús propuestos por el programa Brain Trust para una semana típica. Recuerde que se trata de incorporar a su dieta alimentos que redunden en una mejor salud cerebral, no en restringir su dieta únicamente a este grupo de alimentos. Su principal objetivo es alimentar su cerebro de manera adecuada al tiempo que disfruta de una dieta variada basada preferentemente en alimentos naturales.

Estos planes de comidas deberían proporcionarle un buen punto de partida para que usted pueda diseñar su propio plan de comidas beneficiosas para el cerebro. Sea inventivo, no dude en recurrir a su creatividad, y procure comer una amplia selección de alimentos frescos, incluyendo los que se enumeran aquí, de manera cotidiana. De hacerlo así, no habrá de pasar mucho tiempo antes de que empiece a construir (o reconstruir) un cerebro sano y en óptimas condiciones de funcionamiento.

DÍA 1

Desayuno

Una tortilla francesa (1 ó 2 huevos enteros más la clara de 1 ó 2 huevos
con espinacas salteadas con una pizca de mantequilla y ajo)
2 ó 3 lonchas de beicon crujiente (o beicon de pavo)
Media taza de bayas variadas frescas (o congeladas)
Un café (descafeinado o normal) o un té (verde, negro o herbal)

Almuerzo

Un bocadillo de atún y queso fundido (1 sola rebanada de pan de
cereales, ensalada casera de atún y una loncha de queso emmental
suizo o cheddar; tostado en la parrilla)
Una ensalada verde (espinacas, lechuga, tomate en rodajas, zanahoria y
pepino aderezados con una salsa vinagreta de aceite de oliva y un
puñado de semillas de sésamo tostadas)
1 naranja de tamaño medio
Un café o un té (verde, negro o herbal), según le apetezca

Tentempié opcional

30-60 gramos de semillas de calabaza crudas o tostadas

Cena

150 gramos de salmón a la plancha (condimentado con una pizca de
mantequilla, limón, ajo y eneldo)
2 ó 3 floretes de brócoli (salteados en aceite de sésamo con ajo, sal,
pimienta y semillas de sésamo)
Media taza de remolacha asada (aderezada con una pizca de aceite de
calabaza, sal y pimienta)
Media taza de arándanos frescos (o congelados) regados con un poco de
nata líquida para montar
1 copa de vino tinto sin demasiado cuerpo, si lo desea
Un café (descafeinado o normal) o un té (verde, negro o herbal)

DÍA 2

Desayuno

2/3 de taza de yogur natural (acompañado con bayas variadas frescas o congeladas y nueces o pacanas; si lo desea, agregue 1 ó 2 cucharadas de polvos de proteína de suero de fresa o vainilla)

Un café (descafeinado o normal) o un té (verde, negro o herbal)

Almuerzo

2 mitades de aguacate rellenas (con un relleno hecho a partir de una ensalada casera de gambas, servida sobre un lecho de espinacas y aderezada con una vinagreta preparada con aceite de oliva)

Queso en tiras

Tres biscotes de arroz y sésamo con mantequilla

Un café (descafeinado o normal) o un té (verde, negro o herbal)

Tentempié opcional

8-10 uvas tintas acompañadas por 3-6 dados de queso

Cena

Una chuleta de cordero a la plancha o a la parrilla (condimentada con una pizca de mantequilla mezclada con romero, tomillo, ajo y menta picados)

2/3 de taza de pimientos rojos y amarillos asados (regados con una chorrito de aceite de oliva o de calabaza)

2/3 de taza de espinacas (salteadas con aceite de oliva y ajo, y acompañadas por un puñado de semillas de sésamo)

1 copa de vino tinto con cuerpo y potente, si le apetece

Un café (descafeinado o normal) o un té (verde, negro o herbal)

DÍA 3

Desayuno

2 ó 3 huevos revueltos (con salmón ahumado, queso cremoso y alcaparras)

Medio *bagel* o medio panecillo de semillas o cereales con un poco de mantequilla

Media taza de fresas frescas (o congeladas)

Un café (descafeinado o normal) o un té (verde, negro o herbal)

Almuerzo

Una ensalada del chef (verduras de hoja verde oscura, lechuga y zanahoria troceada, tomate, pepino y champiñones en rodajas, dados de jamón y/o pavo, y un huevo duro picado; todo ello rociado con semillas de girasol, queso deshebrado y una salsa vinagreta preparada con aceite de oliva)

3 biscotes de frutos secos pequeños con un poco de mantequilla

Un café (descafeinado o normal) o un té (verde, negro o herbal)

Tentempié opcional

6-8 biscotes de frutos secos con un poco de mantequilla de almendra o cacahuete

Cena

180 gramos de *kebabs* o pinchos morunos de carne (dados de carne con pimientos dulces amarillos troceados, cebollas partidas en cuartos, tomates del tipo cherry y trozos de calabacín)

Media taza de arroz pilaf (arroz blanco salvaje mezclado con ajo molido y cebolla, salteado con un poco de aceite de oliva, almendras plateadas y perejil fresco troceado)

Ensalada de rúcula y espinacas (con tomates en rodajas y aderezada con una salsa vinagreta preparada con aceite de semilla de calabaza)

1 copa de vino tinto potente y con cuerpo, si le apetece

Un café (descafeinado o normal) o un té (verde, negro o herbal)

DÍA 4

Desayuno

Una taza de copos de avena (acompañados por bayas frescas, nueces troceadas, mantequilla y un poco de miel o un paquete de Stevia, si se prefiere)

2 ó 3 lonchas de beicon crujiente (o beicon de pavo)

Un café (descafeinado o normal) o un té (verde, negro o herbal)

Almuerzo

Una ensalada de salmón (2/3 de taza de salmón cocinado o enlatado, apio troceado, pepinillos, mayonesa y mostaza, colocados sobre una tortita de harina de trigo integral con unas hojas de lechuga; si le apetece, acompáñelo con un puñado de brotes de brócoli)

1 melocotón entero

Un café (descafeinado o normal) o un té (verde, negro o herbal)

Tentempié opcional

30-60 gramos de un surtido de frutos secos (semillas de calabaza, almendras, semillas de girasol, anacardos y arándanos agrios deshidratados a partes iguales)

Cena

180 gramos de lomo o chuletas de cerdo asado (regado con aceite de oliva y condimentado con ajo, salvia, romero, sal y pimienta)

3/4 de taza de nueces de Cuba asadas (aderezadas con una pizca de mantequilla derretida y un poco de canela, nuez moscada, sal y pimienta)

Media taza de judías verdes frescas al vapor (condimentadas con aceite de calabaza, sal, pimienta y ajo en polvo)

1 copa de vino tinto sin demasiado cuerpo, si lo desea

Varias ciruelas rojas en rodajas (salteadas con un poco de mantequilla y aderezadas con miel, coco tostado y piñones)

Un café (descafeinado o normal) o un té (verde, negro o herbal)

DÍA 5

Desayuno

Un huevo escalfado (servido sobre un lecho de espinacas frescas salteadas y unas lonchas de beicon)
Una rebanada de pan de cereales tostada con una pizca de mantequilla
Media taza de arándanos frescos (o congelados)
Un café (descafeinado o normal) o un té (verde, negro o herbal)

Almuerzo

Pollo a la parrilla envuelto en hojas de lechuga (120 gramos de pollo a la parrilla con una guarnición de tomate cortado en dados, pepino, aguacate y zanahoria rallada; aderezado con una salsa cremosa ranchera y envuelto al estilo burrito con grandes hojas de lechuga fresca)
6-8 biscotes de frutos secos con un poco de mantequilla
1 ciruela roja
Un café o un té (verde, negro o herbal), según le apetezca

Tentempié opcional

8-10 uvas negras o tintas y 30-60 gramos de queso en tiras

Cena

Una hamburguesa de cordero a la parrilla o a la plancha (180 gramos de carne de cordero picada con cebolla finamente troceada, perejil fresco picado, menta, sal y pimienta)
Media taza de cuscús (cuscús de la estación condimentado con piñones y salteado con ajo, cebolla, perejil fresco picado y un poco de menta)
Ensalada de verduras, tomates frescos troceados y pepinos, aderezada con salsa de yogur (yogur natural, un chorrito de vinagre, sal, pimienta, una pizca de coriandro molido, ajo en polvo y menta finamente picada)
1 copa de vino tinto de sabor intenso y con cuerpo, si así lo desea
Un café (descafeinado o normal) o un té (verde, negro o herbal)

DÍA 6

Desayuno

Un batido de plátano y frutas rojas (1 taza de agua, 1 taza de yogur
   natural y 1 taza de un surtido de bayas rojas congeladas, medio
   plátano o media banana, y 1 ó 2 cucharadas de polvo de proteína de
   fresa, si lo desea)

Almuerzo

Un bocadillo de ensalada de huevo (1 huevo duro picado, eneldo
   encurtido, aceitunas negras, mayonesa y mostaza; sírvase con hojas
   de espinacas frescas sobre una rebanada de pan de cereales o una
   tortita de trigo integral)
2/3 de taza de ensalada griega (tomates troceados, pepinos, feta y
   aceitunas negras; aderezada con aceite de oliva, vinagre, sal y
   pimienta)
Media taza de uvas tintas o negras
Un café o un té (verde, negro o herbal), según le apetezca

Tentempié opcional

4 lonchas de salami seco o curado, 2 lonchas de queso cheddar y unos
   brotes de eneldo encurtido

Cena

180 gramos de atún en filetes, a la parrilla o pasado por la sartén
   (marinado en aceite de oliva, salsa de soja, pimienta, jengibre fresco
   picado, ajo, romero, tomillo y perejil)
1 taza de verduras variadas (calabacín salteado, zanahorias, curcubitáceas
   amarillas y berenjena cortada en dados o rodajas finas, condimentadas
   con aceite de oliva, ajo, sal y pimienta)
Media taza de arroz salvaje con frutos secos (arroz salvaje con ralladura de
   almendras, pacanas picadas y cebolla salteada, acompañado por una
   pizca de cilantro fresco picado, si le apetece)
1 copa de vino tinto suave y sin demasiado cuerpo, si lo desea
Un café (descafeinado o normal) o un té (verde, negro o herbal)

DÍA 7

Desayuno
90 gramos de jamón y 30 gramos de tortilla de queso (acompañada por
    un poco de salsa y unas rodajas de aguacate)
1 rebanada de pan de cereales tostada con un poco de mantequilla
Media taza de moras
Un café (descafeinado o normal) o un té (verde, negro o herbal)

Almuerzo
Una ensalada de pollo (media taza pollo a la plancha troceado, uvas tintas
    cortadas en mitades, apio troceado, almendras picadas, mayonesa,
    sal, pimienta y perejil fresco picado; todo envuelto en una tortita de
    trigo integral con hojas de lechuga)
1 ciruela roja o negra fresca
Un café (descafeinado o normal) o un té (verde, negro o herbal)

Tentempié opcional
Media manzana y un huevo duro

Cena
180 gramos de curry de gambas o de pollo (carne salteada en aceite de
    sésamo con ajo, cebolla y pasta de curry rojo; agregue guisantes
    verdes congelados, leche de coco, un poco de sal y pimienta)
Un plátano o una banana al horno (con un poco de mantequilla, canela y
    nuez moscada)
2 mitades de ciruela roja a la plancha con un chorrito de aceite de oliva
    (pónganse en la parrilla brevemente y a fuego fuerte; seguidamente
    aderécelas con un chorro de vinagre balsámico)
1 copa de vino tinto no demasiado potente, si lo desea
Un café (descafeinado o normal) o un té (verde, negro o herbal)

5. Nutrición suplementaria para el cerebro: qué tomar y qué no tomar

 Suponiendo que usted sigue una dieta perfecta de manera habitual, ¿acaso necesitaría tomar suplementos nutricionales para conseguir un cerebro sano y ágil en sus reacciones, así como dotado con una excelente memoria? Posiblemente no, al menos en teoría. Ahora bien, todo indica que usted, como tantos otros, no sigue una dieta perfecta. Muy pocos de nosotros seguimos una dieta tan rica y variada que, en ausencia de suplementos, baste para no tener ningún déficit, ninguna carencia de aquellos nutrientes que nos permiten funcionar en condiciones óptimas. Aún menos son los que observan una dieta tan pura que en su organismo no pueda encontrarse el menor rastro de conservantes químicos, factores de crecimiento, antibióticos, pesticidas, toxinas, hormonas o moléculas de grasas hidrogenadas artificiales «trans» que, con el transcurrir del tiempo, pudieran infligir alguna lesión en nuestro cerebro.

A lo largo de toda una vida de nutrición imperfecta y exposición a diversos agentes tóxicos, más o menos dañinos, el cerebro acumula una amplia cartera de abolladuras y cicatrices que causan su deterioro. Como un coche de época de incalculable valor, cuanto más envejece el cerebro, mayores son el esfuerzo y el mantenimiento que requiere para que nosotros conservemos la lucidez y disfrutemos de su correcto funcionamiento. Este proceso de deterioro —al que alude el término médico *neurodegeneración*— conduce en última instancia al debilitamiento de los puntos de contacto que emplean las células nerviosas para comunicarse entre sí, una comunicación que se revela trascendental para almacenar recuerdos, aprender, transmitir pensamientos y traducir los pensamientos en acciones.

Cuando acumulen suficientes lesiones, las células se deteriorarán y finalmente morirán. Concedido, esto no sucede de la noche a la mañana. El proceso empieza lentamente, casi de manera imperceptible, como la fusión de un cubito de hielo, si bien se acelera a medida que pasa el tiempo y se acrecienta el número de pequeñas lesiones. Si no intervenimos a tiempo suministrando una buena alimentación, y esto comporta la incorporación de suplementos dietéticos, los síntomas no tardarán en aparecer. Con independencia de cuál sea su situación en el espectro de la salud cerebral, yo le recomiendo tomar estos suplementos, muy especialmente los que contienen algunos nutrientes esenciales para el cerebro. Las investigaciones revelan que nunca es demasiado tarde para empezar o, para el caso que nos ocupa, que nunca es demasiado pronto.

El principal objetivo de este régimen suplementario es optimizar la salud cerebral, y está concebido de tal manera que sirva como complemento de una dieta saludable compuesta por alimentos integrales y no como un sustituto de los mismos. Así pues, le recomiendo encarecidamente que tome determinados nutrientes suplementarios como un medio para alcanzar un funcionamiento cerebral óptimo, garantizando de paso su absoluta seguridad en el plano alimentario. En todo caso, yo le animo a pensar en estos suplementos como si fuesen los cinturones de seguridad de su automóvil. Del mismo modo como el uso del cinturón de seguridad aumenta notablemente sus probabilidades de sobrevivir a una colisión, si bien nunca evitará que usted sufra un accidente si conduce de forma imprudente o aun temeraria, los suplementos más efectivos y mejores del mundo de poco servirán si su dieta es de escasa calidad, si fuma, si se excede con el alcohol, si se pasa la vida sentado en un sofá o si realiza actividades que entrañen algún riesgo de sufrir lesiones en la cabeza.

Desde mi óptica profesional, recomiendo a las personas que estén realizando el programa Brain Trust que tomen algunos suplementos nutricionales para reforzar la dieta saludable básica. A renglón seguido le explicaré qué son, cómo se toman y por qué.

Las grasas funcionales: lípidos de origen marino y aceite de crustáceos (*krill*)

Como ya vimos en el capítulo 4, el cerebro depende de las grasas delicadas esenciales, que constituyen buena parte de su estructura y cuya importancia es crítica para el funcionamiento de las células cerebrales. Una dieta humana ideal contendría un equilibrio de grasas poliinsaturadas de los tipos omega-3 y omega-6 en proporciones casi idénticas. Desafortunadamente, la dieta moderna está tan decantada hacia los ácidos grasos omega-6 —debido, básicamente, a que es muy dependiente de los aceites vegetales, tales como el aceite de maíz, alazor y semilla de algodón—, que lo que debería ser una razón de 1:1 o, como máximo, de 2:1 de los ácidos grasos omega-6 con respecto a los omega-3, se ha precipitado hasta razones de 20:1 o incluso de 30:1. Este desequilibrio acentuado favorece la inflamación y priva al cerebro de los tipos de grasas que necesita para funcionar bien, siendo los principales el ácido eicosapentanoico (AEP) y el ácido docosahexanoico (ADH).

El ácido eicosapentanoico (AEP) y el ácido docosahexanoico (ADH) son esenciales para la construcción del cerebro y las extensiones cerebrales, tales como los ojos (particularmente la retina, la estructura situada en el fondo del ojo que nos sirve para ver y que contiene una ingente cantidad de terminaciones nerviosas directamente conectadas con el cerebro) en los niños en fase de desarrollo, tanto en el útero como en los primeros años de vida, una circunstancia que los convierte en nutrientes críticos para las mujeres embarazadas y las madres en período de lactancia. Ahora bien, todos nosotros, desde antes de nuestro nacimiento y a lo largo de toda nuestra vida, precisamos estas grasas para finalizar las reparaciones en curso y para el mantenimiento del cerebro y los órganos sensoriales, especialmente los ojos. Un beneficio añadido de los ácidos grasos omega-3 es que también contribuyen a disminuir los niveles de triglicéridos y a reducir la inflamación, dos cuestiones que adquieren una mayor relevancia con la edad.

Aunque ciertamente usted puede comer más pescados de agua fría para así restituir el equilibrio entre ambos ácidos grasos del tipo omega, de suerte que la proporción sea más favorable para el cerebro, esta opción conlleva una mayor carga tóxica procedente de todas las sustancias perjudiciales que puedan estar almacenadas en la grasa del pescado junto a los muy beneficiosos omega-3. A causa de la contaminación ambiental, el aceite de pescado es un ejemplo —quizás el más claro— de por qué tomar un suplemento podría ser una mejor y más segura alternativa que obtener ese nutriente únicamente de la comida. Lo anterior no podría ser más cierto en el cerebro de un niño en desarrollo, en franco período de lactancia o aún en el útero materno. No en vano el cerebro de los fetos, los bebés y los niños de corta edad es exquisitamente sensible al mercurio y otras toxinas que contengan metales pesados. En consecuencia, recomiendo que muy especialmente las mujeres embarazadas y las madres durante el período de lactancia, limiten su ingesta de pescado y lo sustituyan por un preparado de aceite de pescado de alta calidad como su principal fuente de AEP y ADH suplementarios.

Reputados fabricantes de preparados de aceite de pescado puro emplean un método denominado destilación molecular para eliminar los metales pesados como el mercurio, así como los pesticidas, los bifeniles policlorinados (PCB, en inglés), las dioxinas, los furanos, que responden al nombre genérico de policloro-dibenzofuranos (PCDF), y un amplio abanico de agentes tóxicos que logran abrirse camino hasta los depósitos de grasa del pescado. Algunos fabricantes llegan incluso a eludir por completo el pescado, toda vez que han desarrollado técnicas con las que cosechar sus propios ácidos grasos omega-3 directamente a partir de algas cultivadas en entornos controlados, algo que para empezar elimina la posibilidad de que haya contaminantes tóxicos.

Cuando usted adquiera un producto de aceite de pescado, debería tener la seguridad de que el fabricante manifiesta que el producto está exento de compuestos tóxicos (busque expresiones como «destilado molecularmente») y que los análisis pertinentes han verificado su pureza, así como la ausencia de grasas rancias (oxidadas), una certificación que deberá otorgar, preferiblemente, un laboratorio independiente.

Dosis recomendada: 1-2 gramos al día.

Formato recomendado: Mixtura de ácidos grasos omega-3 EPA/DHA destilada molecularmente.

ACEITE DE CRUSTÁCEOS (ACEITE DE *KRILL*)

Asimismo, usted puede optar por tomar aceite de crustáceos en lugar de aceite de pescado estándar. He aquí por qué: como norma general, los peces grandes se comen a los peces pequeños, y a su vez son devorados por los peces mayores, queriendo decir con ello que, normalmente, cuanto mayor sea el pescado más alta será su ubicación en la cadena alimenticia y mayores serán las probabilidades de que todos los metales y las toxinas de los peces que se ha comido estén concentrados en sus grasas. Algunas especies de ballenas constituyen una excepción importante, dado que, pese a su enorme tamaño, se alimentan fundamentalmente de poblaciones de *krill*.

El *krill* (las larvas de eufausiáceos) es un pequeño crustáceo parecido a una gamba muy abundante en las gélidas aguas del continente austral. Se trata de una palabra noruega utilizada para designar la comida de las ballenas, al ser su alimento básico, aunque también lo es de otros animales como las focas, los pingüinos y demás aves marinas. El *krill* se sitúa en la zona más baja de la cadena alimenticia, por cuanto se alimenta principalmente de plancton, que es de hecho la fábrica de los ácidos grasos omega-3. Por este motivo, el *krill* presenta un riesgo muy bajo de estar contaminado por el mercurio o las otras toxinas que están presentes en sus primos mayores, los peces. Además, es una fuente alimentaria renovable muy alta en proteínas y baja en grasas; tiene una potente combinación de antioxidantes, por lo que podría ser importante para los humanos en un futuro no muy lejano. El *krill* representa la mayor biomasa del océano, y no existe riesgo de que se agote a causa de la sobreexplotación de los caladeros. Su aceite es, a mi juicio, la mejor fuente conocida y disponible de grasas esenciales para el cerebro. No sólo proporciona AEP y ADH en proporciones considerables, sino que contiene otras grasas fundamentales en cantidad abundante, sustancias muy necesarias para que el cerebro y las membranas de las células nerviosas funcionen como es debido: los fosfolípidos, que desempeñan un papel fundamental en la transmisión de señales, la generación de energía y la construcción del revestimiento aislante llamado *mielina* (que favorece la velocidad en la transmisión a lo largo y ancho de las vías de comunicación cerebrales). Los ácidos grasos omega-3 presentes en el aceite de *krill* están adheridos a estos fosfolípidos. Esta relación única facilita en gran medida el tránsito de las moléculas de los ácidos grasos a través de las paredes intestinales, cosa que propicia su asimilación por parte del cuerpo. El fosfolípido predominante en el aceite de *krill* es la fosfatidilcolina, circunstancia ésta que lo convierte en una fuente de colina, que, según han podido corroborar numerosos estudios, es una sustancia muy importante para el desarrollo del cerebro, el aprendizaje y la memoria. También es precursora de la acetilcolina, el neurotransmisor esencial de la memoria.

De igual modo, por su naturaleza, el aceite de *krill* contiene elevadas concentraciones de un buen número de compuestos antioxidantes saludables que no sólo protegen al *krill*, sino también a nuestro tejido cerebral cuando lo consumimos. Entre ellos cabe destacar la vitamina A, la vitamina E, la astaxantina y la cantaxantina. La astaxantina forma un vínculo especial con el AEP y el ADH, lo cual la hace más accesible para nuestro cuerpo que cualquier otro antioxidante del mercado. Por esta razón, mientras que el consumo de aceite de pescado descompone, y por ende disminuye, las concentraciones de los distintos antioxidantes, el aceite de *krill* incrementa efectivamente los niveles de antioxidantes presentes en el cuerpo.

Un último consejo: no almacene el aceite de *krill* en el frigorífico, porque los tapones del gel podrían pegarse. Manténgalo en un lugar fresco, seco y con poca luz.

Dosis recomendada: 2-4 cápsulas al día.

Formato recomendado: Aceite Neptune de *krill* puro de la Antártida.

Las vitaminas del grupo B

Las vitaminas del grupo B —tiamina (B_1), riboflavina (B_2), niacina (B_3), piridoxina (B_6), cobalamina (B_{12}), ácido fólico, ácido pantoténico, biotina y colina— conforman una familia de nutrientes encargada de realizar una serie de procesos fundamentales para el buen funcionamiento del sistema nervioso. Aunque estas vitaminas desempeñan funciones importantes en todo el cuerpo como, por ejemplo, reducir la homocisteína y el riesgo de sufrir una enfermedad cardiovascular y un ataque al corazón, entre las varias tareas críticas que llevan a cabo para el cerebro y el sistema nervioso cabe señalar el control de las vías para generar energía, la regulación del equilibro de los niveles hormonales y su participación en la fabricación de algunos neurotransmisores (mensajeros químicos de las señales) como la acetilcolina.

La vitamina B_{12} y el folato son necesarios para la formación de mielina. Una deficiencia de estos dos actores en un adulto puede tener consecuencias muy negativas, a saber: debilidad severa, pérdida de las facultades mentales, deterioro de la capacidad de pensamiento y el movimiento, y, si no se corrige, podría derivar en una pérdida de memoria o incluso en demencia. Si esta deficiencia ocurriera en un feto en desarrollo, podrían producirse complicaciones o defectos en el nacimiento como la espina bífida, una malformación congénita del tubo neural que consiste en una desprotección de la médula espinal y las meninges causada porque alguno de los arcos vertebrales no se ha formado o fusionado normalmente. Esta malformación conlleva graves problemas posteriores, debilidad acentuada o parálisis en las piernas, llegando a incapacitar al afectado. Aunque sólo sea por esta razón, será absolutamente obligatorio que las mujeres embarazadas consuman suficientes vitaminas del grupo B, muy particularmente folato (también llamado ácido fólico), que deberá suministrarse cada día durante todo el embarazo.

Por desgracia, la dieta típica del hombre moderno no siempre proporciona cantidades aceptables —mucho menos suficientes— de estos nutrientes esenciales para la salud, los cuales, dado que son solubles en agua, y por tanto no se almacenan, tienen que estar presentes en la dieta diaria. Por si fuera poco, las personas que se enfrentan a un riesgo mayor de sufrir pérdida de memoria y un deterioro de sus funciones mentales —las más veteranas y las que padecen enfermedades crónicas— constituyen los grupos con más probabilidades de seguir una dieta deficiente en vitaminas del complejo B, puesto que por lo general esta población ingiere menos calorías a partir de una selección más reducida de alimentos y porque, posiblemente, tendrán dificultades para absorber los nutrientes que obtienen de lo que comen. Muy especialmente para estos grupos, pero también para quienes estén preocupados por preservar, restaurar o mejorar sus funciones cerebrales y la memoria, les recomiendo que complementen su alimentación con un complejo vitamínico del grupo B, preferiblemente uno que contenga todas las vitaminas de la familia.

Dosis recomendada: 20 miligramos de tiamina (B_1), 20 miligramos de riboflavina (B_2), 20 miligramos de niacina (B_3), 20 miligramos de ácido pantoténico, 300 microgramos de biotina, 20 miligramos de piridoxina (B_6), 100 microgramos de cobalamina (B_{12}), 800 microgramos de ácido fólico y 20 miligramos de colina.

Formato recomendado: De ser posible, recurra a las formas niacinamida o nicotinamida de la vitamina B_3 o niacina; estas formas atraviesan el cerebro mucho más rápido y mejor que cualquiera otra disponible.

El magnesio

El héroe olvidado del mundo de la nutrición es, sin lugar a dudas, el magnesio. Aunque se trata de un factor de importancia capital para más de 300 reacciones químicas que tienen lugar en todo el cuerpo, este elemento fundamental generalmente recibe bastante menos atención que el gran favorecido por los medios de comunicación: el calcio. Dado que el magnesio no abunda en muchos alimentos (a excepción de las verduras de hoja oscura y los frutos secos), son muy escasos los grupos de presión que se interesan por si lo tomamos o no. Con todo, la relación bioquímica establecida entre el magnesio y su glorioso primo se erige en la piedra angular de la preservación de la memoria y la salud cerebral.

Como hemos visto pormenorizadamente en el capítulo 2, es necesario que el calcio circule hasta las células nerviosas de manera perfectamente orquestada, en la cantidad justa y en el momento exacto, para que se dispare una señal nerviosa o cerebral (podría tratarse de un pensamiento, un recuerdo o una acción). Si el calcio no entra, la señal no se dispara. La paradoja estriba, sin embargo, en que esa misma molécula de calcio, tan relevante para que el cerebro funcione, porta consigo una carga potencialmente letal. La célula cerebral o nerviosa abre la puerta (o el canal del calcio, como suele decirse) para permitir la entrada del calcio y acto seguido lo saca a empujones una vez que este elemento ha hecho su trabajo. De este modo, si el calcio se acumula en el interior del la célula cerebral, la estimulará excesivamente, pudiendo en última instancia destruirla.

Los gigantes de la industria farmacéutica han invertido muchos millones (quizás miles de millones) de dólares en el desarrollo de fármacos que puedan ralentizar la entrada de calcio en las células sin que ello suponga un bloqueo total del flujo, una circunstancia que obviamente tendría como consecuencia la no activación de las señales y sería contraproducente. El resultado de esta búsqueda por parte de los laboratorios farmacéuticos ha sido el desarrollo de una clase de fármacos bloqueadores de los canales de calcio que sirven para tratar los problemas cardiovasculares y relativos a la presión sanguínea, y medicamentos como la memantina (Namenda) en el campo de la memoria como tratamiento para los pacientes de la enfermedad de Alzheimer. La memantina es un fármaco bloqueador débil de los canales de calcio que, si bien resulta bastante seguro, no por ello deja de tener un largo historial de efectos secundarios y reacciones adversas, todos los cuales figuran en el prospecto.

Llegados a este punto, ¿qué tiene esto que ver con el magnesio? Pues bien, resulta que el magnesio es el bloqueador débil natural de los canales de calcio, y puede poner freno a un flujo excesivo de los iones de calcio en el interior de las células nerviosas o cerebrales, aunque resulta mucho más asequible y carece de esa larga lista de efectos secundarios adversos. La ciencia avala inequívocamente su eficacia. Los ensayos clínicos han demostrado que los suplementos de magnesio mejoran la memoria y otros síntomas problemáticos en pacientes con demencia. En realidad, estos resultados no son tan sorprendentes, toda vez que el magnesio ejerce su acción sobre los canales de calcio de manera muy similar a como actúa la memantina, aunque con un beneficio adicional: el magnesio no sólo apacigua la excitación de las células cerebrales y nerviosas atribuible al flujo de calcio, sino que también contribuye a incrementar las fuerzas que contrarrestan esa excitación en el interior de la célula, lo cual redunda en un mejor equilibrio entre las citadas fuerzas de oposición. En parte, esta inhibición de la excitación puede ser responsable de nuestra capacidad para relajar la musculatura en tensión y así facilitar que disfrutemos de un sueño reparador. Asimismo, esto es lo que convierte al magnesio en un nutriente idóneo cuando se trata de proteger las delicadas terminaciones nerviosas de los oídos, cuyo concurso es fundamental tanto para el sentido del oído como para el sentido del equilibrio. Los suplementos de magnesio nos protegen desde el interior frente a la pérdida inducida de oído, tal como hacen los protectores externos —una relación que debería revelarse muy útil para las nuevas generaciones, tan amantes de algunos dispositivos electrónicos como el iPod.

El magnesio tiene muy pocos efectos secundarios, según nuestra definición actual de los mismos. No obstante, algunas formas de magnesio no se absorben bien y pueden desencadenar diarreas dado que su acción incrementa la cantidad de agua presente en los intestinos y en las deposiciones blandas. A la vista de esta acción, la leche de magnesio —una suspensión de hidróxido de magnesio, $Mg(OH)_2$, en agua— es un remedio bien conocido para el estreñimiento que se vende sin prescripción médica. Para quienes sufren estreñimiento crónico, este efecto secundario podría de hecho trocarse en una ventaja de primera magnitud. Pero las personas que no tengan este problema pueden evitar la diarrea como resultado de tomar magnesio en la forma de un quelato, en lugar de aquellas formas que no se absorben tan bien, como el óxido de magnesio, por ejemplo, y a partir de ahí elevar progresivamente su nivel de tolerancia.

Dosis recomendada: 600 miligramos (magnesio elemental) tomado solo, a ser posible, antes de acostarse. Si fuese necesario, incremente paulatinamente la cantidad hasta alcanzar la dosis recomendada (empiece tomando 200 miligramos durante varias semanas, avance hasta los 400 miligramos y, finalmente, suba la dosis hasta los 600 miligramos si su tolerancia intestinal lo permite).

Formato recomendado: Quelato de magnesio (malato de magnesio o en la forma más compleja de taurinato de magnesio).

La taurina

La taurina es un aminoácido natural que contiene azufre y desempeña algunos roles de gran relevancia para el desarrollo y el bienestar de las células nerviosas y cerebrales. Originalmente, fue aislado a partir de la bilis de buey (de ahí su nombre, derivado del vocablo latino *taurus*, «toro») y puede encontrarse en la carne y en otras proteínas animales. La taurina suele clasificarse como un aminoácido esencial condicionado (que guarda relación con la cantidad de carne que se consume) para las personas que comen carnes rojas, pescado, carne de aves y huevos. Los vegetarianos, que no comen ninguna proteína de origen animal, necesitan considerar seriamente la posibilidad de tomar taurina por cuanto se trata de un aminoácido esencial que muy rara vez se encuentra en los alimentos de origen vegetal. Esto significa que debemos incorporar la taurina a nuestra dieta diaria normalmente en la forma de un suplemento *ad hoc*, puesto que el ser humano no es un productor de taurina tan bueno como la mayoría de los mamíferos restantes. Los gatos no la producen en absoluto. Sin taurina en su dieta, los gatos sufrirán una degeneración de los tejidos de la retina situados en el fondo del ojo y finalmente perderán la visión. El cuerpo la sintetiza por varias rutas de oxidación de la cisteína. Aunque la taurina se sintetiza principalmente en el hígado y en el cerebro, se han encontrado altos niveles de este aminoácido en tejidos del corazón, la retina, en el músculo esquelético y en el sistema nervioso central.

Al contrario que otros aminoácidos, la taurina nunca está incorporada en las proteínas de cuerpo grande, como las que conforman los músculos; antes bien se presenta libre en el torrente sanguíneo y en los tejidos, incluyendo el cerebro. En el cerebro, su función principal consiste en producir un efecto relajante que contrarreste la elevada excitación derivada de un exceso de calcio. Así pues, la taurina actúa cuando una cantidad excesiva de calcio se introduce en la célula cerebral o cuando la exposición a determinados compuestos excitotóxicos, como el glutamato de monosodio (MSG), provoca un exceso de calcio. Un incremento súbito del calcio presente en la célula cataliza la liberación de taurina, que actúa como un extintor de incendios al objeto de apaciguar los disturbios y proteger la célula frente a cualquier lesión. La taurina y el magnesio trabajan conjuntamente con el fin de combatir la sobreestimulación de las células nerviosas y restablecer el equilibrio. La taurina actúa como un modulador y como un inhibidor de los neurotransmisores en el cerebro. Ayuda a desplazar los iones de sodio, potasio, calcio y magnesio dentro y fuera de las células, lo que sirve para generar impulsos nerviosos. Entre las demás funciones de este aminoácido cabe señalar el mantenimiento de la correcta composición de la bilis y la solubilidad del colesterol.

Los estudios revelan que las personas que padecen la enfermedad de Alzheimer y los pacientes de diabetes presentan unos niveles de taurina bajos. En el primer caso, es posible que esto contribuya al deterioro de la memoria, siendo así que en el segundo seguramente incrementa el riesgo de sufrir un derrame cerebral como resultado de hacer más densas y pegajosas las plaquetas, cosa que incrementa la probabilidad de que se formen coágulos. Todo indica que los suplementos de taurina elevan el nivel de taurina libre en sangre y en el colchón líquido que rodea y protege al cerebro. Los investigadores han demostrado que, al menos en el caso de las plaquetas, la taurina suplementaria puede revertir este defecto para que pierdan densidad. Unas plaquetas menos densas y pegajosas redundan en una menor probabilidad de que se produzca un coágulo en la sangre y esto, a su vez, significa un menor riesgo de sufrir un derrame cerebral, cosa que, desde luego, siempre es una buena noticia cuando se trata de preservar la salud de nuestro cerebro. En el caso de la memoria, los ensayos clínicos realizados con animales indican que la incorporación de taurina a la dieta diaria incrementa los niveles de acetilcolina (ACH, según su acrónimo inglés) en el cerebro, el neurotransmisor más importante en lo que a la memoria concierne. Cuando los niveles de ACH se desploman, la memoria falla. Consecuentemente, incrementar la cantidad de ACH disponible en la red de comunicaciones del cerebro redunda en una memoria mejor. Algunos estudios muy interesantes apuntan la posibilidad de que la taurina pueda surtir ese efecto precisamente.

Dosis recomendada: Todos los días 1 gramo por la mañana y 1 gramo por la noche.

Formato recomendado: Taurina en forma de aminoácido libre.

La acetil-L-carnitina

La carnitina es un aminoácido que se encuentra en ingentes cantidades en la carne, de donde procede su nombre. En sí misma, la carnitina actúa principalmente en el departamento de producción de energía de nuestro cuerpo, lubricando los engranajes del mecanismo que transporta las grasas hasta las mitocondrias (los hornos de la planta eléctrica que poseen todas las células del organismo), donde se queman para generar energía. La carnitina colabora en el metabolismo de los ácidos grasos, ya que permite al organismo romper las grasas y producir la energía necesaria para muchos procesos biológicos esenciales. Se emplea en el tratamiento de aquellas patologías en las que el organismo no produce carnitina de manera natural, como en las enfermedades genéticas o los pacientes de diálisis. Los niveles bajos de carnitina en el organismo se manifiestan en clave de debilidad muscular, anemia y cansancio.

La acetil-L-carnitina (ALC) es una variación de la carnitina natural con un agregado químico (el grupo acetil) que la hace particularmente útil para el cerebro y el sistema nervioso y, por extensión, también para el corazón, poniendo de manifiesto una vez más que aquello que es bueno para el corazón también lo es para el cerebro. Al igual que ocurre en todo el cuerpo, la carnitina presente en el ALC sirve para conducir eficientemente las moléculas de grasa hasta los hornos con el propósito de estimular la producción de energía. El acetil queda por tanto disponible para promover la fabricación de ese mensajero de la memoria de importancia capital, la acetilcolina que, según hemos comentado, es muy necesaria tanto para el almacenamiento de recuerdos nuevos como para la recuperación de los viejos.

Un estudio muy intrigante realizado con ratas y personas sugiere que a medida que los niveles de ACH empiezan a descender como resultado del envejecimiento (o a causa de una enfermedad), y a medida que la memoria empieza a flaquear, complementar la dieta con un suplemento de ALC bien podría estimular al alza los niveles de ACH, mejorar la memoria de corto y largo plazos, incrementar la atención y la capacidad de concentración, así como la coordinación de las manos y los ojos y la velocidad de reacción. Otros estudios indican que la ALC contribuye a mejorar la fluidez verbal y la memoria espacial. Ahora bien, sus beneficios no sólo atañen a la población de la tercera edad. En un estudio realizado con un grupo de mujeres de edades comprendidas entre los veintidós y los veintisiete años, el tratamiento con ALC durante un período de 30 días causó incrementos notables en la velocidad de aprendizaje, la velocidad de reacción y una clara reducción de los errores cometidos en exámenes de la visión complejos.

Pero más allá de sus funciones para el suministro de energía y la estimulación de la memoria, la ALC también ofrece cierta protección a las células cerebrales. Actúa limitando la producción de radicales libres, cosa que sirve para proteger las grasas delicadas presentes en el cerebro frente a la acción del oxígeno y, en resumidas cuentas, evita que se tornen rancias. La ALC también parece retardar el declive de los factores de crecimiento que tiene lugar en los nervios con el envejecimiento, como, por ejemplo, el factor neurotrófico derivado del cerebro (BDNF), que ayuda a reconstruir los tejidos nerviosos y cerebrales. Además, en aquellas estructuras que se deterioran con el tiempo, tales como las vainas de mielina, todo indica que la ALC ralentiza y quizás incluso revierte el proceso degenerativo (al menos en los ratones).

Algunos ensayos clínicos controlados realizados en humanos, fundamentalmente en pacientes con edades claramente asociadas con el deterioro de la memoria, el mal de Alzheimer y la enfermedad de Parkinson, han finalizado ya, siendo así que otros están en proceso al objeto de determinar la utilidad de esta sencilla variante del aminoácido como opción terapéutica en el tratamiento de las citadas patologías. Hasta ahora, la ALC parece ser una de las pocas sustancias capaces de ralentizar la progresión de la enfermedad de Alzheimer. Desde mi óptica personal, le recomiendo encarecidamente tomar ALC si en verdad está decidido a preservar o mejorar sus funciones mentales.

Dosis recomendada: 100-500 miligramos (de manera experimental, los ensayos clínicos realizados para el tratamiento de las enfermedades de Alzheimer y Parkinson han utilizado dosis de entre 1.500 y 2.000 miligramos sin que se aprecien efectos secundarios relevantes).

Formato recomendado: Como acetil-L-carnitina pura.

El ácido α-lipoico

Todo el mundo ha oído que los antioxidantes son importantes para la salud, dado que combaten los radicales libres, ayudan a preservar la frescura de la piel y protegen los ojos frente a los nocivos rayos solares, pudiendo incluso ser muy útiles en la prevención de algunos tipos de cáncer. Si usted escoge 20 personas al azar en cualquier calle concurrida de una ciudad cualquiera y les pregunta cuál es el antioxidante más importante para la salud, a buen seguro obtendrá un amplio abanico de respuestas: β-caroteno, vitamina C, vitamina E, etc., incluso es posible que alguien mencione la coenzima Q10 (CoQ_{10}). Con todo, le aseguro que prácticamente nadie le hablará del ácido α-lipoico. Sea como fuere, lo cierto es que en el mundo de los suplementos nutricionales no existe un antioxidante más importante y versátil, fundamentalmente porque, por así decirlo, el ácido α-lipoico se lleva bien con todo el mundo.

Para que los antioxidantes lleven a cabo su trabajo —neutralizar los efectos nocivos de los radicales libres, por ejemplo—, tienen que trasladar el combate hasta la zona donde se reproducen y prosperan los radicales libres. En la mayoría de los casos, esto se resuelve en los generadores de energía y sus alrededores, esto es, en las mitocondrias. Suena bastante sencillo, pero no lo es en absoluto, porque algunos antioxidantes no pueden llegar hasta allí. Muchos antioxidantes (como la vitamina C y el β-caroteno) pueden disolverse en agua si bien resultan repelidos por el aceite y las grasas. Otros (como la CoQ_{10}) son solubles en aceite y en grasa pero no en agua. El ácido α-lipoico —o el ácido tióctico, como a veces se denomina— se disuelve fácilmente en ambos, un atributo que le confiere una gran ventaja sobre el resto de los antioxidantes cuando se trata de llegar al lugar donde viven los radicales libres. He aquí el porqué.

La superficie exterior de cada célula de nuestro cuerpo (o para el caso de cada mitocondrión u otro orgánulo intracelular) es una membrana o cáscara que permite que la célula ejerza un estricto control sobre lo que accede a su interior, una especie de filtro que la protege de las amenazas externas. Se trata de una suerte de caparazón que encierra el interior acuoso de la célula. Debido a que el aceite y el agua no son miscibles, es difícil que los antioxidantes solubles en grasa logren desplazarse por la región acuosa y que los antioxidantes solubles en agua logren atravesar la membrana celular grasa. En calidad de agente doble en el juego de la solubilidad, el ácido α-lipoico puede navegar fácilmente tanto por la capa externa de naturaleza grasa como por la región interior acuosa de la célula. Es más, también puede ejercer su poder destructor de radicales libres a través de las mitocondrias, donde aquéllos afloran en mayor número.

Aunque nuestro cuerpo fabrica naturalmente el ácido α-lipoico en pequeñas cantidades, su producción declina con el envejecimiento, una circunstancia sin duda desgraciada. La necesidad es aún mayor para aquellos de nosotros que padecemos resistencia a la insulina o diabetes, por cuanto las investigaciones indican que el ácido α-lipoico ayuda a controlar el azúcar en sangre y puede así prevenir algunas de las complicaciones que ocasiona dicha patología en el cerebro y en otras zonas del cuerpo. Los estudios más recientes sugieren que el ácido α-lipoico podría incluso servir para *retrasar* el inicio de la diabetes, que, como usted ya sabe, es muy importante para la salud cerebral.

Una causa principal de las complicaciones asociadas con la diabetes deriva de una sencilla reacción química que tiene lugar cuando el azúcar presente en la sangre, en el cerebro o en otros tejidos, se adhiere de manera irreversible a las proteínas del cuerpo e induce alteraciones permanentes. Este proceso, denominado *glicación*, desemboca en lesiones visibles por todo el cuerpo, daños que abarcan desde las manchas en la piel propias de la edad hasta las cataratas en los ojos. También se producen otras lesiones menos obvias en los nervios de todo el cuerpo, particularmente en los pacientes de diabetes, que causan entumecimiento, debilidad, pérdida de sensibilidad y dolores musculares, una situación anómala denominada *neuropatía periférica*. Los médicos europeos suelen prescribir dosis considerables de ácido α-lipoico (de 300 a 600 miligramos por día) para tratar a los pacientes que padecen este trastorno; y con relativa frecuencia los pacientes experimentan una notable mejoría de sus síntomas en un plazo no superior a tres semanas. Algunos científicos han documentado una regeneración nerviosa en pacientes diabéticos que siguieron una terapia con dosis elevadas de ácido α-lipoico.

El uso de suplementos de ácido α-lipoico en dosis similares a éstas, únicamente debería hacerse bajo estricto control médico dado que podría comportar, si bien esto ocurre muy rara vez, un descenso del azúcar en sangre.

Los beneficios del ácido α-lipoico para los tejidos nerviosos no terminan aquí. El cerebro se ubica en el extremo opuesto de los nervios periféricos. Dado que el ácido α-lipoico puede atravesar fácilmente la barrera sanguínea del cerebro, una membrana protectora semipermeable que lo rodea, también puede tener acceso a las células cerebrales, donde actúa protegiendo sus grasas delicadas frente a la oxidación, esto es, evitando que se pongan rancias. Un estudio reciente, realizado con ratones, lo corrobora. Los investigadores emplearon suplementos de ácido α-lipoico con ratones en proceso de envejecimiento y descubrieron que esta sustancia potenciaba su memoria espacial (demostraron que eran capaces de recordar cómo recorrer un laberinto). Algunos de estos ratones se desenvolvieron tan bien como otros de edad mucho menor. Los científicos conjeturan que la estimulación mediante ácido α-lipoico del efecto antioxidante en el tejido cerebral de los ratones, servía para proteger las células cerebrales de los animales y preservaba mejor las redes de conexión intercelular, mejorando de esta suerte su memoria. Nosotros no somos ratones, por supuesto, pero este resultado justifica la realización de otros ensayos muy prometedores con personas que muy pronto podrían ayudarnos a explicar por qué el ácido α-lipoico parece ser tan beneficioso para el cerebro humano.

Desafortunadamente, no podemos confiar únicamente en la alimentación para proveernos de la cantidad suficiente de este compuesto nutricional, porque hay muy pocas fuentes alimenticias del mismo. Sorprende comprobar que cuando fue descubierto en el año 1937, los investigadores necesitaron la friolera de 10 toneladas de hígado de vacuno para extraer tan sólo 30 miligramos de ácido α-lipoico. Aunque las espinacas son uno de los alimentos más ricos en esta sustancia, tendríamos que comer alrededor de 3,2 kilogramos al día para obtener apenas 1 miligramo de ácido α-lipoico. Aquí, más que con cualquier otro nutriente vital para el cerebro, los milagros de la tecnología moderna acuden a rescatarnos con toda una batería de suplementos alimenticios.

Dosis recomendada: 50-300 miligramos de ácido α-lipoico al día

Formato recomendado: Los suplementos comercializados por cualquier marca de calidad contrastada

La coenzima Q10

La coenzima Q10 es un antioxidante soluble en grasa o aceite que se encuentra en la membrana celular y en el interior de todas y cada una de las células de nuestro cuerpo (son billones), lo cual justifica su otro nombre, *ubiquinona*, un término que comparte la misma raíz latina que la palabra *ubicuo*, «omnipresente». En cualquier caso, sus mayores concentraciones se hallan en las mitocondrias de aquellos tejidos que se muestran más activos en el plano metabólico, a saber: el cerebro, el corazón, los riñones y el hígado. En estos órganos, la coenzima Q10 actúa a modo de defensor frente a la oxidación y los radicales libres y como un agente clave en la producción de energía.

Durante mucho tiempo, la coenzima Q10 ha sido objeto de estudio como un potencial tratamiento para los trastornos degenerativos del cerebro y los nervios como, por ejemplo, la enfermedad de Alzheimer, la enfermedad de Parkinson, la esclerosis amiotrófica lateral (ALS, según el acrónimo en lengua inglesa) o la enfermedad de Lou Gehrig. La investigación en el laboratorio ha revelado que cuando los científicos complementan la dieta de los ratones con una dosis de coenzima Q10 antes de suministrarles una sustancia tóxica para sus mitocondrias, los ratones sufren menos lesiones nerviosas y cerebrales. Dicho con otras palabras: la coenzima Q10 parece ofrecer una protección significativa frente a las agresiones tóxicas severas.

Aunque es cierto que podemos obtener ciertas cantidades de coenzima Q10 a partir de alimentos como el salmón, el hígado y otras vísceras, resulta casi imposible obtener las cantidades que necesitamos únicamente de los alimentos que ingerimos. Nuestro cuerpo produce coenzima Q10; de hecho, lo hace utilizando la misma enzima que resulta clave en la producción del colesterol y que los fármacos con estatina inhiben. Sin embargo, tal como ocurre con tantas otras sustancias, la producción de coenzima Q10 disminuye ostensiblemente con la edad. Por consiguiente, para cualquier persona que pretenda preservar y optimizar su salud cerebral en la medida de lo posible, será importante incorporar este nutriente clave de manera habitual en la forma de un suplemento alimenticio. Dado que los fármacos con estatina bloquean la producción de la coenzima Q10, las personas que los toman para reducir sus niveles de colesterol *deben* tomar suplementos de coenzima Q10.

Dosis recomendada: 25-100 miligramos al día. 300 miligramos al día para quienes toman estatina

Formato recomendado: La coenzima Q10 necesita aceite para ser absorbida por el cuerpo; por esta razón, le convendrá elegir una forma encapsulada en una base oleosa (generalmente aceite de fibra de arroz) o una forma que se deshaga en la boca al entrar en contacto con la saliva. (Si no puede conseguir un producto que cumpla con estos requisitos, asegúrese de tomar su suplemento de coenzima Q10 con una comida rica en aceite o grasas.)

La vitamina D

A menudo llamada la vitamina del sol porque todos la producimos naturalmente cuando los rayos solares actúan sobre el colesterol de nuestra piel, la vitamina D también podría llamarse la vitamina del bienestar. Actualmente, entendemos que se produce una suerte de hechicería química cuando el sol se encuentra con la piel y activa la producción de serotonina, el compuesto químico cerebral responsable de la sensación de bienestar por parte del cerebro (el mismo que elevan algunos fármacos antidepresivos que se venden con prescripción médica). Muy probablemente este mismo efecto serviría para explicar por qué la exposición al sol induce en nosotros una sensación de felicidad y por qué su falta nos entristece.

En algunas personas, la falta de sol ejerce un profundo efecto sobre su estado de ánimo, causando una afección llamada trastorno afectivo estacional (SAD, en su acrónimo inglés), con especial incidencia durante los meses de otoño e invierno. La vitamina D podría ser ese vínculo entre el sol y el cerebro que conduce a la depresión auténtica en este grupo de personas y al desánimo invernal en el resto de nosotros. Con esta idea en mente, los científicos investigaron esta posible conexión administrando a pacientes con SAD una dosis de entre 400 y 800 Unidades Internacionales (UI) de vitamina D durante cinco días al final del invierno. Pues bien, descubrieron que esto levantaba el ánimo de los pacientes, que manifestaban sentirse bastante mejor.

Ahora bien, al margen de esta capacidad para elevar el espíritu, la vitamina D también es un antioxidante y un agente antiinflamatorio muy potente. Como agente antiinflamatorio, la vitamina D protege al cerebro contra los efectos tóxicos de los compuestos inflamatorios que, es triste decirlo, se acumulan en nuestro organismo con el paso de los años, muy especialmente en los pacientes del mal de Alzheimer. La marea creciente de compuestos inflamatorios terminará por interrumpir las comunicaciones intercelulares, provocando cortocircuitos en la memoria y, de no tratarse, lo anterior podría derivar en la muerte de las células cerebrales. La vitamina D, una vitamina soluble en aceite, puede introducirse fácilmente en el cerebro, dado que, como bien recordará el lector, se trata de un órgano compuesto fundamentalmente por grasas delicadas. Una vez allí, la vitamina D proporciona un renovado impulso en la lucha contra la inflamación y la oxidación de los radicales libres.

Dosis recomendada: De 400 UI hasta un maximo de 2.000 UI por día (nota: el organismo puede almacenar la vitamina D, una circunstancia que posibilita que su concentración aumente hasta alcanzar niveles tóxicos).

Formato recomendado: Vitamina D_3 en aceite, como en un gel suave.

Aunque soy un firme partidario de que todo aquel que quiera mejorar, preservar y optimizar su salud cerebral incorpore a su dieta diaria un suplemento de al menos las cantidades mínimas sugeridas para todos y cada uno de los nutrientes abordados hasta el momento, hay unos cuantos nutrientes adicionales que también considero necesario mencionar. Si bien los suplementos que siguen no son estrictamente necesarios para toda la población, podrían ser importantes para quienes estén particularmente interesados en mejorar la memoria y su capacidad de concentración, ya sean estudiantes, padres estresados, ejecutivos sobrecargados de trabajo, profesionales liberales o gente mayor.

La huperzina A

Siendo originalmente un suplemento de origen botánico, la huperzina es un extracto de *Huperzia serrata*, el licopodio chino, una planta medicinal perteneciente a la familia de los helechos de la que se dice que ha permanecido inalterada desde tiempos prehistóricos. En la medicina tradicional china, recibe el nombre de *qian ceng ta* («pagoda de las mil piezas», un término derivado de la forma característica de esta planta) o *jin bu huan* («más valiosa que el oro»). Durante siglos, los practicantes de la medicina china emplearon esta planta para tratar las hinchazones, la fiebre y la inflamación, así como para fortalecer la memoria de los ancianos. Aunque los ensayos clínicos modernos realizados en China han podido documentar la efectividad de la planta tanto para combatir la pérdida de memoria con la edad como para proteger a las células cerebrales frente a los traumatismos y la degeneración, en la medicina convencional que se practica en Occidente su uso no está muy extendido.

El principio activo del musgo *jin bu huan*, denominado huperzina, se presenta en dos formas diferentes: una variedad extremadamente potente llamada huperzina A y otra sustancialmente más suave denominada huperzina B. Ambos extractos previenen la descomposición del compuesto químico cerebral más relevante en lo que atañe a la memoria, la acetilcolina (ACH), en manera muy similar a como lo hacen los medicamentos que se venden con prescripción médica, como el Aricept, por ejemplo, un fármaco desarrollado para tratar el mal de Alzheimer. Como resultado de esta ralentización del proceso de descomposición de la acetilcolina, la huperzina permite que haya más ACH a disposición de la red cerebral de comunicaciones. Este aumento en la velocidad de transmisión de las señales entre las células cerebrales, aunque se resuelva en un puñado de milisegundos, puede significar un alivio muy significativo para la memoria y la atención tanto en los jóvenes como en las personas mayores.

Un estudio clínico realizado con humanos en China reveló que administrar huperzina A a un grupo de ancianos que sufrían la enfermedad de Alzheimer, inducía una mejora sustancial en las funciones cognitivas (mentales) de los pacientes, en su estado de ánimo, su comportamiento y su capacidad para realizar las actividades típicas de la vida diaria. Sus cuidadores confirmaron de manera independiente que aquellos pacientes que tomaron el suplemento de huperzina A experimentaron un notable incremento en su calidad de vida.

En estudios aleatorios, controlados y de doble ciego realizados con poblaciones situadas en el extremo opuesto del espectro de edad, esto es, en estudiantes de educación primaria, secundaria y bachillerato, jóvenes con problemas de memoria y dificultades en el aprendizaje, la huperzina A se reveló, una vez más, como una sustancia beneficiosa para su memoria y sus aptitudes para el aprendizaje, sin que se detectaran efectos secundarios adversos.

Asimismo, las investigaciones recientes han demostrado que la huperzina A ejerce una potente acción antiinflamatoria y antioxidante. Además, al eliminar el flujo de iones de calcio que penetran en las células cerebrales (un asunto que ya abordamos en el capítulo 2), promueve la supervivencia de las células y las protege frente a la estimulación excesiva y la excitotoxicidad. Para ello, la huperzina A actúa a grandes rasgos como la Namenda, una de las incorporaciones farmacéuticas más recientes para el tratamiento de la enfermedad de Alzheimer, si bien sus efectos secundarios nocivos o incómodos son mucho menores. Es importante notar aquí que, puesto que la huperzina A lentifica la descomposición de la ACH, las personas que padecen trastornos con ataques, alteraciones en el ritmo cardiaco, enfisema, úlceras o agrandamiento de la próstata deben acudir al especialista antes de decidirse a tomar este suplemento.

Dosis recomendada: 75-100 microgramos dos veces al día en el caso de los adultos. Para los adolescentes, 50 microgramos dos veces al día. Y sólo bajo estricta supervisión médica en el caso de los niños.

Formato recomendado: Los suplementos fabricados sintéticamente son adecuados porque facilitan la administración de las dosis correctas. En el caso de la forma herbácea china, el producto debería haber superado con suficiente holgura un test realizado por un laboratorio independiente, para asegurarnos de que su contenido es el que tiene que ser y no presenta metales pesados.

La vinpocetina

La vinpocetina es un éster etílico sintético de apovincamina, un alcaloide de la vinca obtenido a partir de las hojas de la Lesser Periwinkle (*Vinca minor*) y descubierto a finales de la década de los sesenta. Yo la recomiendo especialmente para la población de mayor edad y las personas que padecen ateroesclerosis (endurecimiento de las arterias) u otras patologías conocidas que contribuyen al endurecimiento de las arterias tales como la diabetes o los síndromes de resistencia a la insulina. El proceso ateroesclerótico puede ocurrir en todo el cuerpo. El endurecimiento de las arterias en el corazón predispone al paciente a sufrir un paro cardiaco. En las extremidades, la ateroesclerosis puede causar calambres musculares y dificultad para caminar. En la cabeza y en el cuello, el estrechamiento de las arterias a causa de las placas recorta sustancialmente el riego sanguíneo, privando al cerebro del oxígeno, la glucosa y otros nutrientes que precisa para funcionar correctamente, y es por ello que el pensamiento, la velocidad de reacción y la memoria se deterioran. Un endurecimiento más acusado y con peor pronóstico de las arterias en el cerebro también incrementa la posibilidad de sufrir un derrame cerebral.

Los médicos europeos y japoneses han utilizado suplementos de vinpocetina durante más de veinte años para tratar a pacientes con dolencias relacionadas con la falta de riego sanguíneo en el cerebro. Los resultados obtenidos por más de 50 estudios clínicos demuestran su utilidad para mejorar la circulación sanguínea en el cerebro. Lo anterior promueve una entrega más eficiente del oxígeno y otros nutrientes al cerebro, lo cual ayuda a las células cerebrales a generar energía de manera más efectiva, e incluso ayuda a prevenir la formación de coágulos de sangre en las arterias más finas.

Pero los beneficios que induce la vinpocetina en el cerebro no se acaban ahí. Entre otros de sus muchos atributos saludables, cabe destacar su capacidad antioxidante, de reciente descubrimiento y muy poderosa, por cierto, que sirve para incrementar el poder de otros antioxidantes como el ácido α-lipoico, la coenzima Q10, las vitaminas A, C, y E, así como el grupo de más de 5.000 compuestos flavonoides que pueden encontrarse en las frutas, las verduras y las especias. También ha podido demostrarse su capacidad para proteger a las células cerebrales frente a la estimulación excesiva, que tiene lugar en una fase muy temprana del torrente de acontecimientos que se dispara tras una disminución manifiesta del riego sanguíneo en una porción del cerebro.

Aunque es potencialmente beneficiosa para todos los cerebros, considero que la vinpocetina es un nutriente muy necesario para las personas que sufren un angostamiento o una obliteración de las arterias. Digo esto porque he sido testigo de mejorías clínicas muy remarcables en pacientes con demencia vascular que han tomado este suplemento. Sea como fuere, le hago una advertencia: dado que disminuyen la densidad de la sangre, la gente que toma anticoagulantes, como el Coumadin, sólo debería recurrir a la vinpocetina bajo estricto control facultativo.

Dosis recomendada: 5-10 microgramos dos veces al día.

Formato recomendado: Cualquier marca comercial de calidad contrastada.

Puesto que muchos de nosotros tomamos diariamente algún preparado plurivitamínico o de minerales, deberemos ser muy prudentes y no combinar suplementos nutricionales que contengan cantidades excesivas de cualquiera de los componentes antedichos. Ello requiere un control estricto de los ingredientes para así alcanzar un equilibrio efectivo de las cantidades administradas. Si usted ya toma algún suplemento nutricional habitualmente, muy en especial si incorpora algunos de los nutrientes específicamente recomendados para la salud del cerebro, le convendrá saber exactamente qué es lo que está tomando y ajustar las dosis en consecuencia.

Otra estrategia a tener en cuenta consiste en tomar un producto nutritivo específicamente diseñado para el cerebro, que haya sido testado clínicamente y cuya efectividad y seguridad estén fuera de toda duda. Yo le recomiendo un producto que he diseñado y testado personalmente llamado Lucidal (véase el sitio web www.lucidal.com).

En el capítulo 7 investigaremos algunos trastornos comunes íntimamente relacionados con la actividad cerebral, entre otros los sofocos, las migrañas y las alteraciones sensoriales. Asimismo, le indicaré una serie de recomendaciones acerca de los cócteles de nutrientes más efectivos y las terapias diseñadas a la medida de cada dolencia o paciente. Como es natural, las cantidades de cada suplemento deberán corresponderse cabalmente con cualesquiera otros productos que esté tomando de forma habitual. Esto se abordará con mayor detalle para cada contexto concreto.

Qué no tomar

HIERRO

Encabezando la lista de lo que *no* hay que tomar está el hierro. Pese a los mensajes publicitarios que nos transmiten los fabricantes de suplementos tónicos de hierro, tales como el Geritol, que califican sus productos como remedios para la fatiga y la debilidad muscular producidas por un déficit de hierro, son muy pocas las personas que, en rigor, necesitan tomar un suplemento de hierro. Con esto no quiero decir que el hierro no sea importante para la salud, porque lo es, absolutamente. Ni tampoco pretendo dar a entender que las personas que padecen un déficit de hierro así diagnosticado por su médico en base a unos análisis adecuados no deban tomar suplementos de hierro. Tan sólo digo que ni usted ni yo pertenecemos a esa categoría. Muy particularmente los hombres, aunque también las mujeres, sobre todo después de la menopausia, disponen de hierro en abundancia. El cuerpo humano absorbe y almacena el hierro con inusitada facilidad. De hecho, una vez que el hierro se encuentra en nuestro organismo, no tenemos manera de deshacernos de él, salvo que perdamos sangre. Sólo de esta forma podríamos desarrollar un déficit de hierro. Ahora bien, ¿dónde radica el problema?

El hierro es un agente pro-oxidante, esto es, una sustancia que reacciona vigorosa y fácilmente en presencia de oxígeno. Consideremos lo que sucede cuando dejamos una bisagra de hierro a la intemperie, o sea, a merced del oxígeno presente en la atmósfera. Tarde o temprano se oxidará. Con el tiempo suficiente, incluso algo tan enorme como la cabina de un camión sin pintar resultará corroída por el óxido, que no es otra cosa que hierro oxidado.

Así las cosas, el exceso de hierro se almacena por todo el cuerpo por medio de una proteína que los doctores llaman *ferritina*, y que puede medirse con un simple análisis de sangre. Dentro de los paquetes de ferritina, el hierro es relativamente inocuo; sin embargo, bajo determinadas circunstancias (como el bloqueo o la reducción del riego sanguíneo en las arterias), los depósitos de hierro almacenados en el organismo pueden liberarse en los tejidos. Una vez liberado, el hierro reaccionará con el oxígeno para producir un estallido de oxidación que causará estragos allí donde se encuentre, ejerciendo sobre el corazón o el cerebro la misma acción que sobre la bisagra o la cabina del camión.

Recomendación: Absténgase de tomar suplementos de hierro o plurivitamínicos y preparados minerales que contengan hierro, a menos que se los prescriba su médico como tratamiento para un déficit de hierro perfectamente diagnosticado. Si los test de laboratorio determinan que usted almacena hierro en exceso, contrólelo donando sangre. Acuda, por tanto, al banco de sangre más cercano. Esto puede hacerse una vez cada 56 días.

LA CALIDAD DE LOS SUPLEMENTOS

Si bien este capítulo expone claramente que los suplementos de micronutrientes son una parte clave del programa Brain Trust, mi recomendación de tomarlos viene acompañada por una advertencia: ¡Manténgase alerta frente a los suplementos nutricionales baratos! La calidad de un suplemento dietético está en proporción directa a la calidad de sus ingredientes y la integridad de su fabricante. En una industria que en buena medida no está regulada, esto tiene su importancia. Algunos fabricantes compran los ingredientes más baratos para fabricar sus productos, cosa cierta particularmente en los suplementos de origen herbáceo o botánico. China es una fuente muy común de estos ingredientes. Por desgracia, aunque es posible que contengan una cantidad suficiente del principio activo, muchos de ellos también contienen sustancias perjudiciales o tóxicas como, por ejemplo, metales pesados.

Un grupo de investigadores de Dallas decidió llevar a cabo un análisis crítico de las diferentes marcas de suplementos nutricionales. Para ello, acudieron a los establecimientos de productos saludables presentes en la zona, observaron los estantes y escogieron al azar varios suplementos nutricionales; seguidamente los evaluaron para cerciorarse de que contenían lo expresado en sus etiquetas. He aquí el resultado: una abrumadora mayoría de los productos analizados no contenía el principio activo que figuraba en la etiqueta en la cantidad prometida, algunos por poco, algunos por mucho. Es más, ¡un porcentaje realmente llamativo de ellos no contenía *ninguna cantidad mensurable* del principio activo! Y no piense que esto es una particularidad del mercado de Dallas, dado que los productos testados pertenecen a marcas conocidas y bien distribuidas.

Recomendación: Sólo adquiera suplementos alimenticios de una fuente o marca que merezca toda su confianza. Aun así, pregunte si el fabricante entrega sus productos a una empresa independiente para que los analice y certifique su pureza, su calidad y la cantidad de sus ingredientes, así como cualquier otro test que sirva para garantizar su calidad y eficacia. Si alberga dudas, infórmese bien y solicite que le enseñen esa documentación.

Ahora que se ha familiarizado con lo que le conviene comer y tomar o no, dirigiremos nuestra atención a lo que debemos y no debemos hacer para mejorar la salud del cerebro. Veamos, pues, qué ejercicios resultan adecuados para el cerebro.

6. Ejercicios para el cerebro: qué hacer y qué no hacer

Hace más de 2.500 años los griegos ya lo sabían: *Mens sana in corpore sano*, nos enseñaron, «una mente sana para un cuerpo sano». Basaban sus enseñanzas en la observación de la estrecha relación existente entre la mente y el cuerpo. La ciencia moderna ha logrado demostrar la veracidad de estas observaciones. Investigaciones científicas recientes nos han revelado que las interminables sesiones de ejercicio físico en el gimnasio no sólo sirven para deshacerse de esos kilos que nos sobran, para moldear nuestro cuerpo según los cánones de belleza al uso y para que nos sintamos mejor; lo cierto es que también nos permiten pensar mejor y, lo que es más importante, sirven para que nuestro cerebro envejezca con mayor lucidez.

Aunque todos somos conscientes de que la falta de ejercicio físico puede elevar el riesgo de desarrollar algunas patologías tales como la diabetes, las enfermedades cardiovasculares, el cáncer y la osteoartritis, en general estamos menos familiarizados con otras líneas de investigación que actualmente corroboran la existencia de una fuerte conexión entre la actividad física y la preservación de las funciones cerebrales. Lo anterior está referido no sólo a las funciones del pensamiento y la capacidad de raciocinio, sino que ¡también afecta al estado de ánimo!

A modo de ejemplo: un estudio reciente concluyó que las mujeres que caminaban varios kilómetros a la semana evidenciaban mayores probabilidades de mantener la lucidez y la agudeza mentales con el paso de los años que las que practicaban un estilo de vida más sedentario. Otro estudio observó una población de sujetos durante un período de seis años y demostró que las personas que ostentaban una mejor forma *física* al inicio del estudio asimismo gozaban de una mejor salud *mental* al cabo de seis años. En esta misma línea, otras investigaciones han verificado la existencia de una fuerte correlación entre el nivel de ejercicio físico a los treinta y seis años de edad y los niveles de atención, concentración y pensamiento en sujetos de mediana edad, de lo cual se deduce que nunca es demasiado pronto para empezar a sentar la bases y así gozar de una mejor salud cerebral con el paso de los años, al incorporar el ejercicio físico a nuestro estilo de vida.

Las técnicas modernas de escaneado cerebral nos permiten vislumbrar los efectos del entrenamiento físico en la salud del cerebro. Los investigadores solicitaron a un grupo de adultos sanos de edad avanzada que participasen en un programa de ejercicio aeróbico de seis meses de duración. Las imágenes obtenidas por el escáner cerebral tras haber finalizado el programa revelaron un incremento apreciable tanto en la cantidad de materia gris como de materia blanca en el interior del cerebro. Los científicos interpretaron estos hallazgos como un claro indicio de que el ejercicio aeróbico no sólo había servido para incrementar el número de vasos sanguíneos que suministraban oxígeno y nutrientes a todo el cerebro, además de fortalecer y alimentar el aislamiento de los procesos celulares, sino que, para mayor asombro de los autores del estudio, había logrado incrementar el número de sinapsis, los puntos de contacto mediante los cuales las células cerebrales se comunican entre sí.

Otro estudio reciente indica que estos cambios en la estructura cerebral se corresponden con una mejoría en las funciones cerebrales. Un programa de ejercicio físico de seis meses sirvió para mejorar la memoria en un grupo de adultos de edad avanzada, y resultó en un desempeño más rápido, ágil y preciso en tareas relacionadas con la memoria. Las imágenes del escáner revelaron una actividad similar en los cerebros de estos sujetos de mayor edad que en individuos jóvenes. Ahora bien, ¿por qué ejercitar el cuerpo sirve para mejorar nuestra mente?

Son muy numerosos los estudios que demuestran que los adultos que experimentan una pérdida sustancial de masa ósea o muscular tendrán un mayor riesgo de desarrollar algún tipo de demencia (incluyendo la enfermedad de Alzheimer) a medida que pasen los años. Asimismo, los estudios han revelado repetidas veces que el ejercicio físico, particularmente el ejercicio de fondo o resistencia, como el levantamiento de pesas, por ejemplo, sirve para contrarrestar la pérdida gradual de masa ósea y muscular que a todos nos afecta con el paso del tiempo. El incremento de masa corporal requiere del concurso coordinado de determinados factores de crecimiento, liberados en respuesta al ejercicio físico, en un cuerpo preparado para ello y enriquecido por medio de una alimentación adecuada —es decir, un cuerpo que cuente con todas las materias primas y los nutrientes que precisa para construir masa óseo o muscular—. No es difícil entender que correr o levantar pesas puede fortalecer los músculos de las piernas o los brazos, y que esto a su vez redunda en su crecimiento. Sin embargo, no está muy claro cómo el ejercicio físico puede afectar al cerebro. En todo caso, aunque la relación entre el ejercicio y el fortalecimiento del cerebro es mucho menos evidente, no por ello es menos importante. La misma clase de interacción que se da entre la liberación de los factores de crecimiento y el abundante suministro de materias primas para la construcción también tiene lugar en el cerebro.

Los ensayos realizados en el laboratorio tanto con animales como con seres humanos han revelado que el ejercicio físico incrementa las cantidades de ciertos factores cerebrales que estimulan su reparación y su crecimiento, especialmente en los centros de la memoria. Uno de ellos es el factor neurotrófico derivado del cerebro (BDNF), que ayuda a impulsar la formación de una red más extensa de conexiones entre las células cerebrales. Estos canales de comunicación son vitales para el aprendizaje y para la memoria. El factor neurotrófico derivado del cerebro también fomenta el crecimiento de nuevas células cerebrales y protege las ya existentes de las lesiones asociadas con el estrés crónico y la falta de sueño.

Tanto las actividades aeróbicas (caminar, nadar, remar, andar en bicicleta) como el ejercicio de resistencia (levantar pesas y, hasta cierto punto, el Pilates) han demostrado su utilidad a la hora de elevar los niveles del factor neurotrófico derivado del cerebro, cosa que sugiere que el ejercicio físico de cualquier naturaleza es beneficioso para la construcción cerebral. Puesto que el BDNF ayuda a formar nuevas conexiones y a mantener las viejas en buen estado, nos compete a todos —si deseamos preservar nuestras facultades— mantener un nivel elevado de este estimulador del crecimiento cerebral y entregarle los circuitos necesarios para que trabaje a pleno rendimiento. Echemos un rápido vistazo a cómo podemos hacer esto.

Conecte y reconecte su cerebro

Según se ha dicho, el cerebro funciona como resultado de construir una compleja red de conexiones entre las células cerebrales a medida que vamos acumulando experiencias. Desde tiempo antes de nuestro nacimiento y hasta que abandonamos la esfera de los mortales, cada cosa nueva que aprendemos, experimentamos, vemos, oímos, sentimos, decimos o hacemos, conecta un circuito nuevo. La repetición consolida los circuitos recientemente construidos, si bien también pueden debilitarse o desconectarse completamente con la negligencia o el desuso. La frase «¡Lo que no se usa se pierde!» no podría ser más verdadera cuando hablamos de mantener nuestras facultades mentales en buen estado. Por esta misma razón le recomiendo no sólo hacer ejercicio físico, sino realizar actividades variadas y a menudo cambiantes. Aunque su corazón y sus pulmones se beneficiarán si usted simple y llanamente decide salir a caminar o andar en bicicleta un rato cada día, y aunque esas actividades (o cualesquiera otras) mantengan ciertas porciones de su red de comunicaciones perfectamente engrasadas y funcionando bien, es muy importante que usted se plantee nuevos desafíos, física y mentalmente, de suerte que otros circuitos no acaben oxidándose.

No se estanque en una misma rutina. Modifique los ejercicios de tarde en tarde. Seleccione una serie de actividades que pueda disfrutar —tal vez caminar, nadar en la piscina, el trabajo con pesas y máquinas, las sesiones de yoga, etc.— y diseñe un programa rotatorio de las mismas. Luego, además de sus ejercicios habituales, introduzca alguna actividad completamente nueva o que no haya hecho durante algún tiempo —andar en bicicleta o en un *scooter* propulsado con los pies; pruebe con el Pilates; asista a clases de bailes de salón, baile de figuras o tai chi; o bien juegue al golf, al *soft-ball*, al ping-pong o al tenis con el propósito de ejercitar la coordinación mano-ojo y depurar sus reflejos—. Las actividades como el baile en cualquiera de sus manifestaciones, el tai chi y el yoga, que comportan el aprendizaje de pasos o rutinas nuevos y cada vez más complicados que suponen un desafío tanto para el cuerpo como para el cerebro, son especialmente recomendables. No dude en probar cualquier actividad novedosa que pueda resultarle atractiva.

Si tiene hijos o nietos, no se limite a ver cómo juegan. Anímese y juegue con ellos. Mantener su ritmo puede ser un buen entrenamiento, toda vez que los juegos que más gustan a los niños a menudo requieren que uno se estire, brinque, corra, salte a la comba, esquive obstáculos o se mantenga en equilibrio, amén de que le permiten ejercitar la imaginación, la capacidad de improvisación y la velocidad de reacción —actividades todas que proponen desafíos a distintas porciones del cerebro que habitualmente no utilizamos y que, por lo tanto, sirven para activar los circuitos cerebrales más anquilosados. Después de todo, ¿qué podría ser mejor para mantener el cerebro (o el cuerpo) en óptimas condiciones que participar en las mismas actividades que realizan los niños para formar y consolidar sus conexiones cerebrales?

CONSERVE LA BUENA SALUD DE SU CEREBRO

Practicar un estilo de vida activo y saludable nos ayudará a preservar un cerebro juvenil y la agudeza de nuestros reflejos, aunque cabe hacer una advertencia: si, después de hacer la evaluación propuesta en el capítulo 3, usted tiene constancia de que corre un mayor riesgo de sufrir problemas de memoria, mi recomendación será que evite cualquier actividad que suponga un alto riesgo de sufrir un traumatismo craneoencefálico.

Actividades tales como el boxeo, el rugby, el fútbol americano y el fútbol plantean una alta probabilidad de recibir golpes en la cabeza, que bien podrían incrementar el riesgo de pérdida de memoria. Esta relación es más que evidente. No obstante, recuerde que los estudios indican que una actividad tan aparentemente inocua como el *jogging* también podría ponerle en situación de riesgo. Dado que el cerebro flota en una capa líquida que opera a modo de colchón, el rebote insistente contra el pavimento, una y otra vez, un kilómetro tras otro, año sí año también, golpea el cerebro contra las paredes internas del cráneo, una situación que puede revelarse tan peligrosa como los golpes repetidos y directos que encaja un púgil en la cabeza. Así pues, si su historia clínica, o sus antecedentes personales o familiares, le sitúan entre la población con un alto riesgo de perder memoria con el paso de los años, le convendría, en pro de la buena salud de su cerebro, optar por actividades más benignas como caminar, bailar, nadar, andar en bicicleta, remar y tantas otras similares de naturaleza aeróbica. Y no se olvide del entrenamiento con pesas, que es a todas luces la mejor actividad para liberar el factor neurotrófico derivado del cerebro (BDNF).

EL ENTRENAMIENTO MENTAL

¿Alguna vez ha deseado que sucediese algo con sólo pensarlo? Estoy seguro de que, en una u otra ocasión, todos lo hemos deseado. Dicho esto, me crea usted o no, en lo que concierne a la mejora de las funciones cerebrales, es posible que sus deseos se hagan realidad. En la actualidad, algunos estudios verdaderamente estimulantes han revelado que podemos, literalmente, pensarnos más inteligentes tan sólo empleando el cerebro, lo cual a su vez sirve para incrementar el número de conexiones entre las células cerebrales. Cuanto más pensamos, mejor funciona nuestro cerebro —y he aquí una grata sorpresa— a cualquier edad. De hecho, es posible que los cerebros de las personas mayores gocen de alguna ventaja.

El tipo de pérdida de memoria que inicialmente experimenta la gente con el paso de los años afecta a las llamadas *funciones ejecutivas* (véase el capítulo 2), que se alojan en el lóbulo frontal. Estas funciones ejecutivas guardan relación con actividades complejas tales como la planificación, la toma de decisiones, el razonamiento deductivo y la memoria práctica. La memoria práctica a la sazón precisa de la capacidad de hacer malabares con distintas pelotas mentales al mismo tiempo y de recordar lo hecho y lo que es necesario hacer a continuación. Es aquello que nos permite «retener nuestros pensamientos». Estas habilidades se cuentan entre las capacidades cerebrales más sofisticadas y entre aquellas que cuesta más tiempo adquirir, en buena medida porque las incorporamos de manera «escasamente» natural. No en vano dedicamos buena parte de nuestra juventud a su desarrollo, si bien, infortunadamente, si no las utilizamos con frecuencia, *y en formas novedosas*, serán las primeras capacidades mentales que perdamos en épocas ulteriores de la vida. A medida que envejecemos, tendemos a ejercitar aquellas habilidades que utilizamos más a menudo y de las que dependen nuestro trabajo diario y nuestras actividades de ocio habituales, en claro detrimento de otras que no utilizamos tan frecuentemente. Pero la buena noticia es que estas funciones de orden superior, las primeras que se retraen con el desuso, responden llamativamente bien al entrenamiento.

Enderezar el curso de un cerebro oxidado exige tiempo y esfuerzo, qué duda cabe, pero merece la pena intentarlo. Piense en lo mucho que le costó aprender a andar en bicicleta. Luego de sufrir lo indecible para mantener el equilibrio, de caerse hasta cien veces, arañándose los codos y las rodillas, no hubo de pasar mucho tiempo antes de que pudiese saltar las aceras, sortear los baches y soltar las manos del manillar. Las habilidades adquiridas no tardaron en convertirse en una parte consustancial a su naturaleza. Su cerebro parecía realizarlas sin más, sin mediar

con ello que son cosas elegidas al azar, sin relevancia particular y con las que no tienen ningún apego— y traten de recordarla pasado algún tiempo. El carácter neutro de las cosas es determinante para que todos los participantes partan en igualdad de condiciones, dado que siempre resulta mucho más fácil recordar informaciones inusuales, o que significan algo para nosotros o que suscitan alguna emoción o reacción especial en nosotros. Por ejemplo: si usted tiene o ha tenido un Ford y le piden que recuerde una lista de fabricantes de automóviles que contiene la marca Ford, recordar esa marca será sumamente sencillo. O si en una clase de historia le piden que recuerde en qué año tuvo lugar la Batalla de Hastings, y suponiendo que usted haya nacido en octubre de 1966, le resultará mucho más fácil recordar la fecha: 1066. Sin lugar a dudas, esa combinación numérica tendrá una significación especial para usted.

Para recordar algo, particularmente a medida que envejecemos, resulta muy útil hacerlo inolvidable vinculándolo con algo que tenga algún significado para nosotros, algo que lo realce sobre el resto de nuestros recuerdos. Vincular un recuerdo con algo que tenga un significado especial para nosotros requiere del concurso de los centros ejecutivos situados en el lóbulo frontal del cerebro y los pone en funcionamiento. Como en el caso de aprender a andar en bicicleta, la práctica sirve para perfeccionar la técnica. Realizar ejercicios de memorización y de resolución de problemas basados en esta asociación de significados con cierta regularidad puede, en sentido estricto, desenmarañar las telarañas del lóbulo frontal oxidado, incrementando la agilidad del cerebro y mejorando la capacidad para evocar recuerdos.

EL MÉTODO BTP

He ideado un sencillo sistema de memorización en tres pasos que forma parte del programa Brain Trust y tiene su raíz en el enfoque expresado anteriormente. Yo lo llamo el método BTP, no en referencia al programa Brain Trust (Brain Trust Program), como en principio podría pensarse, sino como acrónimo de *Behold, Train, and Prompt* («Observar, Entrenar e Impulsar»). Es rápido, fácil y sorprendentemente efectivo; y, por encima de todo, no es necesario escuchar ningún CD ni visionar cintas de vídeo para convertirse en un adepto. Con este método usted podrá mejorar sus habilidades mnemotécnicas de manera rápida y fácil, así como desarrollar un sistema de organización y recuperación de todas aquellas cosas que necesite recordar.

Primer paso: Observar

Según las definiciones dadas por los distintos diccionarios, la palabra *Behold* («contemplar, observar») significa percibir hasta las últimas consecuencias, escrutar ampliamente y en plenitud, comprender y adquirir mayor perspectiva, indagar, investigar, absorber, asimilar todos los detalles de alguna cosa. Observar una cosa a conciencia exige algo más que un vistazo pasajero y superficial; no puede hacerse si nuestra atención se distrae o se dispersa. La observación de algo, de cualquier cosa, precisa tiempo, dedicación y esfuerzo. Es un hecho activo, nunca pasivo. Permítame que ilustre la diferencia.

Imagine que usted se dirige a algún lugar de una ciudad desconocida y que viaja en un automóvil como pasajero. El coche se detiene cuando se topa con una señal de STOP, gira en las intersecciones, obedece escrupulosamente lo que indican los semáforos, las señales de vía de sentido único y obligatorio, sube, baja y circula por varias rotondas atravesando distintos vecindarios que usted no conoce, hasta que finalmente llega sano y salvo a su destino. Si un día después se le pidiera que deshiciese el camino andado pero ahora solo, al volante del coche, seguramente se le antojaría difícil, tal vez imposible. ¿Por qué? Porque usted era un pasajero, porque se dejó llevar pasivamente hasta su destino, porque el conductor conocía el camino y no esperaba ninguna indicación por su parte. Él o ella eligió la ruta, obedeció las normas de tráfico, negoció correctamente los semáforos, las curvas y las salidas, siendo el único participante activo del viaje. En caso de que se lo hubiese pedido, con toda seguridad el conductor habría podido volver siguiendo la misma ruta sin mayores problemas. Sin embargo, usted, el pasajero, fue un observador pasivo. Si durante el viaje unos científicos hubieran tenido la oportunidad de escanear sus cerebros, los circuitos del lóbulo frontal del conductor habrían estado tan encendidos como un árbol de navidad, mientras que los suyos habrían permanecido en un reposo relativo. En síntesis: la activación de las funciones ejecutivas del lóbulo frontal del cerebro redundan en una mejor capacidad de rememoración.

Uno de los secretos para cultivar una memoria más aguda consiste en entrenarse para prestar atención a los detalles, para convertirse en un observador de primera línea o, dicho con otras palabras, para ser el conductor. Los detalles de algo lo realzan por encima de todo lo demás y facilitan la tarea de recordarlo. Cuantos más sean los sentidos implicados en este proceso, más activos estarán los centros ejecutivos de su cerebro y más aguda y precisa será su memoria.

Juego de detectives

Una manera fácil de comenzar este proceso de entrenamiento consiste en imaginar que usted es un detective que se encuentra en la escena de un crimen y es imperativo que investigue y recuerde todos los detalles, aun los más triviales e insignificantes, para resolver el misterio. Para empezar, siéntese en una habitación silenciosa —la escena del crimen, para entendernos—. Observe en derredor por un momento y luego cierre los ojos. Ahora intente describir la habitación. ¿De qué color son las paredes? ¿Hay alguna ventana? ¿En qué pared se encuentra? ¿Acaso tiene persiana? ¿Está abierta o cerrada? ¿Qué clase de suelo o pavimento tiene la habitación? ¿Hay alfombras? ¿Dónde? ¿Cómo está amueblada la habitación? ¿De qué color es el sofá, el sillón o la silla? ¿Hay alguna mesa? ¿Dónde está? ¿Hay alguna lámpara? ¿Está encendida o apagada? ¿De qué color es la pantalla? ¿Qué forma tiene? ¿Hay cuadros o láminas o fotografías colgadas en la habitación? ¿De qué tipo? ¿Hay algún otro objeto artístico? ¿Qué clase de objeto? ¿En que lugar de la habitación está colocado?

Abra los ojos y observe a su alrededor. Le sorprenderá constatar lo poco que registró durante la observación inicial del entorno. Acto seguido repita el mismo ejercicio, pero siguiendo las pautas que le indico a continuación:

- Observe la habitación desde una perspectiva global. Repare en su configuración general, su distribución, la disposición de los muebles, la ubicación de las alfombras, la situación de las paredes, las ventanas y las puertas, todo lo que cuelga de las paredes, los cuadros grandes y los detalles arquitectónicos más destacables, tales como la biblioteca de obra, la chimenea, el equipo audiovisual y los armarios. Acto seguido, dirija su atención hacia los elementos decorativos menores, es decir, los libros, las figuras, las fotos, las lámparas y las demás baratijas, si las hubiere.
- Seguidamente, divida la habitación en cuadrantes y examine pormenorizadamente la disposición de cada una de las cuatro partes y cómo se integran para conformar la habitación.

- Ahora concentre su atención en los objetos concretos y obsérvelos en tanto detalle como le sea posible. Por ejemplo, ¿hay una chimenea? ¿Qué forma tiene? ¿Tiene una portezuela de vidrio o una pantalla? ¿Tiene adornos? ¿Son de latón, negros o plateados? ¿Qué puede decir de la rejilla? ¿De qué material está hecha? ¿Hay leña en la chimenea? ¿Cuánta? ¿Tiene un hogar? ¿Con qué está construido? ¿Tiene un manto? ¿Cómo es y de qué está hecho? Y así sucesivamente. No escatime ningún detalle. Refiérase a los colores con tanta precisión como le sea posible, no sólo como rojo o azul; oblíguese a ser más específico en lo tocante a los matices, los tonos y las mezclas. ¿Es azul turquesa o aguamarina? ¿Es añil, color violáceo o vincapervinca? ¿Es azul marino, azul petróleo, azul de cobalto o gris de grafito? ¿Ese otro azul es celeste o real? Comente las diferentes texturas presentes en la habitación, tanto su aspecto como las sensaciones percibidas al tacto. Oblíguese a emplear adjetivos altamente descriptivos. Si una superficie es áspera, ¿está cuarteada como el pergamino? ¿Es granulosa? ¿Tiene urdimbre? ¿Presenta nudos o protuberancias? Reproduzca la imagen más vívida y realista que pueda, una descripción que evoque las impresiones visuales, los sonidos, los aromas, las texturas y los colores que le rodean. En conjunción, estos detalles construirán una imagen memorable; y una imagen memorable deja una impronta mucha más profunda y duradera en nuestra memoria. Se graba al ácido en los circuitos del cerebro.
- Usted puede utilizar la misma técnica detectivesca para mejorar la capacidad de rememoración casi en todos los campos, desde traer a la memoria lo que cenó ayer por la noche hasta el tema de una película o el argumento de una novela, desde los nombres de las personas que le presentan en una fiesta o acto social hasta la lista de los artículos que necesita comprar en el supermercado. La próxima vez que acuda a una fiesta, emplee esta técnica con alguien que no conozca. Sitúese en un extremo de la sala (para pasar inadvertido) y observe el óvalo de la cara de una persona, sus cejas, sus orejas, su nariz, la forma del mentón, la quijada o la frente; su complexión física, el color del cabello y el corte. ¿Hay algo distintivo en su aspecto, algo particularmente llamativo o que llame su atención? Una vez que haya realizado estas observaciones a distancia, preséntese a la persona en cuestión y entable conversación. ¿Hay algo inusual o que tenga algún significado para usted en su nombre

o su apellido? ¿A qué se dedica? ¿De dónde es? Por ejemplo: digamos que se trata de un caballero con el mentón cuadrado al estilo Robert Redford, y resulta que el susodicho se llama señor Roberts. Una vez que haya implantado este recuerdo con semejante gancho, las probabilidades de olvidar su nombre cuando vea su cara en el futuro serán muy escasas. Con lo anterior, usted habrá cargado de significado el recuerdo recién forjado, como consecuencia de haberlo vinculado con algo sólidamente implantado en los archivos de su memoria, lo cual facilitará en gran medida el acceso a esta pieza de información valiosa: el nombre del caballero.

Segundo paso: entrenar

Como en el caso del aprendizaje (o la rememoración) de cualquier habilidad, con la práctica viene su perfeccionamiento, se trate de aprender a declamar un poema, tocar una pieza musical al piano de memoria o hacer juegos malabares. La repetición es clave a la hora de fijar un recuerdo en lo más hondo, para que su recuperación no suponga el menor esfuerzo. Cuando estaba en la facultad de medicina descubrí el poder de la repetición, mientras me esforzaba por superar un duro curso de fisiología. Al principio leía los capítulos de principio a fin, estudiando a conciencia página tras página, tratando de entender y memorizar todo lo que podía de la inmensa pila de información que tenía que asimilar. Pero cuando terminé uno de los capítulos caí en la cuenta de que aunque lo había leído todo, no había conseguido aprender buena parte de lo leído. Reparé en que, pese al tiempo que había invertido, mi cerebro se había limitado a pasar de puntillas (como el pasajero del coche) por aquel largo proceso de aprendizaje.

Así las cosas, decidí cambiar el enfoque y adoptar un método de entrenamiento y aprendizaje más detectivesco. Leía una sola página y entonces hacía una pausa, cubría el libro, cerraba los ojos y repasaba mentalmente lo que había leído, desde el principio hasta el final de la página, con tanto detalle como me era posible, a menudo haciéndolo en voz alta. Muy pronto noté que repetir la información en voz alta parecía ayudarme a fijarla mejor en la memoria, cosa que tiene sentido dado que estimula los canales cerebrales tanto del habla como del oído.

A renglón seguido, revisaba nuevamente la página para incorporar cualquier cosa que se me hubiese escapado en el primer repaso, algo en lo que no invertía más de 10 ó 15 segundos, si bien me obligaba a repasar el material una tercera vez y en una manera un tanto distinta. Por medio de la repetición intencionada, usted puede entrenar efectivamente su cerebro. Es interesante constatar que el mero hecho de saber que iba a ser evaluado (autoevaluado en este caso) me ayudó sobremanera a concentrar mi atención en la materia de examen durante mi primera lectura completa. Me hizo un mejor observador de los detalles en la primera parte del proceso (Observar).

Descubrí que esta parte triple del proceso de entrenamiento (leer, recordar, repasar) era muy efectiva para el aprendizaje, amén de que mejoraba sustancialmente mi capacidad para recordar lo que había leído. He recomendado esta técnica (leer, recordar, repasar) cientos de veces a mis pacientes en edad escolar o universitaria, a mis familiares y amigos; pero no crea que únicamente es aplicable a aquellos que participan del sistema educativo formal. Considere lo siguiente: ¿con qué frecuencia se ve en la necesidad, cuando está leyendo por motivos profesionales o por placer, de releer párrafos enteros incontables veces? Cuando esto ocurre, se debe a que su cerebro no está plenamente implicado en el proceso, está moviendo la maquinaria y perdiendo el tiempo, porque rara vez recordará la información. Recurra, por tanto, a este método triple (leer, recordar, repasar), aun cuando sólo esté leyendo un artículo de un periódico cualquiera. Lea atentamente un párrafo, cierre los ojos y procure recordar las ideas más relevantes —en voz alta si es posible—. Luego repase el párrafo y vea si ha olvidado algo importante. Pase al siguiente párrafo y haga lo mismo. En cuestión de no mucho tiempo, caerá en la cuenta de que cuando lee, su cerebro se implica en la lectura automáticamente y de manera más efectiva.

Tercer paso: Impulsar

Algunas veces, con el fin de recordar algo con facilidad, quizás una lista de todos los artículos que quiere comprar en una tienda, lo único que tiene que hacer es relacionar los artículos con algo que ya sea memorable o que le resulte familiar, o bien conectarlos en una manera peculiar que sirva para impulsar su memoria. A modo de ejemplo: supongamos que usted necesita recopilar estos artículos para un juego organizado con ocasión de la fiesta de cumpleaños de su hija: una sandía, unas pinturas para usar con los dedos, un par de calcetines, un clavo de diez peniques, una pelota de *soft-ball*, y un vídeo de *La sirenita*. Sin repasarla, cierre los ojos e intente repetir la lista completa. ¿Ha sido capaz de hacerlo? ¿Cree usted que todavía podrá recordarla cuando llegue a la tienda o, lo que es más probable, a las distintas tiendas? De no ser así, usted bien podría limitarse a escribir la lista, pero eso no le servirá de gran cosa para alcanzar el objetivo de mejorar su memoria y limpiar sus circuitos cerebrales del óxido y las telarañas acumuladas. En lugar de ello, procure construir una imagen mental que incorpore todos los elementos que figuran en la lista. Cuanto más extravagante sea, mejor. Visualice esta imagen: la sirenita, con unos calcetines rosas puestos en su cola de pez, erguida sobre una sandía, pintando a mano un cuadro de una pelota de *soft-ball* atravesada por un clavo de diez peniques. Ahora cierre los ojos y repita la lista de principio a fin. ¿Ha podido recordar los seis artículos? Inténtelo de nuevo trascurrida media hora. Apuesto lo que quiera a que los recordará todos sin excepción. Le aseguro que todavía recuerdo listas de cosas que memoricé hace más de veinticinco años recurriendo a métodos mnemotécnicos como el aquí descrito.

En la facultad de medicina, se espera que los estudiantes aprendan una cantidad asombrosa de conceptos y datos. En el aula de anatomía, nuestros profesores nos decían que aprenderíamos aproximadamente unos 8.000 términos nuevos —los nombres de todos los músculos, ligamentos y tendones, de todas y cada una de las protuberancias de nuestra osamenta, de todos los nervios y todas las arterias, a dónde van y qué sustancia suministran, todas las glándulas y los nombres de quienes las descubrieron, así como tantas otras cosas. En estos primeros años de formación académica el alumno alcanza un punto de saturación, y piensa que si en verdad sus profesores esperan que memorice un solo concepto más, no le quedará otro remedio que eliminar un concepto viejo para así abrir un hueco donde incorporar el nuevo. Ante semejante problema, nosotros recurríamos a los códigos de la memoria, también llamados mnemónicos —palabras absurdas, frases peculiares o rimas de tipo infantil asociadas con las primeras letras de los nombres que necesitábamos recordar—. Se han escrito folletos enteros para catalogar estos códigos de la memoria que los estudiantes de medicina de todo el mundo han desarrollado para facilitar e impulsar la memorización de las interminables listas de nombres, hechos y conceptos que deben aprender de memoria. A modo de ejemplo: recordar los nombres de los ocho huesos de la muñeca —el escafoides, el semilunar, el piramidal, el pisiforme, el trapecio, el trapezoide, el grande y el hueso ganchoso— resulta mucho más sencillo si, en vez de esto, recordamos «Este sátiro pinta pelanduscas, tetas turgentes y gónadas gigantes» o «Ezequiel se pavonea por Teruel todo guapo y garboso».

Si en su caso funciona mejor, utilice la técnica mnemónica del absurdo en lugar del método de la imagen rara para recordar más fácilmente. Por ejemplo, para recordar todas las cosas que necesita comprar para la fiesta de su hija, haga la prueba con un mnemónico, tal como «Sonsoles pesca caballas con pilas en Venezuela». Es mucho más fácil recordar esta frase sin sentido que la lista completa de artículos, por cuanto la frase rondará su cabeza a modo de impulsora del recuerdo de todas las cosas que necesita: sandía, pintura para usar con las manos, calcetines, clavos, pelota y vídeo de *La Sirenita*. ¿Y qué decir de las diferentes escalas que tendrá que hacer para conseguir todas estas cosas? Tendrá que pasar por la tienda de Comestibles, por la papelería o la tienda de artículos de bellas Artes, por los grandes Almacenes, por la Ferretería, por la tienda de material Deportivo, y finalmente por el videoclub. Intente recordar esa lista en voz alta. Ahora, construya una palabra mnemónica sin sentido con las iniciales de cada una de las escalas: CAAFDV. Al recitar estas letras en voz alta descubrirá que poseen una suerte de ritmo y rima naturales que las hará memorables, aun cuando no tengan sentido alguno. A partir de ahí, usted podrá alterar el orden de las letras, invertirlas, todas o sólo algunas, hasta que consiga relacionarlas de manera tal que las retendrá sin dificultad, o logrará una secuencia que posea alguna significación clara. De ese modo recordará fácilmente las diferentes escalas que tendrá que hacer en su periplo.

Hacer estos ejercicios sencillos de manera habitual le ayudará a mejorar su capacidad de rememoración y pronto se encontrará diseñando casi instantáneamente códigos de memoria más inteligentes, prácticos, divertidos u ocurrentes, siempre que precise recordar una lista de cosas. En nuestro cerebro todo lo que no se usa se pierde. En consecuencia, acostumbrarse a realizar ejercicios para la memoria le servirá para mantener las conexiones cerebrales abiertas y en buen estado y sus circuitos perfectamente engrasados. Conviértalo en un hábito.

El negocio del ocio

El tiempo de ocio es para divertirse y para relajarse. Ahora bien, como muy pronto comprenderá, también es un tiempo clave para quienes desean mantener una buena salud cerebral. En cierto modo, intuitivamente nos parece contradictorio decir que divertirse y no trabajar puede, de hecho, ser bueno para el cerebro, si bien son muchos los estudios que desde mediados de los años noventa del siglo XX indican que es así. Además, las investigaciones revelan que nuestra conducta diaria puede incluso alterar la estructura celular de nuestro cerebro. Por ejemplo, cuando las ratas adultas viven en entornos complejos donde hay espejos, pelotas y otros juguetes que pueden manipular o con los que pueden jugar, lo cierto es que su cerebro presenta un aspecto diferente al microscopio que el de sus congéneres que habitan en un entorno más espartano.

Las células cerebrales de las ratas que viven en un entorno «enriquecido» tienen dendritas más largas y complejas —las proyecciones celulares que reciben las señales, una especie de antenas— y más puntos de conexión intercelular, lo cual convierte a su cerebro en un procesador más desarrollado y potente. Los ensayos realizados con niños, basados antes en el funcionamiento que en la arquitectura cerebral, avalan esta tesis. Los niños que han crecido en un entorno enriquecido y más estimulante obtienen mejores resultados en los test que los niños que se han criado en ambientes más austeros. Con todo, incluso los cerebros envejecidos responden a la estimulación. Los roedores más viejos que viven en entornos complejos evidencian un mejor desempeño en los procesos de aprendizaje, de la memoria y de la motricidad, como correr por un laberinto, por ejemplo, al igual que sus congéneres más jóvenes. Todavía no se ha identificado la causa exacta de esta mejoría, si bien todo apunta a la interacción de ciertos compuestos químicos cerebrales que estimulan el crecimiento y la reparación de las células nerviosas, determinadas hormonas y los compuestos de señalización (neurotransmisores) que posibilitan la comunicación entre las células cerebrales. Lo antedicho es muy beneficioso para las ratas, pero ¿lo es también para nosotros?

Las líneas de investigación emergentes parecen insinuar que sí; que todo lo que hacemos, disfrutamos y nos rodea (nuestro entorno enriquecido o complejo, si lo prefiere) en el transcurso de nuestra vida puede tener una influencia cardinal en la mejor o peor vejez de nuestro cerebro. Algunos científicos opinan que ello se debe, al menos parcialmente, a un concepto denominado *reserva neural*, que puede definirse a grandes rasgos como la capacidad de reserva de nuestro cerebro, una suerte de cuenta mental de ahorros de materias blanca y gris que construimos a medida que crecemos y nos desarrollamos en respuesta a la interacción con el entorno.

El cerebro, con la oportunidad y la estimulación necesarias, construye una cantidad significativa de interconexiones redundantes, esto es, tiende cables y abre muchas rutas alternativas para realizar una tarea mental compleja. De ese modo, si una ruta quedase inutilizada a causa de un traumatismo o una enfermedad, otras rutas podrían recibir el testigo. Estas conexiones redundantes constituyen la reserva que estaría a nuestra disposición si fuese necesario. Cuantas más conexiones desarrollemos, mejor surtidos estaremos. En el plano estrictamente funcional, cuanto más nutrida esté nuestra cuenta neural de ahorros, mayor será el número de células cerebrales que podremos perder sin que ello suponga un riesgo para la buena salud mental y el correcto funcionamiento del cerebro. Así pues, ¿cómo podemos incrementar nuestro fondo de reservas? Esto puede hacerse mediante el aprendizaje y planteando desafíos continuamente a nuestro cerebro en maneras nuevas durante todas las épocas de la vida. Si durante la infancia esto sirve para construir un cerebro mejor, durante la edad adulta sirve para mantenerlo.

La ciencia ha documentado el hecho de que cuanto más prolongada es la educación formal de un individuo, mayor es su reserva neural. Observados durante largos períodos de tiempo, estos individuos más educados parecen funcionar mejor y experimentar una pérdida de potencia mental menor. Ahora bien, la educación puede resolverse en muchas formas y continúa (o debería continuar, si hablamos de mantener la agudeza mental) hasta mucho después de haber colgado la toga y el birrete. Los ensayos clínicos certifican esta relación entre la estimulación mental en curso —que incluye no sólo el aprendizaje formal, académico, sino también la diversidad, la novedad y la frecuencia con que se participa en actividades de ocio mentalmente estimulantes— y la preservación de la reserva neural.

Un estudio interesante, llamado Bronx Aging Study, realizó un seguimiento de más de 400 individuos (de edad superior a los setenta y cinco aunque todavía mentalmente lúcidos) durante un período de más de cinco años. Al inicio de este estudio, los investigadores recopilaron datos acerca de la frecuencia con la que estos sujetos participaban en actividades estimulantes para el cerebro tales como leer, escribir, hacer crucigramas, jugar a las cartas u otros juegos de mesa, participar en debates grupales o interpretar música, al objeto de generar lo que en término científicos suele denominarse un registro de la actividad cognitiva. Cada incremento de 1 punto en este registro combinado pronosticaba un descenso del 5% en el riesgo de que un individuo sufriese un deterioro significativo de la memoria. Los hallazgos del citado estudio guardan coherencia con otro estudio del envejecimiento realizado con una población de más de 5.000 residentes mayores de cincuenta y cinco años y pertenecientes a una comunidad urbana de origen chino. El segundo estudio, asimismo basado en la frecuencia con la que participaban en actividades mentalmente estimulantes similares a las anteriores, reveló el mismo descenso del 5% en el riesgo de sufrir una pérdida de memoria por cada incremento de 1 punto en el registro combinado de cada individuo analizado. Estos resultados beneficiosos procedían, fundamentalmente, de su participación en actividades de lectura y en juegos de mesa tradicionales chinos como, por ejemplo, el *mahjong*. No obstante, en una interesante nota al margen los investigadores aseguraban haber detectado un mayor riesgo, cifrado en un incremento del 20%, de padecer un declive mental asociado con ver la televisión, circunstancia ésta que una vez más pone de relieve la importancia de hacer un uso activo del cerebro antes que dejarse seducir por las actividades pasivas.

Está comprobado que participar en actividades de ocio mentalmente estimulantes y que nos plantean desafíos, es muy útil a la hora de preservar la agudeza mental, no sólo en la segunda mitad de nuestra vida sino en todas sus épocas. Optar por aquellas actividades de ocio que proporcionen un entorno más complejo y enriquecido —leer, escribir, tocar un instrumento musical, hacer rompecabezas, jugar a los naipes u otros entretenimientos de mesa, participar en debates grupales, asistir a clases de educación para adultos, etc.— le ayudará a mantener la mejor salud cerebral posible. Y un cerebro que funciona tan bien como puede es también un cerebro que resistirá, en la medida de sus posibilidades, los estragos causados por el paso del tiempo.

Para empezar y para limpiar el óxido cerebral, he diseñado una serie de ejercicios de entrenamiento. Plantéeselos como si se tratara de un gimnasio pensado para ejercitar el cerebro. Como verá, este entrenamiento consiste en una serie de rutinas cerebrales que es necesario realizar diariamente. Asimismo, he incluido un régimen que le servirá para evaluar sus progresos. Este régimen está compuesto por dos test que deben realizarse conjuntamente el mismo día una vez cada cuatro semanas. Encárelos como si fuesen los exámenes parciales que hacía en su época escolar o universitaria. Recuerde que los profesores diseñaban estos exámenes al objeto de evaluar sus conocimientos de la materia impartida. Además, le facilito unas gráficas donde podrá situar los resultados obtenidos para así compararlos y observar su evolución tanto en los test como en los ejercicios integrados en el programa Brain Trust. *Antes* de comenzar el programa de ejercicios de entrenamiento, sométase a los dos test iniciales (Semana 0) que figuran en las páginas 211 y 217 con el fin de determinar el nivel actual de sus funciones cerebrales, e incorpore los resultados de ambos a las gráficas correspondientes.

Gimnasia mental

La parte del programa Brain Trust centrada en la gimnasia mental comprende 28 grupos de cálculos aparentemente sencillos (ejercicios aritméticos) y dos exámenes de las funciones cerebrales, el Test del funcionamiento de la memoria y el Test del rastreo. Los ejercicios están diseñados con el propósito de trabajar muchas regiones cerebrales de manera simultánea. Los dos test le proporcionan una manera de observar su evolución y cuantificar sus progresos.

En el campo de la educación física, se ha demostrado repetidas veces que sólo se obtiene un incremento máximo en la masa muscular cuando los ejercicios de levantamiento de pesas se realizan de la manera correcta. Pues bien, esta misma lógica es aplicable al cerebro. Para optimizar la mejoría funcional, las instrucciones que aquí se dan deben observarse *escrupulosamente y exactamente como se indica*. Será muy útil dedicar un momento a discutir las razones que justifican lo que acabo de decir. Estas instrucciones derivan de la observación científica de individuos cuyos cerebros fueron analizados mientras desarrollaban algunas tareas mentales concretas.

Las tareas mentales se formularon de manera tal que pudieran llevarse a cabo mientras los sujetos eran sometidos a un escáner cerebral del tipo MRI. Se utilizó un protocolo especial para el análisis que permitía a los investigadores identificar las áreas del cerebro que se activaban durante la realización de las tareas asignadas. Este sistema recibe el nombre de MRI funcional (fMRI), o también Imagen por Resonancia Magnética Funcional. La palabra *funcional* denota que este tipo de examen está referido al hecho de que ciertas regiones del cerebro se activan cuando es necesario realizar una función específica requerida.

Del mismo modo que activar más fibras musculares posibilita la generación de una mayor potencia muscular, activar más regiones cerebrales incrementa la capacidad procesadora del cerebro. Aquellas tareas que propician una mayor iluminación de la superficie del cerebro en el escáner fMRI también se corresponden con un mejor funcionamiento, una mayor capacidad para rememorar las cosas y una capacidad de aprendizaje asimismo mejorada. Esto significa que los ejercicios mentales que sirven para activar más zonas del cerebro favorecen el aprendizaje. Por consiguiente, he seleccionado una serie de ejercicios que requieren estímulos procedentes del mayor número posible de células nerviosas. Se trata de una serie de cálculos aritméticos secuenciales cronometrados que deben leerse en voz alta a medida que usted los realiza; además, tendrá que escribir los resultados numéricos con palabras. He aquí todas las instrucciones.

¿Cómo es posible que unos cálculos aritméticos tan aparentemente sencillos estimulen tanto el cerebro? Adentrémonos en la operación aritmética de muestra: $9 - 5 + 3 = $ _____. Para empezar, el cerebro debe concentrarse en realizar la primera operación, nueve menos cinco, que es igual a cuatro. Seguidamente, reteniendo este primer resultado en el banco de datos de nuestra memoria, tendremos que hacer el segundo cálculo: cuatro más tres es igual a siete. Sin embargo, en lugar de escribir el número 7 en el espacio destinado para el resultado, tendremos que anotar la palabra *siete*. Esto obliga al cerebro a traducir el guarismo 7 al código alfabético, la palabra *siete*. Ahora bien, no sólo es necesario realizar el cálculo, sino que también debemos repetir cada operación en voz alta: nueve menos cinco es igual a cuatro, y cuatro más tres es igual a siete. Esta verbalización agrega un nuevo nivel de complejidad a nuestro ejercicio. Un proceso como el descrito exige el uso de nuestras habilidades de cálculo y del lenguaje, amén de que nos obliga a cambiar de uno a otro código según la fase del proceso que estemos resolviendo. Así las cosas, activaremos los centros cerebrales responsables de las operaciones aritméticas, por un lado, y luego enviaremos un mensaje a los centros del lenguaje para que podamos traducir el resultado numérico al código lingüístico; en última instancia, activaremos las regiones motoras encargadas de traducir el pensamiento en lenguaje hablado y sonoro. Puesto que todo el ejercicio se realiza de manera cronometrada, esto supondrá una demanda añadida al cómputo cerebral. Si tuviésemos la oportunidad de visualizar las regiones cerebrales cuya participación se ve comprometida para satisfacer estas demandas, nos daríamos cuenta de que casi todo el cerebro está funcionando.

Las funciones cerebrales que siguen son necesarias para completar satisfactoriamente los ejercicios que integran el Entrenamiento con Gimnasia Mental, siempre y cuando se realicen exactamente como aquí se prescribe: la memoria práctica, el cálculo, el lenguaje, la capacidad de concentración, la atención, la coordinación mano-ojo, el procesamiento visual, el procesamiento auditivo, la velocidad de procesamiento mental, la función motora (del movimiento), la función táctil (del tacto), la función espacial, la vigilancia, la flexibilidad mental y, finalmente, la comunicación entre los dos hemisferios cerebrales, por sólo mencionar unas pocas.

Nota: Estos ejercicios están pensados para que usted los emplee en beneficio propio, y en ningún caso para que compita con sus parientes o amigos.

EL ENTRENAMIENTO CON GIMNASIA MENTAL

A modo de recordatorio decir que antes de empezar estos ejercicios tendrá que completar la versión inicial (Semana 0) del Test del funcionamiento de la memoria (véase la página 211) y del Test del rastreo (véase la página 217), e introducir los resultados obtenidos en la gráfica correspondiente.

Cada día durante un total de 28, complete una página de ejercicios de entrenamiento, cada una integrada por 40 operaciones aritméticas. Deberá corroborar la precisión de sus respuestas consultando los resultados que figuran en las páginas 207-210, y seguidamente introducir sus resultados diarios en el Registro de Resultados de Gimnasia Mental de la página 206.

Al finalizar la primera ronda de ejercicios de 28 días (en algún momento del día 28 después de haber concluido la última sesión de entrenamiento), debería realizar el Test del funcionamiento de la memoria y el Test del rastreo correspondientes a la semana 4 y anotar sus resultados.

Al día siguiente, usted tendrá que empezar un nuevo ciclo de 28 días de los ejercicios de Entrenamiento del Cerebro seguido por el Test del funcionamiento de la memoria y el Test del rastreo aplicables a la semana 8. Es necesario repetir este proceso cada 4 semanas.

Al objeto de ejercitar su cerebro en condiciones óptimas, le recomiendo que se instale en una habitación tranquila con un lápiz y una hoja de papel cuadriculado, además de un temporizador o un cronómetro. En la parte superior de la hoja anote el día (Día 1, Día 2, y así sucesivamente) y la fecha. Escriba números del 1 al 40 en el papel cuadriculado. Junto a cada número anotará sus respuestas para cada una de las 40 operaciones propuestas.

- Lea cada operación *en voz alta* a medida que realice cada paso del cálculo. Por ejemplo: «tres por dos es igual a seis; seis menos cuatro es igual a dos». Tendrá que hacer todos los cálculos mentalmente. No utilice el lápiz para anotar en primera instancia las operaciones y luego pasarlas a la hoja de papel cuadriculado.
- En la hoja de papel cuadriculado, *escriba* la respuesta para cada operación junto al número que le corresponde, del 1 al 40. *Nota*: la respuesta debe expresarse con palabras. Por ejemplo: *cuatro* o *nueve*, no *4* ni *9*. Proceda tan rápidamente como pueda, sin que ello menoscabe su precisión a la hora de realizar las operaciones aritméticas. Si resulta que una o dos de sus respuestas son incorrectas, necesitará dedicar más tiempo a cada operación para así mejorar su desempeño. (Le recuerdo que hallará las respuestas correctas en las páginas 207-210.)
- Cuando haya terminado, anote el tiempo (expresado en segundos) que ha dedicado a resolver las cuarenta operaciones. Escriba el tiempo empleado en el Registro de Resultados de Gimnasia Mental que figura en la página 165. La gráfica proporciona espacio suficiente para marcar los resultados de 28 evaluaciones. Fotocopie esta gráfica de manera que pueda utilizarla en ulteriores rondas de ejercicios. Contraste sus respuestas con las que aparecen en la página de respuestas. El objetivo es ajustar su velocidad para así mejorar la precisión en la resolución de los ejercicios subsiguientes.
- Al finalizar cada ciclo de 28 ejercicios, realice los Test del funcionamiento de la memoria y del rastreo correspondientes a ese ciclo de 4 semanas. Tendrá que completar ambas evaluaciones el mismo día 28, después de que haya terminado la sesión de Gimnasia Mental. Anote la puntuación obtenida en ambos test en las páginas 215 y 231 respectivamente.

EJERCICIO DE GIMNASIA MENTAL

Día 1   **Fecha**_____   **Tiempo**_____

1. $3\times4-5=$____

2. $7-3+6=$____

3. $2+4-1=$____

4. $8+3-2=$____

5. $1+4+4=$____

6. $4\times4-7=$____

7. $5-4+8=$____

8. $9-4\times2=$____

9. $6\times3-9=$____

10. $3+8-5=$____

11. $8-5\times2=$____

12. $3\times5-8=$____

13. $6-4\times3=$____

14. $5-2+7=$____

15. $2+8-5=$____

16. $3-1\times4=$____

17. $9+4-3=$____

18. $7-1+3=$____

19. $3+6-5=$____

20. $7-1+4=$____

21. $6+2\times1=$____

22. $4-1\times3=$____

23. $1+7\times1=$____

24. $3\times4-7=$____

25. $2\times5-3=$____

26. $4\times3-5=$____

27. $4\times2-4=$____

28. $8-1+3=$____

29. $1\times8-5=$____

30. $5\times3-7=$____

31. $9-7\times3=$____

32. $7+4-3=$____

33. $9-7-1=$____

34. $8-5\times2=$____

35. $7\times2-5=$____

36. $2\times5-3=$____

37. $1+6-2=$____

38. $4-1\times3=$____

39. $3+5-7=$____

40. $6-3+7=$____

Día 2   Fecha_____   Tiempo_____

1. $4\times3-5=$____

2. $3\times4-5=$____

3. $9-3+2=$____

4. $3+8-4=$____

5. $8\times2-6=$____

6. $7+2-3=$____

7. $1+3\times2=$____

8. $2+6-4=$____

9. $7+2-8=$____

10. $2\times6-8=$____

11. $6\times2-5=$____

12. $3-1+8=$____

13. $2+6\times1=$____

14. $8+7-9=$____

15. $7\times2-8=$____

16. $8+3-5=$____

17. $9-4+3=$____

18. $4+6-3=$____

19. $6+8-5=$____

20. $5+6-7=$____

21. $4\times4-8=$____

22. $2\times9-8=$____

23. $1+7-5=$____

24. $9-7+8=$____

25. $2\times9-8=$____

26. $2\times8-7=$____

27. $2+6+2=$____

28. $6\times3-9=$____

29. $7+1-6=$____

30. $2\times4-3=$____

31. $1+6-4=$____

32. $3\times4-7=$____

33. $2\times6-4=$____

34. $7\times2-5=$____

35. $5-2\times2=$____

36. $7-6\times6=$____

37. $7\times2-4=$____

38. $4-2\times4=$____

39. $8+4-7=$____

40. $3\times2-4=$____

Día 3   **Fecha**_____   **Tiempo**_____

1. $7+8-6=$____

2. $4-3\times2=$____

3. $2-1\times9=$____

4. $8-5\times3=$____

5. $2\times5-3=$____

6. $3+6-2=$____

7. $1\times7-5=$____

8. $5+6-4=$____

9. $3\times5-7=$____

10. $7-4\times2=$____

11. $4+7-5=$____

12. $2\times7-4=$____

13. $9+3-7=$____

14. $7+3-4=$____

15. $1+8-6=$____

16. $3+3-5=$____

17. $5\times3-9=$____

18. $6+7-4=$____

19. $8+6-5=$____

20. $5+3-5=$____

21. $6\times2-5=$____

22. $5+3\times1=$____

23. $3\times6-8=$____

24. $4+6-3=$____

25. $6-4+8=$____

26. $2\times8-7=$____

27. $1+3-2=$____

28. $9+4-5=$____

29. $7+5-6=$____

30. $6+4-2=$____

31. $6+4-7=$____

32. $7\times2-4=$____

33. $4+4-6=$____

34. $9-7\times5=$____

35. $3\times5-8=$____

36. $8+4-7=$____

37. $2\times6-7=$____

38. $1+6-4=$____

39. $4\times4-8=$____

40. $3\times2-5=$____

Día 4   **Fecha**_____   **Tiempo**_____

1. $4+6-2=$____   11. $8-5+6=$____   21. $5\times2-4=$____   31. $6\times2-5=$____

2. $6\times2-8=$____   12. $9-5\times2=$____   22. $4\times3-6=$____   32. $6+3-5=$____

3. $5+3-7=$____   13. $5-4\times7=$____   23. $9+5-6=$____   33. $3+6-5=$____

4. $4\times4-8=$____   14. $2\times8-7=$____   24. $2+6-7=$____   34. $8-4\times2=$____

5. $2+7-8=$____   15. $7\times2-9=$____   25. $3\times6-8=$____   35. $2\times4-6=$____

6. $7-5\times5=$____   16. $3\times5-7=$____   26. $1+5+4=$____   36. $5-1+4=$____

7. $8+8-9=$____   17. $2\times8-9=$____   27. $8-6+3=$____   37. $4\times2+2=$____

8. $8-3+5=$____   18. $7+2-5=$____   28. $6\times3-8=$____   38. $9-6\times3=$____

9. $3+4-2=$____   19. $8-5\times3=$____   29. $7-4\times2=$____   39. $1+8-6=$____

10. $2+5-4=$____   20. $8-1-4=$____   30. $6+3-7=$____   40. $3\times1+6=$____

Día 5   **Fecha**_____   **Tiempo**_____

1. $2\times7-6=$____   11. $7+3-6=$____   21. $3\times2-5=$____   31. $1+8-5=$____

2. $5-2\times2=$____   12. $6+1-2=$____   22. $4+3+2=$____   32. $3-1\times5=$____

3. $4+5-3=$____   13. $3\times1+6=$____   23. $2+9-5=$____   33. $8-4+5=$____

4. $9-6\times2=$____   14. $7-4+3=$____   24. $5+4-5=$____   34. $7-4\times2=$____

5. $4+3-1=$____   15. $2+6-5=$____   25. $1+5-4=$____   35. $2\times4-6=$____

6. $1\times5+3=$____   16. $6-5+4=$____   26. $7-5\times3=$____   36. $8-6\times2=$____

7. $9-6\times3=$____   17. $4\times4-9=$____   27. $2\times3+4=$____   37. $9-8+7=$____

8. $3+7-5=$____   18. $1+8-5=$____   28. $9+7-8=$____   38. $2\times7-5=$____

9. $8\times2-7=$____   19. $2+6-5=$____   29. $8-5\times2=$____   39. $4+9-7=$____

10. $9+4-8=$____   20. $5\times3-7=$____   30. $6-5+7=$____   40. $6+9-7=$____

Día 6   **Fecha**_____   **Tiempo**_____

1. $5 \times 3 - 8 =$____   11. $4 + 7 - 5 =$____   21. $8 - 6 \times 2 =$____   31. $7 + 8 - 6 =$____

2. $4 + 9 - 5 =$____   12. $2 \times 7 - 8 =$____   22. $7 + 6 - 9 =$____   32. $5 \times 3 - 8 =$____

3. $2 \times 4 - 2 =$____   13. $3 \times 5 - 6 =$____   23. $7 - 2 + 4 =$____   33. $2 \times 2 + 5 =$____

4. $1 + 7 - 4 =$____   14. $6 - 3 \times 2 =$____   24. $2 \times 6 - 7 =$____   34. $9 + 5 - 7 =$____

5. $5 + 7 - 6 =$____   15. $1 + 6 - 3 =$____   25. $2 \times 5 - 8 =$____   35. $4 \times 4 - 8 =$____

6. $8 \times 2 - 7 =$____   16. $7 \times 2 - 6 =$____   26. $1 + 5 - 3 =$____   36. $3 \times 4 - 7 =$____

7. $2 + 7 - 5 =$____   17. $1 + 8 - 3 =$____   27. $6 + 7 - 4 =$____   37. $7 - 5 + 3 =$____

8. $8 + 7 - 9 =$____   18. $3 \times 4 - 5 =$____   28. $5 - 3 \times 2 =$____   38. $8 \times 2 - 7 =$____

9. $6 + 8 - 5 =$____   19. $9 - 6 \times 2 =$____   29. $3 \times 2 - 4 =$____   39. $1 + 7 - 5 =$____

10. $9 - 6 \times 3 =$____   20. $8 + 7 - 6 =$____   30. $2 \times 4 + 2 =$____   40. $5 \times 3 - 8 =$____

Día 7   **Fecha**_____   **Tiempo**_____

1. $4+7-5=$_____   11. $7-5\times3=$_____   21. $8-5\times3=$_____   31. $8+7-9=$_____

2. $6\times2-3=$_____   12. $5-4\times6=$_____   22. $7\times2-6=$_____   32. $9-6\times3=$_____

3. $1+7-5=$_____   13. $2\times4-5=$_____   23. $6-4\times3=$_____   33. $1+6-5=$_____

4. $3\times4-7=$_____   14. $1+9-5=$_____   24. $2\times2+5=$_____   34. $2\times4-2=$_____

5. $5\times3-7=$_____   15. $4\times3-9=$_____   25. $3\times5-8=$_____   35. $5+7-4=$_____

6. $3+7-5=$_____   16. $5+8-7=$_____   26. $9+7-8=$_____   36. $4\times3-8=$_____

7. $8+5-7=$_____   17. $4+4+2=$_____   27. $7+7-9=$_____   37. $4\times3-7=$_____

8. $9-6\times3=$_____   18. $6-5+7=$_____   28. $8+5-6=$_____   38. $3\times2+4=$_____

9. $7-2\times2=$_____   19. $9+7-6=$_____   29. $3+8-4=$_____   39. $2\times6-3=$_____

10. $2+5-3=$_____   20. $5-1\times2=$_____   30. $2+9-7=$_____   40. $6\times2-3=$_____

Día 8   **Fecha**_____   **Tiempo**_____

1. $4+7-9=$____   11. $6-4\times2=$____   21. $7+5-6=$____   31. $8\times2-7=$____

2. $9+3-7=$____   12. $5\times2-6=$____   22. $8+5-7=$____   32. $2\times5-4=$____

3. $3\times3-4=$____   13. $2\times4-5=$____   23. $5\times3-8=$____   33. $2+3-4=$____

4. $2\times5-3=$____   14. $7\times2-9=$____   24. $6-4\times5=$____   34. $1+7-5=$____

5. $8-5\times3=$____   15. $3+8-7=$____   25. $2+7-5=$____   35. $5\times3-7=$____

6. $9+4-7=$____   16. $7\times2-8=$____   26. $6+5-8=$____   36. $6-2+6=$____

7. $3\times4-7=$____   17. $8-1+2=$____   27. $2+7-5=$____   37. $9\times1-4=$____

8. $7\times2-6=$____   18. $3+7-5=$____   28. $1+7-5=$____   38. $5\times3-6=$____

9. $5+7-9=$____   19. $4+7-5=$____   29. $3\times2+4=$____   39. $7-4\times3=$____

10. $9-7\times5=$____   20. $2+7-3=$____   30. $7-3\times2=$____   40. $6+3-7=$____

Día 9 Fecha_____ **Tiempo**_____

1. $6+7-5=$____

11. $5-2\times2=$____

21. $2\times7-6=$____

31. $3+8-7=$____

2. $2+6-5=$____

12. $3\times4-7=$____

22. $6-2+5=$____

32. $4-1\times3=$____

3. $8-4\times2=$____

13. $2+7-6=$____

23. $3\times2+3=$____

33. $2+3-1=$____

4. $9+6-8=$____

14. $8-1+3=$____

24. $7+6-9=$____

34. $7+6-5=$____

5. $4\times3-5=$____

15. $9-5\times2=$____

25. $5\times2-7=$____

35. $1+6+2=$____

6. $7\times2-8=$____

16. $2+6-4=$____

26. $9-6+7=$____

36. $3+9-7=$____

7. $3\times4-7=$____

17. $4\times4-8=$____

27. $8-5\times2=$____

37. $6\times3-9=$____

8. $6-1\times2=$____

18. $7-5\times5=$____

28. $7+1-5=$____

38. $9+7-9=$____

9. $7+6-8=$____

19. $3\times5-9=$____

29. $2\times4+2=$____

39. $8\times2-7=$____

10. $5+9-7=$____

20. $7\times2-8=$____

30. $8+7-9=$____

40. $6+7-8=$____

Día 10　　　　**Fecha**_____　　　　**Tiempo**_____

1. $7+6-5=$____　　　11. $4\times3-9=$____　　　21. $2\times8-7=$____　　　31. $7-2\times2=$____

2. $3+6-4=$____　　　12. $4+5-7=$____　　　22. $5\times3-5=$____　　　32. $9-7+5=$____

3. $4\times4-8=$____　　　13. $9+8-7=$____　　　23. $3\times3+1=$____　　　33. $8+7-6=$____

4. $2+9-5=$____　　　14. $7\times2-9=$____　　　24. $8+1-5=$____　　　34. $6-4\times3=$____

5. $6+7-8=$____　　　15. $2\times5-6=$____　　　25. $4\times3-7=$____　　　35. $2+7-6=$____

6. $8\times2-7=$____　　　16. $6\times3-9=$____　　　26. $2+7-5=$____　　　36. $6+7-9=$____

7. $5\times3-7=$____　　　17. $3\times5-7=$____　　　27. $9+3-7=$____　　　37. $5+8-6=$____

8. $2+2\times2=$____　　　18. $8+7-5=$____　　　28. $5+1-4=$____　　　38. $3\times2-4=$____

9. $7+6-8=$____　　　19. $6\times2-5=$____　　　29. $2+7+1=$____　　　39. $5-1\times2=$____

10. $9+2-6=$____　　　20. $9+4-8=$____　　　30. $5\times2-7=$____　　　40. $4\times4-9=$____

Día 11   **Fecha**_____   **Tiempo**_____

1. $4\times3-7=$____   11. $7-4\times3=$____   21. $9-7\times3=$____   31. $8+5-7=$____

2. $5+6-4=$____   12. $8-6\times4=$____   22. $3\times4-8=$____   32. $9-7+5=$____

3. $9-8\times7=$____   13. $3\times6-9=$____   23. $2+8-6=$____   33. $4\times2+2=$____

4. $6\times2-7=$____   14. $2\times7-7=$____   24. $7+6-8=$____   34. $5\times1-3=$____

5. $2+8-7=$____   15. $5+9-7=$____   25. $1+6-4=$____   35. $3\times5-8=$____

6. $6-5+7=$____   16. $4\times4-9=$____   26. $8\times2-9=$____   36. $2+5-3=$____

7. $7\times2-6=$____   17. $5\times2-3=$____   27. $6\times3-8=$____   37. $8+7-9=$____

8. $3+9-7=$____   18. $4+8-6=$____   28. $5+1-2=$____   38. $2\times6-7=$____

9. $9+5-7=$____   19. $8-5\times2=$____   29. $4\times3-7=$____   39. $3\times5-7=$____

10. $6+3-7=$____   20. $7+1-6=$____   30. $2\times4-1=$____   40. $6-3\times3=$____

Día 12   Fecha_____   Tiempo_____

1. $7-5+2=$_____   11. $8+6-7=$_____   21. $9+4-8=$_____   31. $2\times5-7=$_____

2. $2+9-6=$_____   12. $2\times8-9=$_____   22. $6+5-7=$_____   32. $5+9-8=$_____

3. $3\times5-7=$_____   13. $6\times1+4=$_____   23. $3\times3+1=$_____   33. $2\times7-8=$_____

4. $6-4\times4=$_____   14. $5+3-2=$_____   24. $7\times2-7=$_____   34. $3+9-6=$_____

5. $5\times3-9=$_____   15. $7+6-5=$_____   25. $2\times5-7=$_____   35. $2\times1+7=$_____

6. $9-5\times2=$_____   16. $1+6-3=$_____   26. $4\times1+6=$_____   36. $3\times4-9=$_____

7. $2\times7-5=$_____   17. $3+7-8=$_____   27. $1+7-5=$_____   37. $8\times2-7=$_____

8. $1+6-4=$_____   18. $4\times3-9=$_____   28. $8-6\times3=$_____   38. $7\times2-9=$_____

9. $4+8-6=$_____   19. $8-7\times3=$_____   29. $5\times1-4=$_____   39. $6\times3-9=$_____

10. $5+7-8=$_____   20. $9+2-8=$_____   30. $6\times2-7=$_____   40. $8-4\times2=$_____

Día 13   **Fecha**_____   **Tiempo**_____

1. $5\times3-8=$____   11. $7-5\times5=$____   21. $8+5-6=$____   31. $2+5-3=$____

2. $7+7-9=$____   12. $3\times5-9=$____   22. $2+7-5=$____   32. $5-4+9=$____

3. $2\times2-1=$____   13. $6-5+8=$____   23. $3\times3+1=$____   33. $7+3-6=$____

4. $3+8-4=$____   14. $2\times6-5=$____   24. $1+8-3=$____   34. $6+4-7=$____

5. $7-5\times4=$____   15. $9+3-6=$____   25. $5\times3-8=$____   35. $3\times4-9=$____

6. $2+6+1=$____   16. $1\times6-5=$____   26. $4\times4-8=$____   36. $2\times2+6=$____

7. $5-3+7=$____   17. $8+6-7=$____   27. $9-6\times3=$____   37. $7+6-8=$____

8. $9+2-6=$____   18. $4\times3-7=$____   28. $6\times2-7=$____   38. $1+7-5=$____

9. $8-6\times5=$____   19. $2\times2+6=$____   29. $3\times5-8=$____   39. $7+6-7=$____

10. $5+9-7=$____   20. $7-4\times3=$____   30. $8\times2-7=$____   40. $2+6-3=$____

Día 14 Fecha_____ Tiempo_____

1. $9-7+5=$____   11. $7\times2-6=$____   21. $8+8-9=$____   31. $4\times2+2=$____

2. $5\times3-8=$____   12. $7-5\times3=$____   22. $8+3-9=$____   32. $7+6-8=$____

3. $4\times3-7=$____   13. $6+5-7=$____   23. $5\times2-7=$____   33. $3\times4-9=$____

4. $9-7\times2=$____   14. $3\times5-8=$____   24. $8-6\times5=$____   34. $6+5-7=$____

5. $5+5-6=$____   15. $2\times8-6=$____   25. $6+8-6=$____   35. $2+4-5=$____

6. $2+7-4=$____   16. $8-5\times3=$____   26. $1+8+1=$____   36. $2\times2\times2=$____

7. $9-8\times5=$____   17. $2\times5-6=$____   27. $9-2+3=$____   37. $5\times3-8=$____

8. $3\times4-7=$____   18. $2\times4-5=$____   28. $5\times2-9=$____   38. $2\times4+2=$____

9. $3\times5-7=$____   19. $1+7-5=$____   29. $2+9-7=$____   39. $5-4+8=$____

10. $7-3\times2=$____   20. $6+4-3=$____   30. $3+9-4=$____   40. $6+5-8=$____

Día 15 Fecha_____ Tiempo_____

1. $2+1+7=$____

2. $6\times3-9=$____

3. $1+4\times2=$____

4. $2\times5-6=$____

5. $5\times3-9=$____

6. $7+5-6=$____

7. $6-5+3=$____

8. $7+7-8=$____

9. $4\times2-1=$____

10. $3\times3+1=$____

11. $7-4\times3=$____

12. $7-5\times2=$____

13. $3\times3+1=$____

14. $7-5\times5=$____

15. $5-4\times7=$____

16. $2+6-5=$____

17. $6\times1+4=$____

18. $7-6+3=$____

19. $1+7-3=$____

20. $9-7\times4=$____

21. $6+5-7=$____

22. $5\times1+4=$____

23. $4\times2-6=$____

24. $3+7-4=$____

25. $7+5-6=$____

26. $9-2+3=$____

27. $5-3+7=$____

28. $2+3-1=$____

29. $1\times5+4=$____

30. $2\times4-7=$____

31. $9+1-6=$____

32. $3\times4-7=$____

33. $6\times2-7=$____

34. $2\times4-1=$____

35. $1+3-2=$____

36. $7-6+4=$____

37. $5-4+7=$____

38. $3\times2+4=$____

39. $7-5\times5=$____

40. $6-4\times2=$____

Día 16   **Fecha**_____   **Tiempo**_____

1. $6\times3-9=$____

11. $6-4\times4=$____

21. $6+3-8=$____

31. $2+7+1=$____

2. $4-3+6=$____

12. $6+1-2=$____

22. $3\times5-8=$____

32. $1\times5+4=$____

3. $7-2\times2=$____

13. $8-6\times5=$____

23. $7+5-9=$____

33. $2+1+2=$____

4. $6+7-4=$____

14. $5\times2-9=$____

24. $5\times2-7=$____

34. $3+4-6=$____

5. $5-3+7=$____

15. $9+5-6=$____

25. $7-6+2=$____

35. $6+4-2=$____

6. $1+6+2=$____

16. $2\times5-7=$____

26. $3\times5-9=$____

36. $3\times3+1=$____

7. $5+1-4=$____

17. $6-4\times3=$____

27. $7+6-9=$____

37. $2\times7-6=$____

8. $7+7-8=$____

18. $5-3\times4=$____

28. $2\times2+3=$____

38. $9-6\times3=$____

9. $2+4-5=$____

19. $2+1\times1=$____

29. $7+5-3=$____

39. $9-7\times3=$____

10. $4\times2-7=$____

20. $7-5\times2=$____

30. $3\times1+6=$____

40. $7-4\times3=$____

Día 17   **Fecha**_____   **Tiempo**_____

1. $1+9-5=$____

2. $3\times5-9=$____

3. $5\times2-8=$____

4. $5\times1+4=$____

5. $9+3-5=$____

6. $4\times3-7=$____

7. $5\times2-7=$____

8. $2\times6-7=$____

9. $5\times1+4=$____

10. $6-4\times3=$____

11. $6\times2-9=$____

12. $2+4-5=$____

13. $4\times3-8=$____

14. $2+9-7=$____

15. $7+6-4=$____

16. $2\times5-6=$____

17. $1+5-3=$____

18. $5+4-7=$____

19. $3\times3-1=$____

20. $9+6-8=$____

21. $2+8-7=$____

22. $7-3\times2=$____

23. $6\times2-5=$____

24. $5\times2-8=$____

25. $2\times3+4=$____

26. $7-5\times2=$____

27. $7\times2-5=$____

28. $7+5-8=$____

29. $6-4\times3=$____

30. $4\times3-7=$____

31. $5+3-7=$____

32. $6-5+4=$____

33. $7-5\times3=$____

34. $1\times8-7=$____

35. $8-7+1=$____

36. $9+3-5=$____

37. $8+3-6=$____

38. $3-2+7=$____

39. $7-1+2=$____

40. $8+4-5=$____

Día 18   **Fecha**_____   **Tiempo**_____

1. $7-5\times4=$____   11. $8-3+5=$____   21. $2+9-7=$____   31. $8+5-7=$____

2. $2+7-9=$____   12. $1+7-2=$____   22. $6\times2-7=$____   32. $3\times3-2=$____

3. $5\times2-9=$____   13. $7-5\times4=$____   23. $7+5-4=$____   33. $3+1-2=$____

4. $8+5-7=$____   14. $4\times2+1=$____   24. $6\times2-9=$____   34. $2\times5-7=$____

5. $5+1+4=$____   15. $6\times1+2=$____   25. $7-4\times3=$____   35. $8+4-5=$____

6. $5\times3-8=$____   16. $6\times2-5=$____   26. $2+7-1=$____   36. $9-8\times1=$____

7. $4\times3-7=$____   17. $3\times3-5=$____   27. $1+9-5=$____   37. $8+6-7=$____

8. $2\times5-7=$____   18. $8+5-7=$____   28. $5-4+2=$____   38. $6+1-5=$____

9. $4\times3-7=$____   19. $5+3-6=$____   29. $8-6\times3=$____   39. $5\times1+3=$____

10. $1\times9-5=$____   20. $6-1+4=$____   30. $2-1+4=$____   40. $7-3+4=$____

Día 19   **Fecha**_____   **Tiempo**_____

1. $8+3-4=$____   11. $3\times4-7=$____   21. $5+6-3=$____   31. $9+1-5=$____

2. $4\times2+2=$____   12. $6-4\times5=$____   22. $9-7+2=$____   32. $2\times6-8=$____

3. $3\times3-5=$____   13. $7-5\times4=$____   23. $6+6-7=$____   33. $4\times3-6=$____

4. $1+7+1=$____   14. $2+1\times3=$____   24. $7-5\times4=$____   34. $5+1-3=$____

5. $2\times4+1=$____   15. $7+4-9=$____   25. $8\times2-7=$____   35. $6+3-8=$____

6. $6+7-5=$____   16. $3\times4-4=$____   26. $8-6\times5=$____   36. $8-2-3=$____

7. $3+7-8=$____   17. $4+1-2=$____   27. $7+1-4=$____   37. $6\times2-5=$____

8. $4\times2-1=$____   18. $8+1-5=$____   28. $7-6\times5=$____   38. $5\times3-8=$____

9. $7-5\times4=$____   19. $9+3-7=$____   29. $6+3+1=$____   39. $4+6-8=$____

10. $9+2-7=$____   20. $7-5\times4=$____   30. $8-5\times3=$____   40. $4\times2+1=$____

Día 20   Fecha_____   Tiempo_____

1. $1+7-4=$____   11. $7-5\times4=$____   21. $8+5-4=$____   31. $9-8+7=$____

2. $6-5+4=$____   12. $2\times6-7=$____   22. $4\times1+6=$____   32. $5-3\times3=$____

3. $6-4\times5=$____   13. $4-3\times9=$____   23. $6\times2-9=$____   33. $2+5-4=$____

4. $5-3\times5=$____   14. $9-5\times2=$____   24. $6+7-4=$____   34. $7-5+4=$____

5. $9+2-5=$____   15. $4-2\times5=$____   25. $7+4-8=$____   35. $8-5\times3=$____

6. $6+5-7=$____   16. $7\times2-9=$____   26. $4+2-5=$____   36. $8-5\times3=$____

7. $4-3+7=$____   17. $5-2+3=$____   27. $7-5+1=$____   37. $5-3\times2=$____

8. $2+4+3=$____   18. $6-5+2=$____   28. $3\times4-5=$____   38. $8+1-5=$____

9. $6+1-3=$____   19. $2\times5-7=$____   29. $4-2\times4=$____   39. $8+1-7=$____

10. $6-1\times2=$____   20. $8+1-7=$____   30. $4+7-3=$____   40. $9-7\times3=$____

Día 21   **Fecha**_____   **Tiempo**_____

1. $5-4\times3=$____

2. $6+2-7=$____

3. $5\times1+4=$____

4. $2\times1+7=$____

5. $5-3\times4=$____

6. $1+5-2=$____

7. $5-4+7=$____

8. $4\times4-9=$____

9. $5\times3-8=$____

10. $5+4-3=$____

11. $8+4-7=$____

12. $7-5\times4=$____

13. $6-4\times2=$____

14. $4+5-1=$____

15. $4+1\times2=$____

16. $7+1-5=$____

17. $3+6-7=$____

18. $2\times2+5=$____

19. $7-6+4=$____

20. $2+6-4=$____

21. $7+3-8=$____

22. $6+3-1=$____

23. $8+1-7=$____

24. $4-2\times3=$____

25. $3+7-5=$____

26. $3\times2+1=$____

27. $6-4+3=$____

28. $1+5-3=$____

29. $9-6\times2=$____

30. $4\times2-1=$____

31. $3\times4-8=$____

32. $7+2-7=$____

33. $7+4-6=$____

34. $6+1-5=$____

35. $6-5\times7=$____

36. $8+3-5=$____

37. $9+2-7=$____

38. $8-5\times3=$____

39. $7-5\times4=$____

40. $3\times4-7=$____

Día 22　　　　**Fecha**＿＿＿＿＿　　　**Tiempo**＿＿＿＿＿

1. $4-2\times4=$＿＿＿　　11. $7-1+4=$＿＿＿　　21. $4+7-6=$＿＿＿　　31. $7-5\times2=$＿＿＿

2. $6-5\times7=$＿＿＿　　12. $4+2-5=$＿＿＿　　22. $3\times4-8=$＿＿＿　　32. $1\times5-4=$＿＿＿

3. $3\times3-6=$＿＿＿　　13. $5-2\times3=$＿＿＿　　23. $7-4-3=$＿＿＿　　33. $7+2-6=$＿＿＿

4. $5+3-4=$＿＿＿　　14. $2\times5-8=$＿＿＿　　24. $4\times3-6=$＿＿＿　　34. $6+5-9=$＿＿＿

5. $5-4+7=$＿＿＿　　15. $2-1+7=$＿＿＿　　25. $9+6-8=$＿＿＿　　35. $4\times2+2=$＿＿＿

6. $2\times6-8=$＿＿＿　　16. $4\times2-5=$＿＿＿　　26. $9-7\times4=$＿＿＿　　36. $7+5-9=$＿＿＿

7. $2+5-6=$＿＿＿　　17. $5-1\times2=$＿＿＿　　27. $6-3\times3=$＿＿＿　　37. $8-5\times2=$＿＿＿

8. $5+1-4=$＿＿＿　　18. $6+4-7=$＿＿＿　　28. $2+7-4=$＿＿＿　　38. $7-6+2=$＿＿＿

9. $8-5\times3=$＿＿＿　　19. $6+1-5=$＿＿＿　　29. $5-2+7=$＿＿＿　　39. $7-4\times3=$＿＿＿

10. $1+3-2=$＿＿＿　　20. $2+3-1=$＿＿＿　　30. $8-6\times4=$＿＿＿　　40. $5-1\times2=$＿＿＿

Día 23   **Fecha**_____   **Tiempo**_____

1. $6-4\times5=$____
2. $2+7-3=$____
3. $3\times3-7=$____
4. $7-5\times4=$____
5. $6+1-4=$____
6. $5-3\times5=$____
7. $5+4-7=$____
8. $6-4+7=$____
9. $6+5-3=$____
10. $9-5\times2=$____

11. $7+1-5=$____
12. $5-4\times2=$____
13. $2\times5-7=$____
14. $5-4+2=$____
15. $2\times2-1=$____
16. $3-2+6=$____
17. $4-2\times3=$____
18. $4+1\times2=$____
19. $7+2-5=$____
20. $5+2-6=$____

21. $4-2\times4=$____
22. $7-5\times3=$____
23. $4-3+6=$____
24. $2\times4-5=$____
25. $6+1+2=$____
26. $5+1-4=$____
27. $5+2-4=$____
28. $6+3-7=$____
29. $3+6-8=$____
30. $3+1-2=$____

31. $8-2+1=$____
32. $6-5+4=$____
33. $6\times2-9=$____
34. $5-3\times4=$____
35. $4\times3-7=$____
36. $2\times6-7=$____
37. $7-1-2=$____
38. $8-5\times3=$____
39. $8-4+5=$____
40. $7+4-5=$____

199

Día 24 Fecha_____ Tiempo_____

1. $5-3\times4=$____

2. $4\times3-7=$____

3. $5+1-3=$____

4. $5-3\times4=$____

5. $4\times2-6=$____

6. $5-2\times3=$____

7. $7-2+3=$____

8. $3\times5-9=$____

9. $8-5\times3=$____

10. $4\times1+5=$____

11. $7+1-5=$____

12. $3\times4-5=$____

13. $6-2\times2=$____

14. $6+2-4=$____

15. $2+7-5=$____

16. $7+3-4=$____

17. $8+1-5=$____

18. $5+3-7=$____

19. $4\times3-7=$____

20. $6-4\times3=$____

21. $4\times2-5=$____

22. $2+7-4=$____

23. $7+1-4=$____

24. $4+2-5=$____

25. $7-5+4=$____

26. $8+1-6=$____

27. $4\times2-7=$____

28. $2\times5-3=$____

29. $2+7-4=$____

30. $8+3-7=$____

31. $9+2-5=$____

32. $7-1+3=$____

33. $1\times5+3=$____

34. $8-7\times5=$____

35. $4+6-3=$____

36. $6\times2-5=$____

37. $6+1-5=$____

38. $7\times2-6=$____

39. $8+5-7=$____

40. $7-3+4=$____

Día 25   **Fecha**_____   **Tiempo**_____

1. $8+1-5=$____

2. $9+3-5=$____

3. $4\times2-7=$____

4. $5+1-2=$____

5. $7-6+8=$____

6. $4\times2+1=$____

7. $2+7-5=$____

8. $9-6\times3=$____

9. $1+6-5=$____

10. $5\times2-6=$____

11. $5+5-8=$____

12. $8-5\times3=$____

13. $7+2-4=$____

14. $6+1-4=$____

15. $9-7\times5=$____

16. $2+6-4=$____

17. $6+1-3=$____

18. $3\times4-8=$____

19. $3-2\times8=$____

20. $5+2-6=$____

21. $2+1+5=$____

22. $7+1-3=$____

23. $4\times1+2=$____

24. $9+3-7=$____

25. $4-3+6=$____

26. $3+6-2=$____

27. $7+1-4=$____

28. $3+3+3=$____

29. $7+5-4=$____

30. $9+2-4=$____

31. $7-2+5=$____

32. $7+4-5=$____

33. $7-5\times3=$____

34. $6-5+4=$____

35. $7+2-4=$____

36. $4\times3-7=$____

37. $5\times3-8=$____

38. $7-5\times4=$____

39. $1\times7-4=$____

40. $3\times4-9=$____

Día 26 Fecha_____ Tiempo_____

1. $6-4\times2=$____

2. $4-1\times3=$____

3. $3+7-9=$____

4. $5+2-6=$____

5. $6-5+4=$____

6. $2\times5-7=$____

7. $4-1\times3=$____

8. $8+1-6=$____

9. $5+1-2=$____

10. $9+5-4=$____

11. $7+3-4=$____

12. $6+1-4=$____

13. $6-3\times3=$____

14. $4\times2-7=$____

15. $7+4-3=$____

16. $2+7-5=$____

17. $4+3+1=$____

18. $7+2-6=$____

19. $7-4\times2=$____

20. $4+3-2=$____

21. $3\times5-8=$____

22. $4\times2-5=$____

23. $8-5\times3=$____

24. $6-3\times3=$____

25. $5-3\times2=$____

26. $5-3\times1=$____

27. $7-1+2=$____

28. $4+2-5=$____

29. $8+1-5=$____

30. $8-5\times3=$____

31. $2\times6-7=$____

32. $5+3-7=$____

33. $4-3\times6=$____

34. $2\times2\times2=$____

35. $7+1-3=$____

36. $8+3-4=$____

37. $5-1+2=$____

38. $6+1-4=$____

39. $7-5\times3=$____

40. $7+1-3=$____

Día 27   **Fecha**_____   **Tiempo**_____

1. $7-4\times3=$_____

2. $5+2-6=$_____

3. $3+5+1=$_____

4. $8+1-4=$_____

5. $5-4\times8=$_____

6. $5+3-7=$_____

7. $8-5\times2=$_____

8. $9-7+3=$_____

9. $5+3-6=$_____

10. $7+1-2=$_____

11. $6+1-4=$_____

12. $3\times5-8=$_____

13. $6-1+4=$_____

14. $7-5\times4=$_____

15. $3\times4-9=$_____

16. $3\times1+6=$_____

17. $7+2-6=$_____

18. $8+5-6=$_____

19. $5-3+4=$_____

20. $3+6-7=$_____

21. $3\times4-7=$_____

22. $7+2-1=$_____

23. $4+7-3=$_____

24. $7+1+2=$_____

25. $6+1-3=$_____

26. $3+2-4=$_____

27. $4\times2+1=$_____

28. $4+2-5=$_____

29. $7-5\times3=$_____

30. $6+3-4=$_____

31. $7+1-5=$_____

32. $3+7-5=$_____

33. $5+1-3=$_____

34. $2+1\times3=$_____

35. $6-2\times2=$_____

36. $7+2-5=$_____

37. $6-3\times2=$_____

38. $3+4\div1=$_____

39. $7+2-5=$_____

40. $5\times2-9=$_____

Día 28   **Fecha**_____   **Tiempo**_____

1. $9+3-5=$____   11. $6-5\times7=$____   21. $7-5\times4=$____   31. $3\times2+1=$____

2. $5-4+3=$____   12. $7+2+1=$____   22. $7-3+2=$____   32. $9-5+2=$____

3. $2-1+6=$____   13. $5+3-7=$____   23. $6-4\times3=$____   33. $5-3\times5=$____

4. $3\times3-7=$____   14. $7+1-2=$____   24. $8+1-5=$____   34. $7+1-4=$____

5. $5-3\times4=$____   15. $5+1-4=$____   25. $8+1-6=$____   35. $5+1-4=$____

6. $2\times2+6=$____   16. $6-4\times2=$____   26. $9+3-7=$____   36. $6+1-5=$____

7. $4-3\times8=$____   17. $7+1-6=$____   27. $6-5+4=$____   37. $4\times2+1=$____

8. $8-5\times3=$____   18. $7+1-4=$____   28. $3-1+6=$____   38. $7-4+2=$____

9. $6-4\times3=$____   19. $5-1\times2=$____   29. $7-4\times2=$____   39. $4-2\times5=$____

10. $6+3-5=$____   20. $6+1-5=$____   30. $4-2\times2=$____   40. $7+1-5=$____

REGISTRO DE RESULTADOS DE LA GIMNASIA MENTAL

Fotocopie la siguiente gráfica de manera que pueda disponer de una hoja nueva para cada uno de los 28 días del período de entrenamiento. Anote sus resultados situando un punto en la gráfica que represente su puntuación (tiempo) para cada jornada de entrenamiento. Seguidamente, una los puntos con una línea para así trazar la curva de sus progresos.

Semana _____ :

REGISTRO DE RESULTADOS DE LA GIMNASIA MENTAL

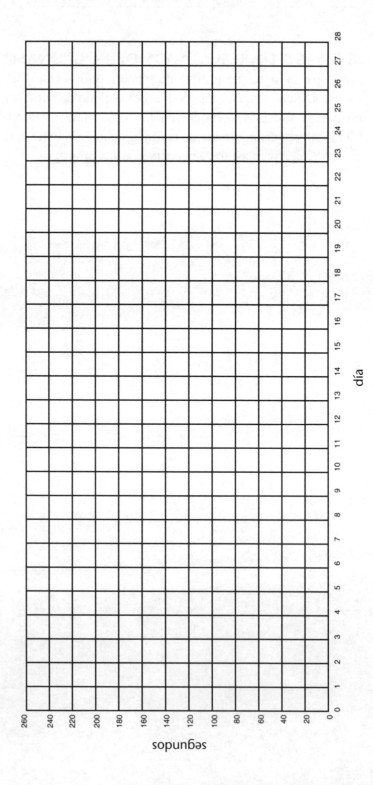

Hoja de respuestas para los ejercicios de Gimnasia Mental

DÍA 1	DÍA 2	DÍA 3	DÍA 4	DÍA 5	DÍA 6	DÍA 7
1. siete	1. siete	1. nueve	1. ocho	1. ocho	1. siete	1. seis
2. diez	2. siete	2. dos	2. cuatro	2. seis	2. ocho	2. nueve
3. cinco	3. ocho	3. nueve	3. uno	3. seis	3. seis	3. tres
4. nueve	4. siete	4. nueve	4. ocho	4. seis	4. cuatro	4. cinco
5. nueve	5. diez	5. siete	5. uno	5. seis	5. seis	5. ocho
6. nueve	6. seis	6. seis	6. diez	6. ocho	6. nueve	6. cinco
7. nueve	7. ocho	7. dos	7. siete	7. nueve	7. cuatro	7. seis
8. diez	8. cuatro	8. siete	8. diez	8. cinco	8. seis	8. nueve
9. nueve	9. uno	9. ocho	9. cinco	9. nueve	9. ocho	9. diez
10. seis	10. cuatro	10. seis	10. tres	10. cinco	10. nueve	10. cuatro
11. seis	11. siete	11. seis	11. nueve	11. cuatro	11. seis	11. seis
12. siete	12. diez	12. diez	12. ocho	12. cinco	12. seis	12. seis
13. seis	13. ocho	13. cinco	13. siete	13. nueve	13. nueve	13. tres
14. diez	14. seis	14. seis	14. nueve	14. seis	14. seis	14. cinco
15. cinco	15. seis	15. tres	15. cinco	15. tres	15. cuatro	15. tres
16. ocho	16. seis	16. uno	16. ocho	16. cinco	16. ocho	16. seis
17. nueve	17. ocho	17. seis	17. siete	17. siete	17. seis	17. diez
18. nueve	18. siete	18. nueve	18. cuatro	18. cuatro	18. siete	18. ocho
19. cuatro	19. nueve	19. nueve	19. nueve	19. tres	19. seis	19. diez
20. diez	20. cuatro	21. tres	20. tres	20. ocho	20. nueve	20. ocho
21. ocho	21. ocho	21. siete	21. seis	21. uno	21. cuatro	21. nueve
22. nueve	22. diez	22. ocho	22. seis	22. nueve	22. cuatro	22. ocho
23. ocho	23. tres	23. diez	23. ocho	23. seis	23. nueve	23. seis
24. cinco	24. diez	24. siete	24. uno	24. cuatro	24. cinco	24. nueve
25. siete	25. diez	25. diez	25. diez	25. dos	25. dos	25. siete
26. siete	26. nueve	26. nueve	26. diez	26. seis	26. tres	26. ocho
27. cuatro	27. diez	27. dos	27. cinco	27. diez	27. nueve	27. cinco
28. diez	28. nueve	28. ocho	28. diez	28. ocho	28. cuatro	28. siete
29. tres	29. dos	29. seis	29. seis	29. seis	29. dos	29. siete
30. ocho	30. cinco	30. ocho	30. dos	30. ocho	30. diez	30. cuatro
31. seis	31. tres	31. tres	31. siete	31. cuatro	31. nueve	31. seis
32. ocho	32. cinco	32. diez	32. cuatro	32. diez	32. siete	32. nueve
33. uno	33. ocho	33. dos	33. cuatro	33. nueve	33. nueve	33. dos
34. seis	34. nueve	34. diez	34. ocho	34. seis	34. siete	34. seis
35. nueve	35. seis	35. siete	35. dos	35. dos	35. ocho	35. ocho
36. siete	36. seis	36. cinco	36. ocho	36. cuatro	36. cinco	36. cuatro
37. cinco	37. diez	37. cinco	37. diez	37. ocho	37. cinco	37. cinco
38. nueve	38. ocho	38. tres	38. nueve	38. nueve	38. nueve	38. diez
39. uno	39. cinco	39. ocho	39. tres	39. seis	39. tres	39. nueve
40. diez	40. dos	40. uno	40. nueve	40. ocho	40. siete	40. nueve

DÍA 8	DÍA 9	DÍA 10	DÍA 11	DÍA 12	DÍA 13	DÍA 14
1. dos	1. ocho	1. ocho	1. cinco	1. cuatro	1. siete	1. siete
2. cinco	2. tres	2. cinco	2. siete	2. cinco	2. cinco	2. siete
3. cinco	3. ocho	3. ocho	3. siete	3. ocho	3. tres	3. cinco
4. siete	4. siete	4. seis	4. cinco	4. ocho	4. siete	4. cuatro
5. nueve	5. siete	5. cinco	5. nueve	5. seis	5. ocho	5. cuatro
6. seis	6. seis	6. nueve	6. ocho	6. ocho	6. nueve	6. cinco
7. cinco	7. cinco	7. ocho	7. ocho	7. nueve	7. nueve	7. cinco
8. ocho	8. diez	8. ocho	8. cinco	8. tres	8. cinco	8. cinco
9. tres	9. cinco	9. cinco	9. siete	9. seis	9. diez	9. ocho
10. diez	10. siete	10. cinco	10. dos	10. cuatro	10. siete	10. ocho
11. cuatro	11. seis	11. tres	11. nueve	11. siete	11. diez	11. ocho
12. cuatro	12. cinco	12. dos	12. ocho	12. siete	12. seis	12. seis
13. tres	13. tres	13. diez	13. nueve	13. diez	13. nueve	13. cuatro
14. cinco	14. diez	14. cinco	14. siete	14. seis	14. siete	14. siete
15. cuatro	15. ocho	15. cuatro	15. siete	15. ocho	15. seis	15. cuatro
16. seis	16. cuatro	16. nueve	16. siete	16. cuatro	16. uno	16. nueve
17. nueve	17. ocho	17. ocho	17. siete	17. dos	17. siete	17. cuatro
18. cinco	18. diez	18. diez	18. seis	18. tres	18. cinco	18. tres
19. seis	19. siete	19. siete	19. seis	19. tres	19. diez	19. tres
20. seis	20. seis	21. cinco	20. dos	20. tres	20. nueve	20. siete
21. seis	21. ocho	21. nueve	21. seis	21. cinco	21. siete	21. siete
22. seis	22. nueve	22. diez	22. cuatro	22. cuatro	22. cuatro	22. dos
23. siete	23. nueve	23. diez	23. cuatro	23. diez	23. diez	23. tres
24. diez	24. cuatro	24. cuatro	24. cinco	24. siete	24. seis	24. diez
25. cuatro	25. tres	25. cinco	25. tres	25. tres	25. siete	25. ocho
26. tres	26. diez	26. cuatro	26. siete	26. diez	26. ocho	26. diez
27. cuatro	27. seis	27. cinco	27. diez	27. tres	27. nueve	27. diez
28. tres	28. tres	28. dos	28. cuatro	28. seis	28. cinco	28. uno
29. diez	29. diez	29. diez	29. cinco	29. uno	29. siete	29. cuatro
30. ocho	30. seis	30. tres	30. siete	30. cinco	30. nueve	30. ocho
31. nueve	31. cuatro	31. diez	31. seis	31. tres	31. cuatro	31. diez
32. seis	32. nueve	32. siete	32. siete	32. cinco	32. diez	32. cinco
33. uno	33. cuatro	33. nueve	33. diez	33. seis	33. cuatro	33. tres
34. tres	34. ocho	34. seis	34. dos	34. seis	34. tres	34. cuatro
35. ocho	35. nueve	35. tres	35. siete	35. nueve	35. tres	35. uno
36. diez	36. cinco	36. cuatro	36. cuatro	36. tres	36. diez	36. ocho
37. cinco	37. nueve	37. siete	37. seis	37. nueve	37. cinco	37. siete
38. nueve	38. siete	38. dos	38. cinco	38. cinco	38. tres	38. diez
39. nueve	39. nueve	39. ocho	39. ocho	39. nueve	39. seis	39. nueve
40. dos	40. cinco	40. siete	40. nueve	40. ocho	40. nueve	40. tres

DÍA 15	DÍA 16	DÍA 17	DÍA 18	DÍA 19	DÍA 20	DÍA 21
1. diez	1. nueve	1. cinco	1. ocho	1. siete	1. cuatro	1. tres
2. nueve	2. siete	2. seis	2. cero	2. ocho	2. cinco	2. uno
3. diez	3. diez	3. dos	3. uno	3. cuatro	3. diez	3. nueve
4. cuatro	4. nueve	4. nueve	4. seis	4. nueve	4. diez	4. nueve
5. seis	5. nueve	5. siete	5. diez	5. nueve	5. seis	5. ocho
6. seis	6. nueve	6. cinco	6. siete	6. ocho	6. cuatro	6. cuatro
7. cuatro	7. dos	7. tres	7. cinco	7. dos	7. ocho	7. ocho
8. seis	8. seis	8. cinco	8. tres	8. siete	8. nueve	8. siete
9. siete	9. uno	9. nueve	9. cinco	9. ocho	9. cuatro	9. siete
10. diez	10. uno	10. seis	10. cuatro	10. cuatro	10. diez	10. seis
11. nueve	11. ocho	11. tres	11. diez	11. cinco	11. ocho	11. cinco
12. cuatro	12. cinco	12. uno	12. seis	12. diez	12. cinco	12. ocho
13. diez	13. diez	13. cuatro	13. ocho	13. ocho	13. nueve	13. cuatro
14. diez	14. uno	14. cuatro	14. nueve	14. nueve	14. ocho	14. ocho
15. siete	15. ocho	15. nueve	15. ocho	15. dos	15. diez	15. diez
16. tres	16. tres	16. cinco	16. siete	16. ocho	16. cinco	16. tres
17. diez	17. seis	17. tres	17. cuatro	17. tres	17. seis	17. dos
18. cuatro	18. ocho	18. dos	18. seis	18. cuatro	18. tres	18. nueve
19. cinco	19. tres	19. ocho	19. dos	19. cinco	19. tres	19. cinco
20. ocho	20. cuatro	20. siete	20. nueve	20. ocho	20. dos	20. cuatro
21. cuatro	21. uno	21. tres	21. cuatro	21. ocho	21. nueve	21. dos
22. nueve	22. siete	22. ocho	22. cinco	22. cuatro	22. diez	22. ocho
23. dos	23. tres	23. siete	23. ocho	23. cinco	23. tres	23. dos
24. seis	24. tres	24. dos	24. tres	24. ocho	24. nueve	24. seis
25. seis	25. tres	25. diez	25. nueve	25. nueve	25. tres	25. cinco
26. tres	26. seis	26. cuatro	26. ocho	26. diez	26. uno	26. siete
27. nueve	27. cuatro	27. nueve	27. cinco	27. cuatro	27. tres	27. cinco
28. cuatro	28. siete	28. cuatro	28. tres	28. cinco	28. siete	28. tres
29. nueve	29. nueve	29. seis	29. seis	29. diez	29. ocho	29. seis
30. uno	30. nueve	30. cinco	30. cinco	30. nueve	30. ocho	30. siete
31. cuatro	31. diez	31. uno	31. seis	31. cinco	31. ocho	31. cuatro
32. cinco	32. nueve	32. cinco	32. siete	32. cuatro	32. seis	32. dos
33. cinco	33. cinco	33. seis	33. dos	33. seis	33. tres	33. cinco
34. siete	34. uno	34. uno	34. tres	34. tres	34. seis	34. dos
35. dos	35. ocho	35. dos	35. siete	35. uno	35. nueve	35. siete
36. cinco	36. diez	36. siete	36. uno	36. tres	36. nueve	36. seis
37. ocho	37. ocho	37. cinco	37. siete	37. siete	37. cuatro	37. cuatro
38. diez	38. nueve	38. ocho	38. dos	38. siete	38. cuatro	38. nueve
39. diez	39. seis	39. ocho	39. ocho	39. dos	39. dos	39. ocho
40. cuatro	40. nueve	40. siete	40. ocho	40. nueve	40. seis	40. cinco

DÍA 22	DÍA 23	DÍA 24	DÍA 25	DÍA 26	DÍA 27	DÍA 28
1. ocho	1. diez	1. ocho	1. cuatro	1. cuatro	1. nueve	1. siete
2. siete	2. seis	2. cinco	2. siete	2. nueve	2. uno	2. cuatro
3. tres	3. dos	3. tres	3. uno	3. uno	3. nueve	3. siete
4. cuatro	4. ocho	4. ocho	4. cuatro	4. uno	4. cinco	4. dos
5. ocho	5. tres	5. dos	5. nueve	5. cinco	5. ocho	5. ocho
6. cuatro	6. diez	6. nueve	6. nueve	6. tres	6. uno	6. diez
7. cuatro	7. dos	7. ocho	7. cuatro	7. nueve	7. seis	7. ocho
8. dos	8. nueve	8. seis	8. nueve	8. tres	8. cinco	8. nueve
9. nueve	9. ocho	9. nueve	9. dos	9. cuatro	9. dos	9. seis
10. dos	10. ocho	10. nueve	10. cuatro	10. siete	10. seis	10. cuatro
11. diez	11. tres	11. tres	11. dos	11. seis	11. tres	11. siete
12. uno	12. dos	12. siete	12. nueve	12. tres	12. siete	12. diez
13. nueve	13. tres	13. ocho	13. cinco	13. nueve	13. nueve	13. uno
14. dos	14. tres	14. cuatro	14. tres	14. uno	14. ocho	14. seis
15. ocho	15. tres	15. cuatro	15. diez	15. ocho	15. tres	15. dos
16. tres	16. siete	16. seis	16. cuatro	16. cuatro	16. nueve	16. cuatro
17. ocho	17. seis	17. cuatro	17. cuatro	17. ocho	17. tres	17. dos
18. tres	18. diez	18. uno	18. cuatro	18. tres	18. siete	18. cuatro
19. dos	19. cuatro	19. cinco	19. ocho	19. seis	19. seis	19. ocho
20. cuatro	20. uno	20. seis	20. uno	20. cinco	20. dos	20. dos
21. cinco	21. ocho	21. tres	21. ocho	21. siete	21. cinco	21. ocho
22. cuatro	22. seis	22. cinco	22. cinco	22. tres	22. ocho	22. seis
23. cero	23. siete	23. cuatro	23. seis	23. nueve	23. ocho	23. seis
24. seis	24. tres	24. uno	24. dos	24. nueve	24. diez	24. cuatro
25. siete	25. nueve	25. seis	25. siete	25. cuatro	25. seis	25. tres
26. ocho	26. dos	26. tres	26. siete	26. dos	26. uno	26. cinco
27. nueve	27. tres	27. uno	27. cuatro	27. ocho	27. nueve	27. cinco
28. cinco	28. dos	28. siete	28. nueve	28. uno	28. uno	28. ocho
29. diez	29. uno	29. cinco	29. ocho	29. cuatro	29. seis	29. seis
30. ocho	30. dos	30. cuatro	30. siete	30. nueve	30. cinco	30. cuatro
31. cuatro	31. siete	31. seis	31. diez	31. cinco	31. tres	31. siete
32. uno	32. cinco	32. nueve	32. seis	32. uno	32. cinco	32. seis
33. tres	33. tres	33. ocho	33. seis	33. seis	33. tres	33. diez
34. dos	34. ocho	34. cinco	34. cinco	34. ocho	34. nueve	34. cuatro
35. diez	35. cinco	35. siete	35. cinco	35. cinco	35. ocho	35. dos
36. tres	36. cinco	36. siete	36. cinco	36. siete	36. cuatro	36. dos
37. seis	37. cuatro	37. dos	37. siete	37. seis	37. seis	37. nueve
38. tres	38. nueve	38. ocho	38. ocho	38. tres	38. seis	38. cinco
39. nueve	39. nueve	39. seis	39. tres	39. seis	39. cuatro	39. diez
40. ocho	40. seis	40. ocho	40. tres	40. cinco	40. uno	40. tres

LOS TEST DE LAS FUNCIONES CEREBRALES

PARTE 1

Test del funcionamiento de la memoria

Dedique dos minutos a memorizar la lista de palabras correspondiente a cada uno de los test del funcionamiento de la memoria. Aguarde 30 segundos y seguidamente escriba tantas palabras como pueda recordar durante un lapso de 120 segundos. Su puntuación se corresponderá con el número de respuestas correctas. La puntuación máxima es de 25 aciertos. Anote su puntuación en el Registro del Test del funcionamiento de la memoria que figura en la página 215. La puntuación de la semana 0 supone el punto de partida en lo relativo al estado de su memoria. Repita este test cada cuatro semanas tal como se ha indicado, anotando sus puntuaciones en la gráfica. De este modo usted podrá comparar los resultados con su desempeño de partida (la semana 0) y representar gráficamente sus progresos.

Semana 0 (punto de partida)

SOMBRA	CUADRO	MANZANA	SILLA	SALÓN
PLATO	DRAMA	PALA	NIVEL	MARTILLO
OCÉANO	ATARDECER	TROMBÓN	SOFÁ	SECRETER
RIESGO	ASFALTO	MOTOR	GRAPA	AVIÓN
PORTAL	VENDIMIA	TORMENTA	PÓRTICO	BIFOCAL

Semana 4

BOSQUE	MESA	SECRETER	ASFALTO	SEÑAL
INVIERNO	MELÓN	BARRIO	PLAYA	DIANA
BALCÓN	AEROPLANO	TELÉFONO	FUERZA	PROBLEMA
CÁMARA	SELLO	PRODUCTO	ORILLA DEL MAR	PAPEL
MERCADO	CAMPIÑA	CAMPISTA	NIÑOS	MARTILLO

Semana 8

GUITARRA	CAFÉ	RUEDA DE MOLINO	PLATILLO	PORCHE
CAPÍTULO	FORMATO	BUZO	ENANO	PERCHA
HOY	VENTANA	PROBLEMA	LOCOMOTORA	ROBOT
OBSTINADO	FRENTE	ESCUELA	COLADOR	HEBILLA
RÍO	ARMARIO	NEGOCIO	CÁMARA	CANASTA

Semana 12

HOMBRO	PUEBLO	ADULTO	MODA	DEBERES
CIRCULAR	MOLESTIA	ÁMBAR	MOSTRADOR	BATERÍA
MESETA	YUNQUE	CANASTA	COLUMNA	PASILLO
LÁPIZ	TRACTOR	CENA	ALCOBA	CÍRCULO
VIAJE	PEREJIL	CARTA	ATARDECER	SISTEMA

Semana 16

MISIÓN	PRIVADO	TRIBUNAL	FUERTE	BORRAR
SERIE	COLOR	ESQUINA	SÓTANO	BORLA
MARCO	PERFIL DE LA CIUDAD	ACANTILADO	LÁMPARA	ROPA
ESPARCIR	NÚMERO	PROBLEMA	BILLETE	RÁPIDO
BUFANDA	PIZZA	ALTAVOZ	ACANTILADO	TULIPÁN

Semana 20

SARMARIO	DUCHA	DISCO	SIMPLE	RAMO
GRÚA	VISTA	MADEROS	MERCADO	FRONTERA
POLEA	TRÁFICO	ESTRIBILLO	SÓTANO	TIJERAS
PARAGUAS	HERRAMIENTAS	ESLOGAN	OFICIO	PERDÓN
JARDÍN	ELÉCTRICO	TÁNDEM	BRIGADA	MATERIAL

Semana 24

ACERA	TRAGALUZ	ELÁSTICO	NEGOCIO	ORQUESTA
EJE	DESPENSA	VITRINA	CAÑÓN	FRONTERA
CANTO RODADO	COLADA	ISLA	PROBLEMA	JOYA
COLUMNA	ORDEN	TRANVÍA	BORRAR	ENCUESTA
PARQUE MÓVIL	HORARIO	CUADRO	AROMA	POSTRE

Semana 28

MARCO	ARTISTA	NEGOCIO	DISEÑO	AEROPUERTO
ARROYO	ENSALADA	PERDÓN	CÍRCULO	COPIA
BORDILLO	CONDUCIR	ROBO	CONTRATO	SOBREVIVIR
VÍDEO	PALACIO	FOGATA	HISTORIA	PAÑUELO
REFUGIO	CASCO	COLLAR	CUBO	ALCANTARILLA

Semana 32

MOQUETA	PÁDEL	MEMORIA	RODILLO	MANETA
ORDEN	SUELO	PAQUETE	CANSADO	QUESO
CREAR	IMPRESIONAR	TRAUMA	ESTACIÓN	AGUA
CEBRA	CAMPO	GOLOSINA	PATIO	RODEAR
ORILLA	LÍMITE	MAÑANA	TEORÍA	SILENCIO

Semana 36

BOTELLA	BECA	EXTREMO	CUNETA	MISIL
CASCO	TENDENCIA	MÁRMOL	DISCO	ARMARIO
FORMAL	CALIDAD	CANAL	ANIMAL	ALMOHADA
VELA	DONUT	SELLO	GARAJE	CONTROL
DRAMA	ESTACIÓN	MARCO	IMPULSO	INVERTIR

Semana 40

CUNA	CASA	CHAQUETA	NORMAL	SETO
BOSQUE	ARRIBAR	HOTEL	RAMA	CANOA
MARCO	HANGAR	PUENTE	COHETE	HUELGA
CUBIERTA	DERROCAR	NEUTRAL	GRUESO	DUDA
COLLAR	GUARDIA	PEQUEÑO	PASTA	LINTERNA

Semana 44

GUARDA-BOSQUES	REPUESTO	BALA	PREDECIR	ESCÁNDALO
TIENDA DE CAMPAÑA	GANADO	TORMENTA	PROMEDIO	CORPORATIVO
DESLUSTRAR	CONMUTAR	REUNIÓN	CONECTAR	ENSALADA
ALMACÉN	ABAJO	TERCIOPELO	EXTERNO	CORREGIR
ARREGLAR	CONTROL	APARTE	EQUILIBRIO	LÁPIZ

Semana 48

BRÚJULA	ESTUDIO	LISTO	BOTELLA	RECORDAR
ESPRINT	ACTUAL	QUESO	ACERCA	COLECCIONAR
VARAR	IGLESIA	DEBAJO	ENTRENADOR	TABLÓN
PRIMAVERA	VÁNDALO	IMPERIO	DEDO	CEREAL
BEBIDA	CASTILLO	SALAMI	CURVA	ORACIÓN

Semana 52

SOLTERO	CUARTO	GRANDIOSO	BROMISTA	SUCIO
ARENA	SOBREVIVIR	ONDULAR	PELIGRO	ACERCA
ABAJO	TRÁNSITO	ESTILO	HIERBA	RESPIRAR
CRUJIDO	TURNO	MALETERO	TOBILLO	FINCA
GANSO	TÚNEL	PROPORCIONAR	EXTRAÑO	SILENCIO

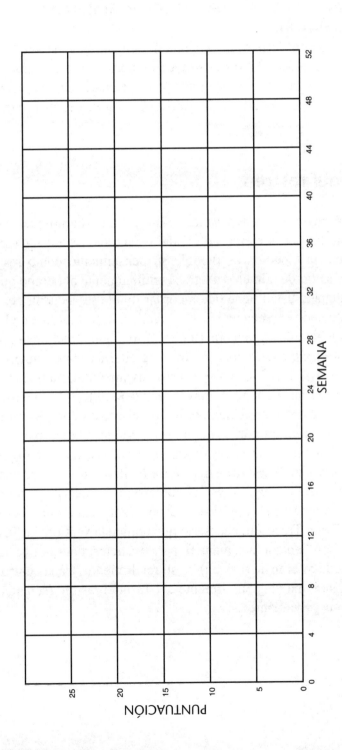

REGISTRO DEL TEST DEL FUNCIONAMIENTO DE LA MEMORIA

PUNTUACIÓN

SEMANA

REGISTRO DEL TEST DEL FUNCIONAMIENTO DE LA MEMORIA

Cada mes (punto de partida, semana 4, semana 8 y así sucesivamente), anote el número de palabras que recuerde correctamente y trace un punto sobre la gráfica que se corresponda con el resultado del test. Una los puntos con una línea para dibujar la gráfica ilustrativa de sus progresos.

PARTE 2

El test del rastreo

El Test del rastreo es una variante de un test homónimo que fue desarrollado en su día por el ejército de Estados Unidos. Está diseñado para determinar en qué medida es flexible su pensamiento como resultado de obligarle a saltar de números a letras continuamente al tiempo que, de manera simultánea, usted tiene que recordar dónde se encuentra exactamente en cada una de las secuencias. Para realizar el test, utilice un lápiz y conecte los caracteres de manera secuencial mediante una línea procurando no levantar el lápiz del papel. Se trata de alternar entre números y letras como sigue: 1-A-2-B-3-C-4-D y así sucesivamente hasta llegar al número 10 y la letra J, hasta que usted haya finalizado el test. Su puntuación será el resultado de calcular el tiempo que precisa para completar el test. Así pues, necesitará un cronómetro o un reloj con segundero para determinar su puntuación exacta. Después de finalizar cada test, anote su puntuación en el Registro del Test del rastreo. Para facilitar su identificación y ayudarle a comenzar, se ha impreso el número (**1**) en negrita y subrayado.

Antes de empezar el capítulo correspondiente a la Gimnasia Mental del programa Brain Trust será necesario que realice la versión del Test del rastreo correspondiente a la semana 0, para así determinar dónde se encuentra la línea de referencia (origen) de su rendimiento. Cada cuatro semanas usted realizará una versión diferente del Test del rastreo (semana 4, semana 8 y así sucesivamente).

Semana 0 (línea de referencia)   Tiempo _____

J

2

B

8

A   10   J

4

H

6

F

7

9

I

C

D

<u>1</u>

E

G

3

5

Semana 4   Tiempo _____

6

<u>1</u>

J

8

I   H

5

3

A

E

F

G

2

C

D   B

7   9

4

10

Semana 8   Tiempo _____

10

E

B   9

H

8

6

A   2   J

3

D

4

5

F   G   I

C

1

7

Semana 12   Tiempo _____

2

E

4

8

C   B

A

6   **1**

H

10

F

G

5

3   7

J   I

D

9

Semana 16   Tiempo _____

6   J

1   C

8

4

7

I

10

E

F

3   A   D

9

5

G

2

B   H

Semana 20   Tiempo _____

2

3

9

G

7

4

J

1

B

H

6

I   C   F

D

5

E   8

10

A

Semana 24   Tiempo _____

G   4

B

2

6

9

C

F

3   5

8

D

A

7

10   H

I

1

E

J

Semana 28   Tiempo _____

G   5

9

2

A   J

F

7   E

4   8

B

C

10

1

I

H   6

D

3

Semana 32   Tiempo _____

7   8
                D
              B

      F   G   H
  3

         4   9
                          A

         E   6
  2
                J
                      C   5

                1
  10   I

Semana 36   Tiempo _____

7

A

4

D

H

J

G

C

5

1

I

E

8   B

F

9

2

3

10

6

Semana 40   Tiempo _____

I
5
J

7

4
10
E

9

1

B

6

C
D

H
G

A
3

2

F
8

Semana 44   Tiempo _____

4

F   3

G

9

10

D

1   C

7   A

H   6

B

I

5

8

2

E   J

Semana 48   Tiempo _____

C

1

I

4

A

J

H

6

G

B

D

E

9

3

8

F

10

5

2

7

Semana 52   Tiempo _____

H

8

B

D   C

6

3

F

A   G

9

10

5

4

2   J

1

I   E

7

REGISTRO DEL TEST DEL RASTREO

Anote sus tiempos en el Registro del Test del rastreo cada cuatro semanas (semana 0, semana 4, semana 8 y así sucesivamente), y seguidamente dibuje la gráfica de sus progresos uniendo todos los puntos.

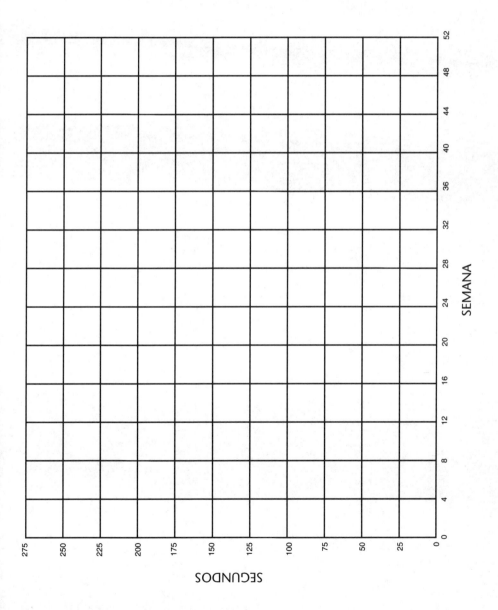

SEMANA

SEGUNDOS

3.ª parte

Aplicaciones novedosas del programa Brain Trust

7. Cerebros sanos que enferman: menopausia, migrañas, embotamiento de los sentidos y enfermedad de Alzheimer

La ciencia nos dice que el cerebro con el que nacemos dicta o determina en gran medida el cerebro con el que llegaremos a la vejez. Se trata de una afirmación obvia, qué duda cabe; está claro que algunas personas nacen con un mayor potencia cerebral, por así decir, que otras, y que algunas personas alcanzan la vejez disfrutando de una potencia cerebral asimismo mayor que otras. Ahora bien, no sólo la suerte del reparto genético determina nuestra función cerebral, si bien es una de sus variables fundamentales. También depende, y quizás principalmente, de cómo nutrimos el cerebro a lo largo de nuestra vida. Con ello no únicamente me refiero a los nutrientes que el cerebro extrae de los alimentos que ingerimos, sino también a los nutrientes que recibe fruto del aprendizaje y la estimulación mental de cualquier naturaleza que sirve para promover la formación de interconexiones productivas en el seno del cerebro. Las investigaciones avalan la tesis en virtud de la cual aquellos que poseen un mayor volumen cerebral y un mayor nivel educativo evidencian una probabilidad menor de sufrir un deterioro sustancial de la memoria, incluso la enfermedad de Alzheimer, con el paso de los años.

Aun así, con independencia de cuán robusto sea y bien conectado esté nuestro cerebro en la juventud o en la flor de la vida, la edad nos pasará su factura en mayor o menor grado, dependiendo del ahínco con el que nos apliquemos en la tarea de preservar sus funciones a lo largo de la vida. Sobre esto incide precisamente el programa Brain Trust. Sin embargo, incluso el cerebro más ágil y sano es susceptible de padecer disfunciones de la lucidez —el ofuscamiento mental, si lo prefiere—, depresión, ansiedad y otros desarreglos cerebrales. Observemos con detenimiento dos de los trastornos más comunes: la menopausia y las migrañas.

Las hormonas, los sofocos y el ofuscamiento mental

Los doctores los categorizan como síntomas de la inestabilidad vasomotora, en alusión a esas sensaciones desagradables de calor, sudoración y enrojecimiento (rubor facial o bochorno) que afectan a la región comprendida entre el pecho, el cuello y la cabeza cuando los vasos sanguíneos de la piel sufren una dilatación repentina. La mayoría de la gente los llama sofocos o sudores nocturnos. Si alguna vez ha tenido uno, muy probablemente utilizará un apelativo peor y más contundente. Aun cuando usted sólo haya acompañado a alguien que sufre estos trastornos, a buen seguro que habrá constatado la tremenda incomodidad que soporta, según algunas estimaciones, el 75% de las mujeres cuando inician los años de la menopausia.

Los estudios han demostrado la relación existente entre la caída repentina de los niveles de la hormona reproductiva, ya sea como consecuencia de la menopausia natural o como resultado de la cirugía, y la inestabilidad vasomotora. Las mujeres supervivientes a un cáncer de mama o de ovario son especialmente vulnerables a los síntomas asociados con los sofocos. Aunque es muy probable que usted esté familiarizado con la menopausia quirúrgica causada por la extirpación de los ovarios en la mujer, podría sorprenderle saber que ¡los hombres también pueden padecer sofocos! La extirpación de los testículos o el tratamiento con fármacos bloqueadores de la testosterona, tales como los que se usan para tratar el cáncer de próstata, pueden provocar sofocos en los hombres con síntomas idénticos a los que sufren las mujeres.

Es interesante mencionar que no existe una correlación significativa entre la cantidad de estrógeno presente en la sangre y el desarrollo de los síntomas típicos de los sofocos, queriendo decir con ello que los niveles de estrógenos por sí solos no bastan para explicarlos; antes bien hay alguna otra cosa que los provoca. Después de todo, las muchachas jóvenes que todavía no han alcanzado la pubertad tienen niveles bajos de estrógeno pero no padecen sofocos. ¿Qué ocurre entonces? Según parece, para que se desarrollen estos síntomas, en primer lugar el cuerpo tiene que haberse acostumbrado a los estrógenos durante un período de tiempo prolongado. La ulterior retirada del estrógeno, una vez que el cuerpo se ha acostumbrado a su presencia, puede entonces disparar el desarrollo de los sofocos en una manera no muy diferente del síndrome de abstinencia que deriva de la retirada de la sustancia en casos de adicciones a narcóticos o estupefacientes.

Al objeto de entender este proceso, el doctor James Simpkins y sus colegas de la facultad de farmacia de la University of Florida desarrollaron un modelo animal, basado en ratas adictas a la morfina, diseñado para emular los síntomas asociados con los sofocos. Una vez que las ratas se acostumbraban a cierto nivel de morfina, Simpkins y su equipo les inyectaban un fármaco bloqueador de la morfina con la intención de inducir rápidamente el síndrome de abstinencia. A renglón seguido, las monitorizaban cuidadosamente para ver lo que sucedía. Así fue como observaron el equivalente a un sofoco en una rata: un fuerte incremento en la temperatura de la piel de su cola, un rápido ascenso en su ritmo cardiaco, así como la elevación de la misma hormona (la hormona luteinizante, o LH) que se eleva en las mujeres cuando los niveles de estrógeno descienden. Y lo que es más sorprendente si cabe: proporcionar estrógeno a estas ratas adictas a la morfina detenía los síntomas de su síndrome de abstinencia, del mismo modo en que dar estrógeno a una mujer alivia sus síntomas.

Los experimentos liderados por Simpkins sugieren la posibilidad de que la exposición crónica al estrógeno y la exposición crónica a los narcóticos, por muy diferentes que puedan ser, ejerzan una influencia similar sobre el cerebro. En ambas situaciones, el cerebro termina por acostumbrarse a la presencia habitual de una sustancia y responde a su abrupta desaparición de una manera harto parecida. A la luz de este hecho, los síntomas de la menopausia pueden interpretarse como la respuesta que da el cerebro ante la vida en ausencia de estrógeno. En tiempos recientes, los científicos han identificado una región del cerebro como la posible responsable del desarrollo de los síntomas de la menopausia. Cuando se producen los sofocos, también se produce una activación eléctrica excesiva de las células cerebrales en el hipotálamo, una parte del cerebro que está íntimamente relacionada con la regulación del apetito, la temperatura y la respuesta al estrés. Un número creciente de pruebas avalan la noción según la cual los sofocos se producen porque el hipotálamo deviene extraordinariamente sensible a los incrementos de la temperatura corporal, aunque sean insignificantes. Ahora bien, ¿a qué se debe, para empezar, este incremento en la temperatura?

Para responder a esta pregunta es necesario retomar el experimento de Simpkins con las ratas. Simpkins realizó un experimento concebido para analizar lo que sucedía cuando los cerebros de las ratas eran bloqueados y no obtenían una cantidad suficiente de glucosa, o de azúcar en sangre. Esto se conseguía como resultado de proporcionar a los animales una sustancia llamada 2-deoxi-D-glucosa (2DG), que es casi idéntica a la glucosa, la principal fuente de energía del cerebro, aunque con una diferencia cardinal: la 2DG no puede ser transformada en energía. Proporcionar un lingotazo de 2DG al cerebro de una rata provoca una crisis de energía instantánea en el seno del cerebro, incluido el hipotálamo, y con toda seguridad produce síntomas idénticos a los de un sofoco. Esta observación sugiere que existe una relación directa entre la producción de los sofocos y la escasez de glucosa en el hipotálamo. Otra cuestión interesante que apuntala la relación entre un estrógeno bajo, la escasez de glucosa y el síndrome de abstinencia, es que cuando Simpkins y sus colegas daban glucosa a las ratas en combinación con el fármaco bloqueador de la morfina, los síntomas asociados con el síndrome de abstinencia se reducían notoriamente. Ulteriores estudios sirvieron para que Simpkins descubriera que los sofocos que sufrían las ratas a las que se había suministrado 2DG, ocurrían en concierto con un incremento de una sustancia química cerebral, un transmisor de señales denominado norepinefrina o noradrenalina (NE), en el hipotálamo. Sus hallazgos le indujeron a afirmar que una carencia de energía en las células cerebrales, causada por un nivel de glucosa insuficiente, dispara los sofocos (al menos en las ratas).

Las pruebas obtenidas en la investigación con humanos también avalan y fortalecen esta conclusión. Un estudio realizado entre una población de mujeres premenopáusicas resolvió que la aparición de los sofocos muy frecuentemente coincidía con períodos caracterizados por un azúcar en sangre bajo detectado unas pocas horas después de comer. Otro estudio reveló una asociación muy similar entre el declive de la glucosa y los sofocos. En este sentido cabe señalar que la elevación experimental del nivel de azúcar en sangre reducía los síntomas de manera significativa. ¿Qué tendrá todo esto que ver con la salud cerebral y con el cuidado de la memoria? ¡Mucho!

Durante los episodios de sofocos, las mujeres —al contrario que las ratas— pueden explicarnos cómo se sienten, de forma que con mucha frecuencia describen diversos síntomas que afectan al cerebro o al sistema nervioso, como ansiedad, dificultad para concentrarse o fijar la atención, problemas para aprender información nueva, tendencia a olvidar las cosas, insomnio, depresión y un estado de ánimo variable. Las investigaciones médicas señalan que el ofuscamiento mental, los cambios en el estado de ánimo y otros síntomas que experimentan las mujeres durante el declive de su función reproductiva, guardan relación más con la transición hormonal que simplemente con el proceso natural de envejecimiento.

La explicación de este fenómeno es muy clara. En el cerebro, el azúcar en sangre se desplaza a bordo de una suerte de transbordador. Este mecanismo es indispensable para que el azúcar en sangre llegue hasta las células cerebrales. Así las cosas, el estrógeno indica a las células cerebrales que organicen más transbordadores del azúcar como los descritos anteriormente. De hecho, bajo la influencia del estrógeno, este sistema de transporte traslada un 40% más de azúcar en sangre hasta el otro lado de la barrera sanguínea del cerebro y seguidamente hasta las células cerebrales que en su ausencia. Cuando el nivel de estrógeno desciende, también lo hace el traslado de la glucosa en el interior del cerebro, lo cual, a su vez, deriva en una escasez de la energía que reciben las células cerebrales. Ante tal circunstancia, las células del hipotálamo se encontrarán en la tesitura de hacer algo para paliar esta escasez de combustible celular. El hipotálamo, por su parte, reacciona puntualmente liberando norepinefrina, cuya actuación redunda en un aumento del nivel de azúcar en sangre, un incremento del ritmo cardiaco y una elevación de la temperatura corporal. El sofoco es, por tanto, una manifestación externa específica que nos indica que el cerebro está tratando de protegerse ante la falta de azúcar en sangre.

La escasez de glucosa confunde al cerebro de dos maneras distintas. En primer lugar, provoca un déficit o apagón parcial de energía, con las consecuencias descritas en líneas precedentes. Hace algún tiempo los científicos creían que la incapacidad para generar suficiente energía lesionaba directamente las células cerebrales. Hoy, sin embargo, las evidencias apuntan en dirección a una segunda causa: el déficit de energía provoca la acumulación de un neurotransmisor denominado glutamato. El glutamato estimula las células cerebrales y, en la proporción adecuada y a su debido tiempo, resulta crítico para su buen funcionamiento. No obstante, cuando un exceso de glutamato espolea a las células cerebrales para que trabajen más, éstas naturalmente necesitarán un mayor aporte de energía. Cuando la célula cerebral ya ha sido privada de la energía que necesita, la mayor concentración de glutamato incrementará sus demandas sobre un sistema ya sobrecargado. Al igual que sucede con la instalación eléctrica de su hogar, un pico en el consumo que excediera el nivel de electricidad suministrado (contratado, para entendernos), podría quemar los circuitos. En el caso de la célula cerebral, la combinación de una mayor demanda energética con un suministro insuficiente podría provocar lesiones o incluso la muerte celular. Si este proceso persiste año tras año, la pérdida de células cerebrales propiciará el ofuscamiento mental y un deterioro de la memoria en grados aún mayores.

La buena noticia es que las investigaciones han revelado que la sustitución de las hormonas reproductivas durante esta transición menopáusica reporta beneficios sustanciales en épocas posteriores de la vida. Las mujeres que recibieron una terapia hormonal sustitutiva durante las primeras fases de la menopausia evidenciaban un descenso de hasta el 64% en el riesgo de padecer un deterioro significativo de la memoria en años posteriores. Esta investigación sostiene la tesis de que seguir una terapia hormonal sustitutiva durante un período relativamente breve —únicamente los años correspondientes al inicio de la transición menopáusica— puede a un tiempo aliviar los síntomas físicos desagradables y proteger efectivamente el cerebro de muchas mujeres.

Desafortunadamente, no parece haber un beneficio protector para el cerebro si la terapia sustitutiva no se administra antes de que la menopausia haya finalizado. Decidir si conviene o no tomar hormonas (aunque sea durante períodos breves) es algo que compete tanto al médico como al paciente. La terapia hormonal sustitutiva no es adecuada para todo el mundo. Por desgracia, quienes hayan superado un cáncer de mama o de ovario, el grupo que suele verse más afectado por los sofocos, no deberán recurrir a ella. En resumidas cuentas, ¿qué otra cosa pueden hacer los pacientes para combatir los sofocos y disipar ese ofuscamiento mental que los acompaña incesantemente?

EL ENFOQUE METABÓLICO EN LA TERAPIA CONTRA LOS SOFOCOS

Como hemos visto, los descubrimientos recientes indican que a medida que los niveles de estrógeno descienden, también lo hace la capacidad del cerebro para transportar la glucosa a través de la barrera sanguínea y posteriormente hasta sus células para que dispongan de energía. En cierto sentido, el sofoco puede funcionar como una contramedida a la que recurre el cerebro falto de energía en su intento por solventar la situación como resultado de elevar el nivel de azúcar en sangre. Si, en efecto, éste fuera el caso, parecería lógico que una solución al problema bien podría ser mejorar el transporte al objeto de que la glucosa cruzase más fácilmente al interior del cerebro, o bien encontrar un combustible alternativo para el cerebro de suerte que éste quedase liberado de su dependencia de la glucosa. ¿Cómo puede hacerse esto? El tratamiento alimenticio para una forma poco común de epilepsia infantil nos ofrece algunas pistas. Se trata de un trastorno genético raro que causa retrasos en el desarrollo y epilepsia en los niños, y que asimismo participa del mecanismo que transporta la glucosa a través de la barrera sanguínea del cerebro. Los cerebros de estos niños realizan transportes defectuosos, no logran desplazar adecuadamente la glucosa hasta el interior de sus cerebros. Como consecuencia de ello, el nivel de azúcar en sangre de su tejido cerebral es muy bajo, un hecho que provoca sus síntomas. Una dieta especial —la misma que han empleado los neurólogos durante décadas para controlar los trastornos por ataques severos de otros tipos en los niños— se ha revelado como el mejor tratamiento para esta deficiencia genética en el transporte del azúcar. La dieta acetogénica, como se la ha llamado, proporciona al cerebro cuerpos de acetona (que no necesitan utilizar los mecanismos de transporte defectuosos) a modo de fuente de combustible alternativa al azúcar en sangre. La dieta funciona allí donde ninguna otra cosa, ni siquiera las medicaciones más potentes, lo ha hecho. Esto se debe a que las células cerebrales no necesitan el concurso de la glucosa en sí misma, sino la energía que representa.

Los cuerpos de acetona, o simplemente acetonas, son los compuestos naturales resultantes de la quema de grasas. Son, esencialmente, grasas parcialmente quemadas. Todos nosotros las producimos cada noche mientras dormimos, si no ingerimos alimentos durante períodos de tiempo prolongados, o cuando restringimos los carbohidratos en nuestra dieta habitual. Muchos tejidos, incluyendo el corazón, las prefieren a la glucosa como combustible. Las acetonas son particularmente útiles para los niños que padecen un trastorno en el mecanismo del transporte del azúcar, puesto que se sirven de otro sistema para atravesar la barrera sanguínea del cerebro. Una vez que han accedido al cerebro, las acetonas alimentan el horno celular, proporcionando combustible a las células cerebrales necesitadas de energía.

Pues bien, la misma situación que encontramos en los niños que padecen esta forma de epilepsia tiene lugar en los cerebros de las mujeres al inicio de la menopausia, si bien en un grado claramente menor. En las mujeres, un nivel de estrógeno inadecuado disminuye el número de transbordadores de azúcar, lo cual significa que la glucosa disponible para las células es también menor, cosa que a su vez deriva en una crisis de energía, que a su vez provoca una sobrecarga momentánea de norepinefrina (NE), lo que en última instancia provocará un sofoco en su intento por elevar el ahora insuficiente nivel de azúcar. Salvando las distancias, podríamos denominar inanición cerebral a lo que ocurre en ambos casos —y, en honor a la verdad, también en otros trastornos del pensamiento y de la memoria como la enfermedad de Alzheimer—. Dicho con palabras sencillas: el cerebro no puede administrar correctamente su presupuesto energético; no es capaz de generar energía suficiente para satisfacer sus demandas. Este déficit produce apagones parciales en el cerebro, una situación que provoca ataques en los niños que padecen ese trastorno genético raro y ofuscamiento mental y sofocos en las mujeres premenopáusicas.

Puesto que la causa de estos síntomas es muy similar, también lo es su tratamiento. Unas pocas modificaciones sencillas en la dieta pueden proporcionar la fuente de combustible alternativa, prevenir la crisis de energía en las células cerebrales e interrumpir toda la cascada de irregularidades que culmina con un sofoco. Y digo más: ¡esto puede lograrse en ausencia de efectos secundarios, sin tomar ningún fármaco y sin recurrir a la terapia hormonal sustitutiva!

Para proporcionar un combustible alternativo al cerebro, yo recomiendo que las mujeres que se encuentran en el apogeo de la menopausia y han empezado a tener sofocos, a padecer los síntomas de un pensamiento confuso o a sufrir cambios en su estado de ánimo, sigan escrupulosa y disciplinadamente el programa Brain Trust (descrito en los capítulos 4, 5 y 6), y que procuren evitar la ingesta excesiva de almidón o azúcar. Las mujeres cuya dieta se basa, fundamentalmente, en carne roja, pescado, carne de aves, huevos, queso, frutos secos, frutas frescas con bajo contenido de azúcar, verduras, vegetales con poco almidón, y que limitan su ingesta de pan, cereales, pasta, patatas, bebidas carbonatadas y dulces, estarán en mejor disposición de producir las acetonas que sirven como combustible alternativo para el cerebro. Además, estas mujeres deberían complementar su dieta con una mixtura especial de aceites saludables que su cuerpo pueda transformar rápida y efectivamente en acetonas. Este cóctel acetogénico (véase la página 244) funciona en el cerebro como si del combustible de un cohete se tratara.

Los principales componentes del cóctel son los que siguen:

- **ACEITE DE TRIGLICÉRIDOS DE CADENA MEDIA (TCM).** Es posible que usted piense que los triglicéridos son una de las grasas que componen la sangre, lo cual es cierto. Los triglicéridos son una forma de grasa que actúa a modo de reserva de energía, una fuente de combustible de alto octanaje compuesta por largas cadenas de átomos de carbono conectados en diversas longitudes. El número de enlaces de carbono presentes en la cadena determina si la molécula habrá de ser clasificada como un triglicérido de cadena corta, de cadena larga o de cadena media. El cuerpo puede transformar fácilmente las cadenas de longitud media en acetonas para así producir energía, una idea con la que desde hace mucho tiempo trabajan los culturistas y los atletas. Por esta razón, usted podrá adquirir aceite de triglicéridos de cadena media en establecimientos de alimentación sana, en las farmacias, así como en el estante que su supermercado destina a los suplementos dietéticos y saludables. El aceite de triglicéridos de cadena media (TCM) es muy estable, tanto que incluso después de haber abierto el frasco, no necesitará refrigeración ni ser almacenado en ausencia de luz.

- **ACEITE DE SEMILLA DE LINAZA.** El principal componente del aceite de semilla de linaza es el ácido graso omega-3 de cadena larga denominado ácido α-linolénico (ALA, en inglés). Nuestro cuerpo puede procesar este aceite y transformar una pequeña parte del mismo (alrededor del 1%) en ácido docosahexanoico (DHA, en inglés), uno de los ácidos grasos esenciales que puede encontrarse en el aceite de pescado (abordado en profundidad en el capítulo 5). Pero el grueso del ácido α-linolénico (ALA), se quema para producir energía, y este proceso sirve para estimular la formación de acetona. Usted encontrará aceite de linaza en la sección de productos refrigerados de su establecimiento de alimentación sana habitual, en su tienda de comestibles orgánicos o en las farmacias. Para evitar que se torne rancio, el aceite de linaza debe ser protegido de la exposición prolongada a la luz, el calor y el aire. Así pues, manténgalo en el frigorífico tan herméticamente cerrado como le sea posible. Le recomiendo adquirirlo en cantidades reducidas y consumirlo en poco tiempo.

- **ÁCIDO EICOSAPENTANOICO (AEP).** Las investigaciones recientes indican que el ácido eicosapentanoico (AEP), una grasa fundamental que se encuentra naturalmente junto con el ácido docosahexanoico (ADH) en los peces de aguas frías y el *krill*, puede acelerar la quema de triglicéridos de cadena larga para producir energía, mejorando, por tanto, la producción de acetonas que suministran combustible al cerebro. Al igual que el aceite de linaza, el ácido eicosapentanoico (AEP) es delicado y altamente proclive a tornarse rancio. Por consiguiente, guarde las botellas o las cápsulas de aceite de pescado, o de AEP/ADH extraídos de aceite de pescado, en el frigorífico y a buen recaudo de la luz, el calor y el aire. Cuando es fresco, este producto no tiene sabor a pescado; ahora bien, si el suyo sabe a pescado, deshágase de él y compre un frasco nuevo. El aceite de *krill*, debido a su conexión química con los fosfolípidos (descrita en el capítulo 5), no necesita refrigeración. Manténgalo en un lugar fresco, seco y protegido de la incidencia directa de la luz, mas no refrigerado.

Recuadro 7.1: EL CÓCTEL ACETOGÉNICO

Tome el cóctel completo entre una y tres veces al día.

1-2 cucharadas soperas de aceite de triglicéridos de cadena media (TCM), alrededor de 15 gramos por cucharada.
Entre 1 cucharada de postre y 1 sopera de aceite de linaza.
50 mg de ácido eicosapentanoico (AEP).

Como ahora ya sabe, los episodios breves de apagones parciales de energía que se experimentan junto a los sofocos permiten que el neurotransmisor llamado glutamato se acumule en exceso. Este compuesto químico cerebral excita las células, incrementando a su vez la demanda energética en un sistema ya de por sí saturado. Si esto no se remedia, la sobrecarga podrá dañar o incluso destruir las células cerebrales. Como medida de protección añadida contra la sobreestimulación celular, mi sugerencia es que las mujeres que sufren los síntomas de la menopausia asimismo deberían incrementar las cantidades de ciertos suplementos específicos que toman diariamente, algunos de los cuales ya recomendé, aunque en dosis ligeramente inferiores, en el capítulo 5.

Recuadro 7.2: EL CÓCTEL ANTIEXCITACIÓN

Tome el cóctel completo dos veces al día.

400 miligramos de magnesio.	10 miligramos de tiamina.
75 microgramos de huperzina A.	50 miligramos de GABA.
5 miligramos de vinpocetina.	1 gramo de taurina.

Más 1 miligramo de melatonina antes de acostarse.

El primero de ellos es el magnesio, que en dosis elevadas no se absorbe bien y algunas veces puede causar diarreas leves. Si su intestino lo tolera, incremente la ingesta de magnesio hasta alcanzar un total diario de 800 miligramos, administrados en dos dosis idénticas de 400 miligramos. Incremente la dosis de huperzina A hasta alcanzar los 75 microgramos dos veces al día. Incluya la vinpocetina en una dosis diaria de 5 miligramos dos veces al día. Este grupo de suplementos contribuye a modular la excitación en el cerebro. Algunos otros suplementos también se han revelado muy útiles a la hora de fomentar la relajación cerebral. Entre ellos cabe destacar el ácido γ-aminobutírico (GABA) (un antagonista del glutamato), la taurina y la melatonina. Yo recomiendo tomar 50 miligramos de ácido γ-aminobutírico (GABA) dos veces al día y 1 miligramo de melatonina justo antes de acostarse. Además de la tiamina, estos suplementos actúan conjuntamente para relajar y calmar el cerebro, y constituyen el núcleo de lo que yo denomino el cóctel antiexcitación (véase el recuadro, pág. 245).

Observando la dieta correcta y tomando el cóctel acetogénico y el cóctel antiexcitación, usted se sentirá mejor, su pensamiento será más lúcido y certero y logrará inhibir los sofocos antes de que aparezcan.

Los dolores de cabeza y las migrañas

Tal vez se sorprenda si le digo que el cerebro no experimenta el dolor. Como cualquier neurocirujano, he practicado todo tipo de cirugías en muchos pacientes que estaban despiertos, se habían puesto cómodos e incluso hablaban conmigo. Por extraño que pueda sonar, se trata de una técnica que los neurocirujanos en ocasiones debemos utilizar cuando operamos tumores o vasos sanguíneos en las proximidades o en el interior de los centros cerebrales asociados con el habla. Ahora bien, si el cerebro no puede sentir dolor, entonces ¿por qué experimentamos dolores de cabeza? Está muy claro que en nuestra cabeza hay alguna cosa que no es el cerebro que nos causa dolor. En rigor, en la cabeza hay un buen número de tejidos sensibles al dolor que son los responsables de esa peculiar forma de sufrimiento que llamamos dolor de cabeza.

Los dolores de cabeza son de diversos tipos, siendo algunos de ellos muy dolorosos aunque no graves. Otros, como las migrañas, nos incapacitan completamente, al menos de forma temporal. Se estima que entre el 10 y el 15% de la población mundial sufre migrañas, ese dolor de cabeza punzante, generalmente situado en un costado, que se manifiesta acompañado por náuseas, vómitos y sensibilidad a la luz, el ruido y el movimiento. Lo más interesante de las migrañas es que aunque el cerebro no puede sentir dolor, resulta que este órgano es la causa principal de este tipo de dolor, una noción que abordaré en breves momentos. Pero antes de hacerlo, permítame que le cuente una historia.

Las migrañas no son nuevas. No en vano han sido identificadas, diagnosticadas y tratadas por quienes ejercen la medicina durante miles de años. La referencia conocida más temprana —el papiro Ebers, fechado alrededor del año 1550 a.C. en la ciudad egipcia de Tebas— menciona varios remedios para «quienes sufren dolor en la mitad de la cabeza» (el cuadro clásico de la migraña que hoy conocemos), incluyendo entre otros uno muy curioso que prescribe ungir la cabeza con «las cenizas del cráneo quemado de un siluro». Alrededor de mil años más tarde, el médico griego de nombre Hipócrates fue el primero en describir las clásicas auras que afectan a la visión —los destellos, los resplandores, las formas brillantes, los centelleos, los puntos luminosos, los colores o los halos que se desplazan por el campo visual—, y que advierten a uno de cada cinco pacientes que se avecina una fuerte migraña. Luego, en el siglo II d.C., el médico romano Galeno inventó el término *hemicrania* (la mitad de la cabeza), que posteriormente devino en el vocablo inglés *megrim* y más tarde, acuñada con vocación de permanencia, la palabra francesa *migraine* que todavía usamos en la actualidad. Pero ¿en qué consiste exactamente este dolor de cabeza?

Una migraña se origina enteramente en el seno del cerebro, en ausencia de dolor, con un estallido de activaciones inusuales procedentes de uno o más racimos pequeños de células cerebrales. Esta señal seguidamente se dispersa en la forma de una onda expansiva de excitación eléctrica que afecta a toda la superficie del cerebro, como los círculos concéntricos expansivos que se dibujan en las aguas mansas tras arrojar una piedra. Si el estallido inicial tiene lugar en una parte del cerebro que controla la visión, la onda de actividad eléctrica consecuente podría ser la responsable de las auras (los destellos intermitentes, las formas brillantes y los centelleos) en aquellas personas que las experimentan antes de que se desarrolle el dolor de cabeza.

En todo caso, ¿qué es lo que provoca que el racimo de células cerebrales se excite de un modo desacostumbrado, anómalo, tornándose hiperactivo, y empiece a activarse como se ha explicado? Los estudios señalan que esto se debe a una acumulación de calcio y sodio en el interior de las células, y que si el calcio y el sodio se acumulan es, aparentemente y una vez más, a causa de un déficit en la producción de energía. Como hemos visto, para modular la excitación excesiva las células cerebrales deben ser capaces de expulsar rápidamente el calcio y el sodio una vez que ambos elementos hayan hecho su trabajo en el interior. Sin embargo, se trata de una operación que requiere mucha energía; y cuando la célula no pueda satisfacer la demanda, brotará un foco de hiperexcitación.

La activación anormal propiciada por este apagón relativo en el suministro de energía deriva en la liberación de diversos compuestos (algunos que causan inflamación, otros que ensanchan o estrechan las arterias) al colchón líquido que rodea y protege el cerebro y la médula espinal. Una vez allí, estos compuestos irritan los sensores del dolor del nervio trigeminal, el nervio principal encargado de detectar sensaciones como el dolor en aquellos tejidos del interior de la cabeza capaces de sentirlo (esencialmente los vasos sanguíneos y los tejidos fibrosos que cubren el cerebro). Actualmente se piensa que la irritación de los sensores del dolor situados en la superficie de los vasos sanguíneos y el recubrimiento cerebral por parte de estos compuestos, causa propiamente las migrañas. Y lo que es peor, la repetición de los episodios de migraña y la estimulación recurrente hacen que las terminaciones nerviosas de estas zonas se vuelvan hiperirritables y, en suma, más sensibles; tanto es así que incluso la liberación de cantidades menores de sustancias inflamatorias puede provocar un dolor de cabeza. Además, para la mayoría de las personas que sufren migrañas, un número creciente de alimentos y actividades —el chocolate, el estrés, el alcohol, la falta de sueño, las fluctuaciones hormonales e incluso determinados quesos— que parecen contribuir a desencadenar un ataque también incrementan su frecuencia. En última instancia, esto podría convertirse en un círculo vicioso de frustración y dolor, de modo que muchos pacientes se confiesan incapaces de romper los ciclos. ¡Pero hay esperanza!

Como ya se ha apuntado, la razón más común por la cual las células cerebrales se vuelven hiperexcitables es que experimentan una caída importante en la producción de energía que las deja sin fuerza suficiente para expulsar el calcio y el sodio de su interior. Aunque existe un buen número de fármacos prescritos contra los ataques, que operan reduciendo la hiperexcitabilidad celular y resultan muy útiles para controlar las migrañas, la ciencia actual nos ofrece otra pista que guía nuestros pasos hacia un remedio más sencillo que puede aliviarnos considerablemente.

Las sofisticadas técnicas de escaneado cerebral han logrado documentar la presencia de bajos niveles de magnesio en los pacientes con migrañas. Si es cierto que esta deficiencia desempeña algún papel en el desencadenamiento de una migraña como resultado de permitir la acumulación excesiva de calcio, entonces sería razonable decir que la administración de un suplemento de magnesio con el fin de restaurar su concentración debería ser beneficiosa, dado que el magnesio limita el flujo de calcio en dirección a las células nerviosas. Las investigaciones revelan que en efecto es así: la aportación de magnesio puede contribuir a prevenir las migrañas y también puede hacerlas menos dolorosas y duraderas.

Recuadro 7.3: EL CÓCTEL ANTIMIGRAÑAS

Nótese, por favor, que el cóctel antimigrañas supone la ingesta total diaria recomendada de estos nutrientes, de modo que deberá tomarse en sustitución y *nunca además* de las cantidades de estos nutrientes que recomendé en el capítulo 5. Tome este cóctel dos veces al día.

400 miligramos de magnesio.
1 gramo de taurina.
100 miligramos de coenzima Q10.
100 microgramos de huperzina A.
10 miligramos de vinpocetina.

Más el cóctel acetogénico (véase la pág. 244) dos veces al día (si las migrañas siguen siendo problemáticas después de probar una vez el cóctel descrito arriba).

De manera similar, con suplementos de otras varias sustancias naturales se han obtenido resultados prometedores. El aminoácido llamado taurina, por ejemplo, ha demostrado ser muy eficaz a la hora de mitigar la excitabilidad de las células cerebrales, cosa que supone un gran avance en la prevención de las migrañas. La vinpocetina es un extracto herbáceo que según todos los estudios sirve para bloquear el canal del sodio en una manera muy similar a como el magnesio bloquea la entrada del calcio. La huperzina A, por su parte, bloquea la hiperexcitabilidad causada por el exceso de glutamato, otro de los compuestos químicos cerebrales que causan excitación. Actuando conjuntamente, estos agentes naturales conforman un régimen de nutrientes muy efectivo (véase el recuadro 7.3, pág. 249) que reduce la frecuencia y la severidad de las migrañas.

Por último, señalar que quienes sufren migrañas podrían también necesitar hacer algunos ajustes en el régimen general de suplementos nutricionales que recomiendo en el capítulo 5, más concretamente incrementar las dosis diarias totales de ciertos suplementos para así protegerse mejor de las crisis de energía que pueden desencadenar las migrañas.

UNA CARTA DEL MÉDICO

Y finalmente, suplementos nutricionales aparte, la dieta básica que comemos puede tener un tremendo impacto en la frecuencia y la intensidad de las migrañas. Observemos con detenimiento el siguiente caso, muy interesante por cierto, la historia de una paciente que desde hacía mucho tiempo sufría fuertes migrañas, descrita por su marido, médico de profesión, en una carta remitida al editor de la publicación médica *Headache*:[6]

Mi esposa empezó a sufrir dolores de cabeza severos cuando asistía a la escuela elemental. Los dolores de cabeza empeoraron durante su adolescencia, y fue entonces cuando fueron formalmente diagnosticados como migrañas. Las migrañas no eran una patología nueva en la historia familiar, pues por la rama paterna tenía antecedentes claros.

Ella describía las migrañas como un dolor insoportable, punzante y abrasador, como si la estuviesen atravesando con un cuchillo incandescente, y claramente localizado en una sien. Siendo ya una mujer adulta, los dolores de cabeza se intensificaron hasta producirse varias veces por semana. Para mitigar el dolor, introdujo toda suerte de cambios en su estilo de vida, pero esto se reveló inoperante y nada pudo alterar la frecuencia de las migrañas. El ejercicio físico, la dieta y dos embarazos tampoco surtieron ningún efecto beneficioso para su salud. A lo largo de los años visitó a varios neurólogos que le prescribieron diversas medicaciones... Imitrex 50 mg, Emerge 2,5 mg, y Fioricet.

---

6. Procedente de Strahlman, R. S. (2006): «Can Ketosis Help Migraine Sufferers? A Case Report», en *Headache* 46, pág. 182.

En su intento de perder el peso que había ganado durante sus embarazos, [mi esposa] se inscribió en un programa dietético realizado bajo estricta supervisión médica... un ayuno modificado, tomando entre tres y cuatro batidos al día ricos en proteínas y bajos en carbohidratos [200 calorías]..., su única fuente de calorías. Apareció la acetona o cetosis... [y] se mantuvo una dieta que restringía las calorías en torno a las 600 u 800 diarias...

Después de presentarse la cetosis, mi esposa pasó de tener dolores de cabeza prácticamente todos los días a librarse casi por completo de las migrañas. Su última migraña ocurrió a finales de abril de 2004. Mi esposa mantuvo la cetosis y el ayuno modificado durante casi siete meses más, y seguidamente abandonó el ayuno y empezó a alimentarse normalmente. Desde entonces los dolores de cabeza han brillado por su ausencia. A fecha de hoy, ha pasado de tener migrañas diarias ha disfrutar de un período de 14 meses sin sufrir un solo ataque, y ha reincorporado algunos alimentos sensibles a su dieta tales como el alcohol y el chocolate, que bien podrían desencadenar una migraña, sin que haya experimentado efectos negativos. La acetona parece haber curado las migrañas de mi esposa... Me he decidido a publicar esta carta con la esperanza de que sirva para estimular las investigaciones sobre este asunto, para que se confirmen los beneficios que tiene la dieta acetogénica en el tratamiento de las migrañas.

Una historia sorprendente, seguro, pero ¿acaso es sólo eso? ¿Tenemos alguna base científica para creer que la cetosis mitigaría las migrañas del mismo modo que inhibe los sofocos? ¡Así es! La cetosis altera la manera en que las células cerebrales procesan determinadas sustancias, como, por ejemplo, algunos aminoácidos, ora estimulándolos ora moderando su acción, reorientando el equilibro hasta producir un efecto global tranquilizador en el cerebro. Los efectos beneficiosos de la dieta acetogénica a la hora de inducir la calma en un cerebro hiperexcitable han sido comprobados una y otra vez durante casi un siglo, revelándose, pues, como un tratamiento efectivo para los niños que padecen trastornos con ataques severos y no responden satisfactoriamente a la medicación.

Consecuentemente, tendría mucho sentido decir que una dieta acetogénica, tal como el ayuno modificado que observaba la esposa del médico autor de la carta, contribuye a reducir la frecuencia de las migrañas. Si lo observamos detenidamente, entenderemos que un ataque es un tipo de actividad incontrolada desencadenada por una excitación anormal que se origina en un pequeño grupo de células cerebrales, mientras que una migraña es el resultado de un tipo diferente de estallido incontrolado de excitación anormal que se produce en un grupo similar de células cerebrales.

Si usted sufre el acoso de las migrañas, no le convendrá observar una dieta muy baja en calorías, con un ayuno modificado y bajo estricto control facultativo durante muchos meses, en lo que constituye una dieta acetogénica. Antes bien le recomiendo seguir las directrices básicas del programa Brain Trust en todo lo relativo a la dieta, los suplementos nutricionales y el ejercicio físico. En muchos casos podría no necesitar más. Si, tras seguir el plan, siguiera padeciendo las migrañas, entonces le sugeriría observar lo que se indica en el recuadro 7.3.

El embotamiento de los sentidos

Los órganos sensoriales —los ojos, los oídos, la piel y las papilas gustativas— podrían parecernos un hatajo dispar de partes corporales que no guardan relación alguna, aunque, en sentido estricto, se trata de extensiones cerebrales muy especializadas. La retina (varias capas de células de formas y funciones muy variadas, localizadas en el fondo del ojo) no es otra cosa que una membrana integrada por terminaciones especializadas del nervio óptico (el nervio que conecta el ojo con el cerebro). Estas terminaciones nerviosas poseen la capacidad de convertir las ondas de luz que penetran en el ojo en mensajes químicos y finalmente en impulsos eléctricos que viajan a lo largo del nervio óptico hasta el lóbulo occipital (la parte del cerebro que nos permite ver las señales que el ojo recibe), ubicado en la región posterior del cerebro. En ella se reciben las impresiones luminosas y se representan las imágenes de los objetos.

El oído, al menos la parte visible desde el exterior, no es más que un embudo que recoge las ondas sonoras y las conduce hasta el tímpano, cuya función consiste en transformarlas en energía mecánica para estimular las diminutas terminaciones nerviosas presentes en la cóclea, una cavidad ósea en forma de caracol situada en lo más profundo del cráneo. Las terminaciones nerviosas de la cóclea están conectadas directamente con las células nerviosas alojadas en las regiones encargadas de procesar el sonido de los lóbulos temporales del cerebro. Lo mismo es aplicable a la nariz, que no es otra cosa que una pareja de embudos que captan el aire y lo conducen hasta las concavidades donde se encuentran las terminaciones nerviosas del nervio olfativo (el nervio correspondiente al sentido del olfato), que a su vez están conectadas con las distintas regiones cerebrales que participan en la percepción de los olores.

Al igual que el cerebro, con la edad los órganos sensoriales experimentan una degeneración que puede ser mayor o menor. Como consecuencia de ello, nuestros sentidos pierden sensibilidad y se embotan. No vemos con tanta nitidez, nuestro oído no es tan fino y perdemos parte de nuestra capacidad para oler y apreciar los sabores. Como ocurre con el cerebro, y puesto que los órganos sensoriales son extensiones especializadas de las células cerebrales, por medio de una alimentación sana y unos pocos cuidados elementales podremos preservar su salud y mantenerlos en un óptimo estado de funcionamiento.

A modo de ejemplo: una de las causas principales de la ceguera que se produce con la edad (aparte de la diabetes, que es con diferencia la causa número uno) es la degeneración macular, es decir, la muerte de las células nerviosas situadas en la zona más crucial de la retina en el fondo del ojo. Permítame ahora que distinga este trastorno de orden visual que se produce con el envejecimiento de otro mucho más común que padecen casi todos los adultos después de los cuarenta años de edad, haciendo necesario el uso de gafas para leer: la presbicia o vista cansada, la dificultad para ver con nitidez los objetos situados a corta distancia que nos afecta a casi todos. Los cambios producidos por la edad reducen el poder de acomodación de modo progresivo e irreversible. La acomodación es el mecanismo que utiliza el ojo para enfocar de cerca. Consiste en la acción del músculo ciliar sobre el cristalino, aumentando su espesor (del cristalino) y, por tanto, la potencia del mismo. La necesidad de gafas para ver de cerca no guarda relación alguna con el cerebro; antes bien es el resultado del endurecimiento de las lentes del ojo, las encargadas de enfocar las imágenes que vemos sobre la retina. Cuando se endurecen con el envejecimiento, el mecanismo simple y llanamente deja de funcionar y, al menos en este punto, no es mucho lo que podemos hacer para corregir la presbicia.

Por lo que respecta a la menos común pero más grave degeneración macular, las investigaciones han demostrado de forma reiterada que ciertos antioxidantes y compuestos derivados de determinadas plantas, particularmente los extractos de luteína y arándanos, pueden reducir drásticamente el riesgo de desarrollar la degeneración macular y preservar la visión durante más tiempo. Además del régimen nutricional y los suplementos dietéticos prescritos como parte del programa Brain Trust, yo también recomiendo que las personas con antecedentes familiares de padecer la degeneración macular tomen ambos compuestos en la forma de suplementos y protejan sus ojos de los rayos solares con la ayuda de gafas de sol adecuadas, con lentes dotadas con filtros de rayos ultravioletas, o también con un sombrero de ala ancha o con visera siempre que salgan al exterior en días soleados. Otro producto dietético muy útil se comercializa masivamente con el nombre de PreserVision, un preparado que contiene vitaminas C y E combinadas con cobre y zinc.

Las personas que sufren una pérdida de audición causada por el paso de los años suelen quejarse por las dificultades que experimentan a la hora de oír y seguir las conversaciones en lugares muy concurridos. La pérdida progresiva de audición directamente asociada con el envejecimiento, conocida por el término médico *presbiacusia*, afecta a los sonidos de alta frecuencia, a menudo aquellos que se sitúan en el rango de la voz humana, y es debida fundamentalmente a alteraciones en las células nerviosas, desgastadas en parte por la exposición reiterada a toda suerte de ruidos con un volumen elevado. A lo largo de la vida, especialmente en entornos urbanos, salvo durante las horas de sueño, una sucesión incesante de ruidos ataca nuestros oídos: bocinas de automóviles, chirridos de frenos, sirenas estridentes, alarmas, sonidos de masas y la música amplificada —que hoy se reproduce de manera atronadora por medio de los reproductores portátiles de archivos MP3, servida directamente en nuestros canales auditivos día tras día.

Se ha señalado el exceso de ruido como el principal culpable de la sobreexcitación de las células cerebrales que integran el nervio auditivo (del oído). Como bien recordará de lo dicho en capítulos anteriores, la excitación se produce cuando una gran cantidad del neurotransmisor conocido por el nombre de glutamato anega las células, un hecho que posibilita la entrada de un importante flujo de calcio, que, puesto que es un elemento tóxico para las células, debe ser repelido y expulsado de su interior, una acción que exige un consumo energético desmesurado. El trabajo que comporta la extracción del calcio del interior celular bien puede exceder su capacidad de producción de energía. Cuando esto ocurre, el calcio y su mensaje tóxico se acumulan en el seno de las células nerviosas, ahora muy vulnerables. Bajo estas condiciones, las células cerebrales pueden literalmente resultar excitadas hasta la muerte a causa del exceso de ruido crónico. Con el transcurrir del tiempo, el resultado neto es la pérdida de las células que son necesarias para la audición. De este modo, ¿qué podemos hacer para remediarlo aparte de utilizar dispositivos para proteger el oído, debidamente aprobados por los organismos reguladores correspondientes (o al menos tapones para los oídos), la próxima vez que vayamos a un concierto de los Rolling Stones o bajar el volumen del iPod? Como ya se explicó en el capítulo 5, usted puede proteger su cerebro y sus células nerviosas desde el interior lentificando la entrada del calcio; esto se consigue consumiendo magnesio, el bloqueador natural del canal del calcio. Diversos estudios han logrado documentar que la toma de suplementos con magnesio (400 mg por día) sirve para preservar el oído frente a los posibles traumas causados por la sobreexcitación que produce el ruido.

Asimismo, nuestra capacidad para detectar los olores disminuye con el paso de los años y constituye otro ejemplo de cómo un cerebro sano puede enfermar. El sentido del olfato radica en las regiones más primitivas del cerebro. Es muy probable que en tiempos pretéritos fuese mucho más importante para la supervivencia de nuestra especie que en la actualidad, cuando el sentido del olfato nos alertaba de la cercanía de los predadores o bien nos indicaba el rastro de algunos animales que nos servían de alimento. En el presente, y aunque podríamos sentirnos tentados a considerar la pérdida del sentido del olfato, una afección muy extendida entre nuestros mayores, como un inconveniente de orden menor, lo cierto es que puede entrañar ciertos riesgos además de ser un signo precoz de algunas patologías potencialmente más graves que afectan al cerebro.

Digamos, por ejemplo, que un respetable caballero de edad avanzada ha perdido su capacidad de detectar el hedor sulfuroso que emana de un huevo podrido. En un primer momento, usted podría sentir la tentación de decir «¿Y qué? ¿Quién en sus cabales disfrutaría oliendo huevos podridos?». No se precipite. Las compañías suministradoras de gas natural agregan una esencia de olor muy distintiva (para la inmensa mayoría de nosotros, un olor harto desagradable) al producto incoloro, inodoro, insípido y altamente inflamable que llevan hasta nuestras casas, para que seamos conscientes de su existencia. Así, si en algún momento se produjese un escape de gas de proporciones considerables, podríamos detectarlo sin dificultad (gracias al sentido del olfato). Retomando una idea anterior, nuestros sentidos más primitivos nos alertarían de tal circunstancia para protegernos. Por consiguiente, la pérdida de la capacidad de detectar los olores podría revelarse fatal si, de manera totalmente inconsciente, usted decidiera encender un fósforo en presencia del gas natural acumulado tras un escape. Un peligro de gran magnitud, qué duda cabe. Pero todavía resulta más importante si tomamos en consideración que la pérdida del olfato puede ser una manifestación externa de un cerebro en apuros. Es más, podría predecir un mayor riesgo de desarrollar la temible enfermedad de Alzheimer. Lo antedicho ha sido documentado gracias al Test de la identificación por el olfato de la University of Pennsylvania (UPSIT en su acrónimo inglés). Véase el recuadro 7.4.

Recuadro 7.4: TEST DE 10 CONCEPTOS PARA LA IDENTIFICACIÓN POR EL OLFATO DE LA UNIVERSIDAD DE PENNSYLVANIA (UPSIT)

La versión larga del UPSIT se emplea de forma habitual en las investigaciones cuyo objetivo es detectar anomalías en la identificación por medio del olfato. Las deficiencias en la identificación y la discriminación por el olfato, especialmente cuando vienen acompañadas por un desconocimiento de la pérdida de esta capacidad, suelen presentar algún vínculo con el deterioro cognitivo normalmente asociado con el desarrollo de ovillos neurofibrilares, las alteraciones patológicas que suelen presentar quienes padecen la enfermedad de Alzheimer. Recuerde que los órganos sensoriales son, en sentido bastante literal, extensiones directas del cerebro y que, como tales, a menudo reflejan su estado de salud, pudiendo también anunciar cambios futuros. El principal inconveniente de la batería completa de pruebas que componen el UPSIT es que su realización requiere un análisis muy exhaustivo y prolongado. Para preservar su utilidad, aunque también para hacerlo más práctico, se ha identificado un subgrupo de 10 conceptos que retienen la esencia del test al tiempo que simplifican drásticamente la administración del perfil de olores. Son los conceptos que se exponen aquí.

Para que un examen del olfato resulte útil en la detección de ciertos tipos de deterioro mental, su diseño debe ser sensible a las alteraciones evidentes más tempranas, debe ser corto y fácil de administrar, y aportar algo relevante a los factores de riesgo que se emplean actualmente para el diagnóstico. Así pues, lo más indicado es que un miembro de la familia administre el test al sujeto, llámese un pariente o un amigo, diez minutos después de que se hayan recogido todas las sustancias que intervienen en el estudio. Los resultados del test, en combinación con la ignorancia de la existencia de anomalías en su sentido del olfato por parte del sujeto, son indicadores mucho más fiables de su evolución hacia la enfermedad de Alzheimer o el deterioro mental que una baja puntuación en el test del olfato por sí sola.

Los diez olores en cuestión son: mentol, clavo, cuero, fresa, lila, piña, humo, jabón, olor a gas natural (huevo podrido) y limón.

Dado que no existe un kit disponible en el mercado, usted tendrá que reunir las fuentes de estos olores. Almacene los frascos en un lugar al que el sujeto no tenga acceso. Para realizar el test, vende los ojos del sujeto y permítale oler los diez frascos durante 15 segundos. Aguarde medio minuto para que pueda pensar y darle su respuesta antes de proponerle el siguiente olor.

La puntuación oscila en un rango del 1 al 10. Una puntuación de 10 significa que el sujeto ha identificado correctamente todos los olores que componen el test. Si ha cometido 3 errores o más, entonces deberemos concluir que el riesgo de desarrollar la enfermedad de Alzheimer se ha quintuplicado. Es muy importante señalar aquí que la pérdida del olfato asociada con algunas patologías locales, como la sinusitis, por ejemplo, invalidan el resultado del test. Además, cualquier resultado deberá ser interpretado desde una óptica global, como parte de una evaluación médica más amplia y exhaustiva. (*)

(*) Toda la información procede de Tabert, M. H., Liu, X., Doty, R. L., Serby, M., Zamora, D., Pelton, A. H., Marder, K., Alberts, M. W., Stern, Y., y Devanand, D. P. (2005): «A 10-Item Smell Identification Scale Related to Risk for Alzheimer's Disease», en *Annals of Neurology* 58, págs. 155-160.

257

La enfermedad de Alzheimer: el ladrón de la memoria

Ni que decir tiene que este libro no trata específicamente sobre la enfermedad de Alzheimer, pero dado que esta patología en sí misma es la causa más devastadora del deterioro de la memoria, ningún libro sobre la memoria estaría completo sin abordarla en mayor o menor medida. El doctor Alois Alzheimer fue quien por vez primera describió la enfermedad que lleva su nombre hace ya un siglo, pero tanto sus causas como la manera de curarla todavía son desconocidas. Ello no significa que todo un siglo de investigación científica haya sido infructuoso. A día de hoy, es mucho lo que sabemos sobre el desarrollo de la enfermedad en los planos microscópico y molecular. Es probable que las investigaciones en curso esclarezcan algunos secretos relativos a sus causas. Además, se ha comprobado que un buen número de fármacos que hoy se comercializan son modestamente eficaces en el combate de sus síntomas. Otras medicaciones en fase de desarrollo podrían ser claves para prevenir sus efectos devastadores en el futuro. No obstante, al margen de los tratamientos farmacológicos, tenemos razones para la esperanza y he aquí por qué.

Una de las principales líneas de investigación gira en torno a la capacidad que tiene el cerebro de metabolizar adecuadamente la glucosa (el azúcar en sangre). Los científicos han empleado un método muy especializado para obtener imágenes del cerebro que recibe el nombre de tomografía por emisión de positrones (PET), una técnica capaz de detectar y cuantificar la capacidad de las distintas regiones cerebrales para quemar la glucosa. Pues bien, los escáneres PET nos han revelado un dato de capital importancia: el primer hallazgo en la enfermedad de Alzheimer es un descenso sutil en el metabolismo cerebral de la glucosa, particularmente en aquellas áreas más íntimamente relacionadas con la memoria. En las personas portadoras del gen denominado apolipoproteína E (APOE) épsilon 4 (∈4), que las sitúa en serio riesgo de desarrollar la enfermedad de Alzheimer, los escáneres PET pueden identificar alteraciones en el metabolismo de la glucosa casi cuarenta años antes de que la memoria empiece a fallar.

La investigación con animales confirma la conexión entre un metabolismo del azúcar anormal y el desarrollo de la enfermedad de Alzheimer. En los experimentos de laboratorio, los científicos pueden interrumpir artificialmente los metabolismos del azúcar en sangre y la insulina en maneras muy diversas. Cuando lo hacen, los animales testados casi instantáneamente desarrollan una forma severa de resistencia a la insulina, pierden sus funciones de la memoria, y experimentan algún tipo de demencia. Es interesante notar aquí que estos animales asimismo desarrollan depósitos en sus cerebros que guardan una extraordinaria semejanza con las alteraciones que se detectan en los cerebros humanos que padecen el mal de Alzheimer. Aunque esta relación es sin duda intrigante, el grado de resistencia instantánea a la insulina que ocurre en este entorno experimental no es equiparable a lo que ocurre en aquellas personas que desarrollan resistencia a la insulina y diabetes al cabo de muchos años.

Al objeto de emular más fielmente la situación que se produce en los seres humanos, los investigadores crearon una versión de la diabetes y la resistencia a la insulina en ratones de laboratorio como resultado de alimentarlos con una dieta muy rica en fructosa, una azúcar simple que puede hallarse de manera natural en cantidades limitadas en las frutas (de ahí su nombre) y en grandes cantidades en el jarabe de maíz de alta fructosa, la sustancia edulcorante empleada en las colas no dietéticas así como en la inmensa mayoría de los dulces y las golosinas que se comercializan masivamente. Alimentados de esta manera, los ratones (al igual que los seres humanos) desarrollan gradualmente una resistencia a la insulina y, en última instancia, la diabetes. Incluso en este escenario más progresivo, los ratones respondían de manera muy similar, perdiendo memoria, desarrollando depósitos en el cerebro y finalmente demencia.

En combinación con los estudios realizados en humanos mediante escáneres PET que demuestran la existencia de anormalidades tempranas en el metabolismo de la glucosa en regiones cerebrales asociadas con la memoria en personas portadoras de gen APOE-Є4, esta investigación esboza un vínculo fundamental entre el metabolismo normal de la glucosa y la salud cerebral (o, a la inversa, una relación entre el metabolismo anormal de la glucosa y la enfermedad cerebral). Que las personas con diabetes, intolerancia a la glucosa y diversos grados de resistencia a la insulina (aun con un azúcar en sangre normal) enfrenten un riesgo doble de desarrollar un deterioro de la memoria, también indica que el sistema de la glucosa-insulina es un actor determinante en la preservación de la memoria con el paso de los años. ¿A qué se debe esto?

EMBROLLANDO LA MENTE

Los cerebros de los pacientes con la enfermedad de Alzheimer desarrollan un rasgo microscópico característico: unas agrupaciones de proteínas —denominadas ovillos neurofibrilares— que se depositan dentro de las células cerebrales mucho antes de que aparezcan los síntomas de la enfermedad. En primera instancia los ovillos pudieron apreciarse alrededor y en el interior de los centros de la memoria, si bien luego se encontraron de manera dispersa y previsible por todo el cerebro. Los ovillos neurofibrilares constituyen el único hallazgo visible directamente relacionado con la severidad de los síntomas de la enfermedad de Alzheimer —es decir, cuanto más numerosos y densos son estos ovillos, mayor es la gravedad de los síntomas.

¿Qué son estos ovillos? Como seguramente recordará de lo visto en el capítulo 2, la formación de las sinapsis, las conexiones entre las distintas células cerebrales, es un proceso semejante al levantamiento de la carpa de un circo —un enorme lienzo flexible (la membrana celular) sostenido por una serie de postes telescópicos (los microfilamentos) ajustados mediante cuerdas y tensores (las proteínas *tau*)—. Las células coordinan la fijación de las proteínas *tau* a los microfilamentos por medio de un mecanismo bioquímico que recibe el nombre de fosforilación, que puede explicarse, a grandes rasgos, como la producción de un pegamento de contacto con el que los postes se adhieren garantizando la seguridad del conjunto. Si la cantidad de pegamento fuese insuficiente, los postes se soltarían. Si fuese excesiva, todo se engancharía originando un embrollo importante, que es precisamente lo que ocurre cuando se producen los ovillos. Así pues, los ovillos son el resultado de una fosforilación excesiva e incontrolada de las proteínas *tau*, un proceso anómalo denominado hiperfosforilación.

Debido a su presencia casi universal en los pacientes de esta enfermedad y su estrecha relación con la severidad de los síntomas, estos ovillos se han erigido en el objeto de muchas investigaciones científicas. Y, como ocurre tantas veces en el campo de la medicina, la solución surgió donde menos se esperaba: en las ardillas que hibernaban.

Cuando las ardillas hibernan durante la temporada invernal, su temperatura corporal desciende y sus procesos metabólicos se ralentizan drásticamente, siendo su actividad cerebral prácticamente inexistente. Mientras el tiempo mejora y la temperatura ambiental aumenta, todas las funciones de su memoria permanecen inhabilitadas hasta cierto punto. Ahora bien, una vez que la temperatura corporal de las ardillas alcanza su nivel normal, sus funciones cerebrales se restauran completamente. Según parece, la hibernación es un proceso totalmente reversible tanto para el cuerpo como para el cerebro de las ardillas. Este hecho ha provocado que los científicos estudien en profundidad los cambios que tienen lugar en los cerebros de las ardillas durante este proceso, en la esperanza de encontrar respuestas a los enigmas planteados por la enfermedad de Alzheimer. Sus hallazgos son verdaderamente asombrosos.

Durante el período de animación «suspendida», unas estructuras semejantes a los ovillos aparecen temporalmente en los cerebros de las ardillas, si bien luego sufren un retroceso —al contrario que en la enfermedad de Alzheimer, en la que aparecen para quedarse—. El interrogante clave que todo investigador querría responder es qué hace que los ovillos de las ardillas desaparezcan, puesto que una comprensión cabal de este fenómeno tal vez podría desentrañar los misterios de su persistencia en el cerebro humano y nos revelaría como podemos revertir tal proceso. En las ardillas, al menos, esto parece tener relación con la temperatura.

Aunque parecería lógico afirmar que una vez que una ardilla alcanza un cierto grado de hibernación, permanecerá en ese estado de conservación de energía hasta los primeros deshielos que se producen con la llegada de la primavera, no es eso lo que sucede. Los animales que hibernan experimentan períodos cíclicos de excitación durante los cuales su temperatura aumenta parcialmente, lo cual sirve para incrementar su ritmo metabólico y la actividad de las ondas cerebrales. Como estos episodios cíclicos de excitación suponen un elevadísimo coste energético, los científicos consideran que deben desempeñar un papel importante en el proceso de hibernación, aunque todavía no han podido demostrar irrefutablemente cómo funcionan.

Lo que sí sabemos es que durante estos períodos de excitación se produce una reducción o un descenso del estado de fosforilación de las proteínas *tau*, un hecho que, a juicio de los científicos, tiene una importancia cardinal en la prevención del fenómeno por el cual las proteínas *tau* se transforman en ovillos. Todo indica que el cerebro de la ardilla está programado para calentarse lo suficiente y así alterar el proceso de fosforilación en la medida necesaria para mantener la fortaleza de las conexiones sinápticas y preservar las funciones asociadas con la memoria durante el período de hibernación, todo ello sin excederse. En ausencia de estos ciclos de calentamiento parcial programado —es decir, con bajas temperaturas e inactividad cerebral persistentes—, durante la etapa de hibernación se produciría una importante pérdida de conexiones neuronales; tanto es así que al despertarse el animal tendría que reiniciar el aprendizaje de todo un universo de información relevante (al menos en la escala de las ardillas). Tal vez, si no existieran estos ciclos, los ovillos devendrían más permanentes.

Y ahora regresemos a los principios de Ricitos de Oro: la cantidad de fosforilación tiene que ser exactamente la adecuada tanto en su duración como en su grado. Los períodos muy prolongados de fosforilación excesiva producen en el cerebro el efecto equivalente al de un poderoso pegamento de contacto, o sea, la deposición de los temidos ovillos y las consecuentes destrucción de células cerebrales y pérdida de memoria. Pero los humanos no somos ardillas terrestres y tampoco hibernamos. Dicho lo cual, ¿qué tendrá eso que ver con nosotros?

El nivel sostenido de resistencia a la insulina en el cerebro humano parece ser el vínculo crucial entre el metabolismo cerebral de la glucosa, la preservación de las sinapsis, las proteínas *tau* y los ovillos neurofibrilares. Porque, como la temperatura en las ardillas, en las personas la insulina tiene la capacidad de regular el grado y la duración de la fosforilación. Tan íntimo es este vínculo que los investigadores de la Brown University en Rhode Island llegaron a acuñar el término diabetes del tipo 3 para denominar lo que ocurre en los cerebros de las personas que sufren la enfermedad de Alzheimer. De ello se deduce que si la resistencia a la insulina en el cerebro se transforma en un estado permanente, tenderá a producir grados más intensos y prolongados de hiperfosforilación de las proteínas *tau* (más pegamento, para entendernos) y, en consecuencia, se incrementará el desarrollo de los ovillos neurofibrilares, que, como ya se dijo, guardan una estrecha relación con la demencia en el mal de Alzheimer.

Para complicar este asunto un poco más, el cerebro resistente a la insulina, al igual que el cuerpo resistente a la insulina, no puede usar la glucosa adecuadamente, una circunstancia que de forma inmediata priva al cerebro del combustible que necesita para producir energía. (Recuerde que las imágenes obtenidas mediante el escáner PET de los cerebros de individuos con un alto riesgo de desarrollar la enfermedad de Alzheimer evidenciaban este mismo defecto décadas antes de que apareciesen los síntomas.) Cuando el metabolismo de la glucosa empieza a fallar, el suministro de energía es escaso, las células cerebrales sufren disfunciones parciales, las conexiones intercelulares degeneran y sobreviene una suerte de neblina cerebral (el ofuscamiento). Si la energía es insuficiente, la célula será incapaz de controlar el acceso a su interior del flujo de moléculas excitatorias, como, por ejemplo, el calcio. Y si no se pone remedio a esta situación, la célula cerebral morirá.

¿Cómo podemos revertir este proceso? Esto puede lograrse corrigiendo la resistencia al azúcar tanto en el cuerpo como en el cerebro por medio de una alimentación adecuada, complementada con determinados nutrientes, e introduciendo algunos cambios en el estilo de vida, tal como se expuso en el capítulo 3. El control de la primera anomalía —el desarrollo de un metabolismo de la glucosa anómalo en el seno del cerebro— nos ofrece la mejor esperanza para prevenir el posterior desarrollo de la enfermedad de Alzheimer en los pacientes de alto riesgo, así como para estabilizar las funciones cerebrales en aquellos que ya han empezado a experimentar un deterioro de la memoria. El cerebro resistente a la insulina debe contar con fuentes de combustible alternativas a la glucosa que pueda quemar, como los cuerpos de acetona que naturalmente producen quienes siguen la dieta acetogénica y, de manera habitual y según se indica, consumen el cóctel acetogénico (véase la página 244) y el cóctel antiexcitación (véase la página 245). Proporcionar combustibles alternativos, como las acetonas, a las células cerebrales para que los quemen cuando haya escasez de glucosa suena muy prometedor, pero ¿acaso funciona realmente? Un experimento muy ingenioso insinúa que sí.

LAS ACETONAS AL RESCATE

Para investigar si las acetonas podrían reemplazar a la glucosa como combustible cerebral, los científicos dieron a una población compuesta por sujetos de estudio voluntarios una dosis de insulina por vía intravenosa (IV) en una cantidad calculada con la intención de inducir un descenso de su nivel de azúcar en sangre que prive al cerebro de la glucosa que necesita. Como se esperaba, la caída súbita del azúcar en sangre provocó una serie de síntomas en los sujetos: náuseas, desorientación, mareos y confusión mental. Acto seguido, los investigadores repitieron el experimento, pero esta vez dieron a un grupo de estos voluntarios una dosis de acetonas, también por vía intravenosa (IV), antes de administrarles insulina. Al igual que antes, el nivel de azúcar en sangre descendió sustancialmente en todos los individuos; pero el grupo que había recibido las acetonas no desarrolló los síntomas característicos de un nivel exiguo de azúcar en sangre. Actuaban y pensaban con total normalidad, demostrando con ello que la energía generada por las acetonas en el cerebro puede compensar perfectamente la pérdida de glucosa.

¿Pueden las acetonas ayudar a las personas que tienen un problema en el metabolismo de la glucosa, tales como las portadoras del gen APOE-ϵ4, las que sufren un deterioro cognitivo leve, y las que padecen auténticamente la enfermedad de Alzheimer (no en el laboratorio de investigación, sino en el mundo real)? Sí, todo indica que es posible. En este sentido cabe subrayar que en otro estudio los investigadores dieron a un grupo de pacientes con el mal de Alzheimer un suplemento de aceite de triglicéridos de cadena media (TCM), a la sazón uno de los ingredientes de mi cóctel acetogénico, y notaron una mejoría significativa tanto en la memoria como en la capacidad para pensar, razonar y concentrarse —en total ausencia de fármacos y sus indeseables efectos secundarios.

Como ocurre en los casos de las migrañas, los sofocos y el ofuscamiento mental característicos de la menopausia, la experiencia me ha enseñado que cuando un cerebro sano enferma, sea cual sea la causa —un traumatismo, una enfermedad, la edad, el desuso o el abuso—, una alimentación adecuada puede revelarse como la piedra de toque capaz de aliviar al cerebro en apuros, fortaleciéndolo y restaurando sus funciones, proporcionándonos un impulso de esperanza hacia una mejor calidad de vida.

Esta promesa de un futuro mejor empieza a resolverse hoy, tan pronto como usted se decida a incorporar los principios de la nutrición y el ejercicio físico a sus actividades cotidianas. Recuerde que los efectos de las modificaciones introducidas en su alimentación no serán apreciables tan rápidamente como los de una aspirina. Más bien irán apareciendo de manera gradual a lo largo de varias semanas o meses, toda vez que usted irá sustituyendo poco a poco las grasas de baja calidad por otras mejores, reponiendo la despensa de nutrientes esenciales para el cerebro, ajustando adecuadamente sus niveles, incrementando las masas muscular, ósea y cerebral, al tiempo que se forman nuevas conexiones intercelulares. Trabaje diligentemente y con rigor todas las facetas del programa Brain Trust. Sea paciente, persevere y no tardará en verificar sus muchas recompensas en la forma de una mayor lucidez, un pensamiento más ágil, una memoria más certera, una concentración mejorada, un sueño más profundo y reparador y un estado de ánimo más alegre. Todo como resultado de haber construido un cerebro más fuerte y más sano. Cuando lo consiga, estaré encantado de escuchar sus comentarios. Le animo a ponerse en contacto conmigo en www.drmccleary.com.

Recursos

LECTURAS Y OBRAS AUDIOVISUALES RECOMENDADAS

Pelton, Ross, LaValle, James B., Hawkins, Ernest B., y Krinsky, Daniel (2001): *Drug-Induced Nutrient Depletion Handbook*, Lexi-Comp, Hudson, OH. Este texto contiene información valiosa sobre nutrientes que pueden ser neutralizados mediante el uso de determinados fármacos.

The Secret Life of the Brain. Producida por David Grubin, 2002. Esta serie del Public Broadcasting Service nos regala la historia del cerebro, su anatomía, y su desarrollo físico desde la infancia hasta la edad adulta. Esta serie está disponible en VHS y DVD, y puede adquirirse a través del sitio web de PBS (www.pbs.org).

SITIOS WEB DE ALGUNAS ORGANIZACIONES E INSTITUCIONES ÚTILES

National Institute of Neurological Disorders and Stroke. «Brain Basics: Know Your Brain.» Disponible en www.ninds.nih.gov/disorders/brain_basics/know_your_brain.htm. En este sitio web encontrará una descripción muy completa del cerebro y la anatomía cerebral con un lenguaje asequible.

U.S. National Library of Medicine, National Institutes of Health. Disponible en www.nlm.nih.gov. Este sitio web proporciona acceso a la biblioteca médica más grande del mundo.

The National Association for Health & Fitness and the California Governor's Council on Physical Fitness & Sports. Disponible en www.physicalfitness.org.

The Better Hearing Institute. Disponible en www.betterhearing.org. Esta organización se dedica a ayudar a personas que sufren pérdida de oído.

The American Association for Geriatric Psychiatry. Disponible en www.aagpg-pa.org. Esta asociación está concebida para médicos especializados en la salud mental de personas de edad avanzada. Este sitio web contiene información sobre un amplio abanico de cuestiones relacionadas con la salud mental.

The National Sleep Foundation. Disponible en www.sleepfoundation.org. Este sitio web proporciona un listado con los nombres de muchos especialistas en los trastornos del sueño, contiene información sobre estos trastornos y referencias a incontables publicaciones pedagógicas y de divulgación científica.

The American Academy of Ophthalmology. Disponible en www.eyenet.org. Este sitio web proporciona información acerca de numerosos trastornos de la vista y otras causas de la pérdida de la visión.

The American Diabetes Association. Disponible en www.diabetes.org. Esta asociación le ayuda a encontrar información sobre la diabetes, las complicaciones diabéticas y otras cuestiones relacionadas.

The American Parkinson Disease Association. Disponible en www.apdaparkinson.org. Este sitio web contiene material educativo sobre la enfermedad de Parkinson e información sobre especialistas y servicios sociales comunitarios.

The Alzheimer's Association. Disponible en www.alz.org. Este sitio web aporta información sobre ensayos clínicos y enlaces a muchos otros sitios web de interés.

The American Brain Tumor Association. Disponible en www.abta.org. Este sitio web proporciona información pormenorizada sobre todos los tipos de cáncer cerebral, e incluye enlaces a varios sitios web muy útiles en todo lo relativo a los tumores cerebrales.

Brains.org. Disponible en www.brains.org. Este sitio web proporciona información destinada a personas que se dedican a la educación y la crianza de los hijos.

The Brain Injury Association. Disponible en www.biausa.org. La misión de esta asociación consiste en construir un futuro mejor a través de la sensibilización, la prevención, la investigación, la educación y el apoyo a los pacientes de lesiones cerebrales.

BrainBashers. Accesible en www.brainbashers.com. Un recurso disponible en la red donde encontrará rompecabezas, ingeniosidades, juegos online, ilusiones ópticas y acertijos.

Blogs obra social Caja Madrid. Disponible en www.cuidadoalzheimer.com. Información y recursos para los enfermos de Alzheimer y Parkinson.

Infodoctor. www.infodoctor.org. Información médica, sanitaria y una base de datos con más de 3000 publicaciones médicas. Textos y consultas sobre diversos trastornos cerebrales.

Revista de Neurología. Disponible en www.neurologia.com. Información sobre todo lo relacionado con los trastornos cerebrales y su tratamiento.

Revista Jano. Disponible en www.jano.es. Publicación médica y de humanidades que aborda en profundidad todo tipo de asuntos relacionados con la salud cerebral, el tratamiento de los trastornos neurológicos y los suplementos dietéticos.

Sociedad Española de Neurología (SEN). Disponible en www.sen.es. Organización especializada cuyo principal objetivo es promocionar y fomentar el progreso de la neurología, divulgando e impulsando los conocimientos de la especialidad y sus principios.

Neurología. Disponible en www.neurologia.rediris.es. Comunidad virtual creada dentro de la Red Académica y de Investigación Española (REDIRIS), para fomentar la comunicación científica en todos los ámbitos relacionados con la neurología clínica.

FUENTES RECOMENDADAS DE SUPLEMENTOS DIETÉTICOS, NUTRIENTES SALUDABLES Y ALIMENTOS ORGÁNICOS

Advanced Metabolic Research Group. Disponible en www.lucidal.com. Este sitio web contiene información sobre Lucidal, el suplemento dietético para el cerebro testado clínicamente, desarrollado y patentado por un servidor.

Omega Natural Science. Disponible en www.omegabrite.com. Este sitio web ofrece información acerca de OmegaBrite, uno de los mejores suplementos de ácidos grasos omega-3 de cadena larga que existen en el mercado, desarrollado por un médico de Harvard. Cada comprimido de OmegaBrite se fabrica cumpliendo los máximos estándares de calidad, es destilado para garantizar su pureza y procesado en un entorno de nitrógeno.

Eagle Eye Wine. Disponible en www.eagleeyewine.com. Este sitio web proporciona información sobre el vino orgánico Eagle Eye, cultivado y producido en Napa, California.

LocalHarvest. Disponible en www.localharvest.org. Este sitio web proporciona enlaces a proveedores de productos orgánicos localizados cerca de su hogar.

Broken Arrow Ranch. Disponible en www.brokenarrowranch.com. Este sitio web le instruirá sobre los productos cárnicos producidos en Ingram, Texas.

Woodstock Water Buffalo Co. Disponible en www.woodstockwaterbuffalo.com. Explore este sitio web y aprenderá mucho sobre las virtudes y los beneficios para la salud de la leche de búfalo de agua, el queso, y el yogur que se producen en South Woodstock, Vermont.

Neptune Technologies & Bioresources Inc. Disponible en www.neptunebiotech.com. Aquí encontrará información sobre el aceite de *krill* y su importancia para la buena salud cerebral. Nota: en mi sitio web (www.drmccleary.com) usted puede conseguir aceite de *krill*, o también en el sitio web de mis colegas (www.proteinpower.com).

Salud mediterránea. Disponible en www.saludmediterranea.com. Venta *online* de todo tipo de productos naturales para mejorar la salud y suplementos para deportistas.

Hipermercado natural. Disponible en www.hipermercadonatural.com. Herbolario, dietética, tienda de salud, consejos y compra *online* de productos naturales y suplementos vitamínicos.

Biofarm Europa. Disponible en www.biofarm.es. Información nutricional y venta online de productos dietéticos de fabricación propia.

269

Bibliografía

GENERAL

Andrews, M. H., y Matthews, S. G. (2003): «Antenatal Glucocorticoids: Is There Cause for Concern?», en *Fetal and Maternal Medicine Review* 14, págs. 329-354.

Arendt, T., Bruckner, M. K., Gertz, H. J., y Marcova, N. (1998): «Cortical Distribution of Neurofibrillary Tangles in Alzheimer's Disease Matches the Pattern of Neurons That Retain Their Capacity of Plastic Remodeling in the Adult Brain», en *Neuroscience* 83, págs. 991-1002.

Arendt, T. (2001): «Alzheimer's Disease as a Disorder of Mechanisms Underlying Structural Brain Self-Organization», en *Neuroscience* 102, págs. 723-765.

Arendt, T. (2001): «Disturbance of Neuronal Plasticity Is a Critical Pathogenetic Event in Alzheimer's Disease», en *International Journal of Developmental Neuroscience* 19, págs. 231-245.

Arendt, T. (2004): «Neurodegeneration and Plasticity», en *International Journal of Developmental Neuroscience* 22, págs. 507-514.

Barrett, A. M., Eslinger, P. J., Ballentine, N. H., y Heilman, K. M. (2005): «Unawareness of Cognitive Deficit (Cognitive Anosognosia) in Probable AD and Control Subjects», en *Neurology* 64, págs. 693-699.

Brookmeyer, R., Gray, S., y Kawas, C. (1998): «Projections of Alzheimer's Disease in the United States and the Public Health Impact of Delaying Disease Onset», en *American Journal of Public Health* 88, págs. 1337-1342.

Choi, D. W. (2003): «Glutamate, Cell Death, and Hats Off to Carl Cotman», en *Neurochemical Research* 28, págs. 1621-1624.

Den Heijer, T., Launer, L. J., Prins, N. D., van Dijk, E. J., Vermeer, S. E., Hofman, A., Koudstaal, P. J., y Breteler, M. M. B. (2005): «Association Between Blood Pressure, White Matter Lesions and Atrophy of the Medial Temporal Lobe», en *Neurology* 64, págs. 263-267.

Fossati, P., Radtchenko, A., y Boyer, P. (2004): «Neuroplasticity: From MRI to Depressive Symptoms», en *European Neuropsychopharmacol* 14, págs. S503-S510.

Gianaros, P. J., Greer, P. J., Ryan, C. M., y Jennings, J. R. (2006): «Higher Blood Pressure Predicts Lower Regional Grey Matter Volume: Consequences on Short-Term Information Processing», en *NeuroImage* 31, págs. 754-765.

Gold, S. M., Dziobek, I., Rogers, K., Bayoumy, A., McHugh, P. F., y Convit, A. (2005): «Hypertension and Hypothalamo-Pituitary-Adrenal Axis Hyperactivity Affect Frontal Lobe Integrity», en *Journal of Clinical Endocrinology and Metabolism* 90, págs. 3262-3267.

Grady, C. L., Springer, M. V., Honggwanishkul, D., McIntosh, A. R., y Winocur, G. (2006): «Age-Related Changes in Brain Activity Across the Adult Lifespan», en *Journal of Cognitive Neuroscience* 18, págs. 227-241.

Heflin, L. H., Meyerowitz, B. E., Hall, P., Lichtenstein, P., Johansson, B., Pedersen, N. L., y Gatz, M. (2005): «Cancer as a Risk Factor for Long-Term Cognitive Deficits and Dementia», en *Journal of the National Cancer Institute* 97, págs. 854-856.

Huang, Y. (2006): «Apolipoprotein E and Alzheimer's Disease», en *Neurology* 66, suplemento 1, págs. S79-S85.

Hynd, M. R., Scott, H. L., y Dodd, P. R. (2004): «Glutamate-Mediated Excitotoxicity and Neurodegeneration in Alzheimer's Disease», en *Neurochemistry International* 45, págs. 583-595.

Ikonomovic, M. D., Uryu, K., Abrahamson, E. E., Ciallella, J. R., Trojanowski, J. Q., Lee, V. M. Y., Clark, R. S., Marion, D. W., Wisniewski, S. R., y DeKosky, S. T. (2004): «Alzheimer's Pathology in Human Temporal Cortex Surgically Excised After Severe Brain Injury», en *Experiment Neurology* 190, págs. 192-203.

Kapoor, A., Dunn, E., Kostacki, A., Andrews, M. H., y Matthews, S. G. (2006): «Fetal Programming of Hypothalamo-Pituitary-Adrenal Function: Prenatal Stress and Glucocorticoids», en *Journal of Physiology* 572, págs. 31-44.

Kawashima, R., Okita, K., Yamazaki, R., Tajima, N., Yoshida, H., Taira, M., Iwata, K., Sasaki, T., Maeyama, K., Usui, N., y Sugimoto, K. (2005): «Reading Aloud and Arithmetic Calculation Improve Frontal Function of People with Dementia», en *Journal of Gerontology, Series A, Biological Sciences and Medical Sciences* 60, págs. 380-384.

Kidd, P. M. (2005): «Neurodegeneration from Mitochondrial Insufficiency: Nutrients, Stem Cells, Growth Factors and Prospects for Brain Rebuilding Using Integrative Management», en *Alternative Medicine Review* 10, págs. 268-290.

Luchsinger, J. A., Reitz, C., Honig, L. S., Tang, M. X., Shea, S., y Mayeux, R. (2005): «Aggregation of Vascular Risk Factors and Risk of Alzheimer's Disease», en *Neurology* 65, págs. 545-551.

Lupien, S. J., y Lepage, M. (2001): «Stress, Memory and the Hippocampus: Can't Live With It, Can't Live Without It», en *Behavioral Brain Research* 127, págs. 137-158.

Lye, T. C., y Shores, E. A. (2000): «Traumatic Brain Injury as a Risk Factor for Alzheimer's Disease: A Review», en *Neuropsychology Review* 10, págs. 115-129.

Mesulam, M. M. (1999): «Neuroplasticity Failure in Alzheimer's Disease: Bridging the Gap Between Plaques and Tangles», en *Neuron* 24, págs. 521-529.

Montaran, M. F., Drapeau, E., Dupret, D., Kitchener, P., Aurousseau, C., Le Moal, M., Piazza, P. V., y Abrous, D. N. (2006): «Lifelong Corticosterone Level Determines Age-Realted Decline in Neurogenesis and Memory», en *Neurobiology of Aging* 27, págs. 645-654.

Mortimer, J. A., Snowdon, D. A., y Markesbery, W. R. (2003): «Head Circumference, Education and Risk of Dementia: Findings from the Nun Study», en *Journal of Clinical and Experimental Neuropsychology* 25, págs. 671-679.

Mukamal, K. J., Kuller, L. H., Fitzpatrick, A. L., Longstreth Jr., W. T., Mittleman, M. A., y Siscovick, D. S. (2003): «Prospective Study of Alcohol Consumption and Risk of Dementia in Older Adults», en *Journal of the American Medical Association* 289, págs. 1405-1413.

Nathanielsz, P. W., y Padmanabhan, V. (2006): «Developmental Origin of Health and Disease», en *Journal of Physiology* 572, págs. 3-4.

Otto, M., Holthusen, S., Bahn, E., Sohnchen, N., Wiltfang, J., Geese, R., Fischer, A., y Reimers, C. D. (2000): «Boxing and Running Lead to a Rise in Serum Levels of S-100B Protein», en *International Journal of Sports Medicine* 21, págs. 551-555.

Phillips, D. I. W., y Jones, A. (2006): «Fetal Programming of Autonomic and HPA Function», en *Journal of Physiology* 572, págs. 45-50.

Radley, J. J., y Morrison, J. H. (2005): «Repeated Stress and Structural Plasticity in the Brain», en *Ageing Research Review* 4, págs. 271-287.

Richards, M., y Deary, I. J. (2005): «A Life Course Approach to Cognitive Reserve: A Model for Cognitive Aging and Development», en *Annals of Neurology* 58, págs. 617-622.

Riley, K. P., Snowdon, D. A., Desrosiers, M. F., y Markesbery, W. R. (2005): «Early Life Linguistic Ability, Late Life Cognitive Function and Neuropathology: Findings from the Nun Study», en *Neurobiology of Aging* 26, págs. 341-347.

Scarmeas, N., Zarahn, E., Anderson, K. E., Hilton, J., Flynn, J., Van Heertum, R, L., Sackheim, H. A., y Stern, Y. (2003): «Cognitive Reserve Modulates Functional Brain Responses During Memory Tasks: A PET Study in Healthy Young and Elderly Subjects», en *NeuroImage* 19, págs. 1215-1227.

Sundstrom, A., Marklund, P., Nilsson, L. G., Cruts, M., Adolfsson, R., Van Broeckhoven, C., y Nyberg, L. (2004): «APOE Influences on Neurophychological Function After Mild Head Injury», en *Neurology* 62, págs. 1963-1966.

Van Osch, L. A. D. M., Hogervorst, E., Combrinck, M., y Smith, A. D. (2004): «Low Thyroid-Stimulating Hormone as an Independent Risk Factor for Alzheimer Disease», en *Neurology* 62, págs. 1967-1971.

Whalley, L. J., Deary, I. J., Appleton, C. L., y Starr, J. M. (2004): «Cognitive Reserve and the Neurobiology of Cognitive Aging», en *Ageing Research Review* 3, págs. 369-382.

Whitmer, R. A., Sidney, S., Selby, J., Johnston, S. C., y Yaffe, K. (2005): «Midlife Cardiovascular Risk Factors and Risk of Dementia in Late Life», en *Neurology* 64, págs. 277-281.

Wolf, H., Hensel, A., Arendt, T., Kivipelto, M., Winblad, B., y Gertz, H. J. (2004): «Serum Lipids and Hippocampal Volume: The Link to Alzheimer's Disease?», en *Annals of Neurology* 56, págs. 745-749.

INFORMACIÓN SOBRE NUTRIENTES Y SUPLEMENTOS DIETÉTICOS

Albrecht, J. y Schousboe, A. (2005): «Taurine Interaction with Neurotransmitter Receptors in the CNS: An Update», en *Neurochemistry Research* 30, págs. 1615-1621.

Andress, R. H., Ducray, A. D., Huber, A. W., Pérez-Bouza, A., Krebs, S. H., Schlattner, U., Seiler, R. W., Wallimann, T., y Widmer, H. R. (2005): «Effects of Creatine Treatment on Survival and Differentiation of GABA-ergic Neurons in Cultured Striatal Tissue», en *Journal of Neurochemistry* 95, págs. 33-45.

Bastianetto, S., Yao, Z. X., Papadopoulos, V., y Quirion, R. (2006): «Neuroprotective Effects of Green and Black Teas and Their Catechin Esters Against Beta-Amyloid-Induced Toxicity», en *European Journal of Neuroscience* 23, págs. 55-64.

Bonoczk, P., Gulyas, B., Adam-Vizi, V., Nemes, A., Karpati, E., Kiss, B., Kapas, M., Szantay, C., Koncz, I., Zelles, T., y Vas, A. (2000): «Role of Sodium Channel Inhibition in Neuroprotection: Effect of Vinpocetine», en *Brain Research Bulletin* 53, págs. 245-254.

Bottiglieri, T., y Díaz-Arrastia, R. (2005): «Hyperhomocysteinemia and Cognitive Function: More than Just a Casual Link?», en *American Journal of Clinical Nutrition* 82, págs. 493-494.

Cohn, J. S. (2002): «Oxidized Fat in the Diet, Postprandial Lipaemia and Cardiovascular Disease», en *Current Opinion in Lipidology* 13, págs. 19-24.

Cole, G. M., Lim, G. P., Yang, F., Teter, B., Begum, A., Ma, Q., Harris-White, M. E., y Frautschy, S. A. (2005): «Prevention of Alzheimer's Disease: Omega-3 Fatty Acid and Phenolic Anti-Oxidant Interventions», en *Neurobiology of Aging* 26, suplemento 1, págs. 133-136.

El Idrissi, A., y Trenkner, E. (1999): «Growth Factors and Taurine Protect Against Excitotoxicity by Stabilizing Calcium Homeostasis and Energy Metabolism», en *Journal of Neuroscience* 19, págs. 9459-9468.

Foley, D. J., y White, L. R. (2002): «Dietary Intake of Antioxidants and Risk of Alzheimer's Disease», en *Journal of the American Medical Association* 287, págs. 3261-3263.

Friedland, R. P. (2003): «Fish Consumption and the Risk of Alzheimer's Disease», en *Archives of Neurology* 60, págs. 923-924.

Galli, R. L., Bielinski, D. F., Szprengiel, A., Shukitt-Hale, B., y Joseph, J. A. (2006): «Blueberry Supplemented Diet Reverses Age-Realted Decline in Hippocampal HS70 Neuroprotection», en *Neurobiology of Aging* 27, págs. 344-350.

Gordon, P. K., Nigam, S. V., Weitz, J. A., Dave, J. R., Doctor, B. P., y Ved, H. S. (2001): «The NMDA Receptor Ion Channel: Site for Binding of Huperzine A», en *Journal of Applied Toxicology* 21, págs. S47-S51.

Held, K., Antonijevic, I. A., Kunzel, H., Uhr, M., Wetter, T. C., Golly, C., Steiger, A., y Murck, H. (2002): «Oral Mg++ Supplementation Reverses Age-Related Neuroendocrine and Sleep EEG Changes in Humans», en *Pharmacopsychiatry* 35, págs. 135-143.

Joseph, J. A., Denisova, N. A., Arendash, G., Gordon, M., Diamond, D., Shukitt-Hale, B., y Morgan, D. (2003): «Blueberry Supplementation Enhances Signaling and Prevents Behavioral Deficits in an Alzheimer's Disease Model», en *Nutritional Neuroscience* 6, págs. 153-162.

Joseph, J. A., Shukitt-Hale, B. y Casadesus, D. (2005): «Reversing the Deleterious Effects of Aging on Neuronal Communication and Behavior: Beneficial Properties of Fruit Polyphenolic Compounds», en *American Journal of Clinical Nutrition* 81, suplemento, págs. 313S-316S.

Kruman, I. I., Mouton, P. R., Emokpae Jr., R., Cutler, R. G., y Mattson, M. P. (2005): «Folate Deficiency Inhibits Proliferation of Adult Hippocampal Progenitors», en *Neuroreport* 16, págs. 1055-1059.

Kuriyama, S. A., Hozawa, A., Ohmori, K., Shimazu, T., Matsui, T., Ebihara, S., Awata, S., Nagatomi, R., Arai, H., y Tsuli, I. (2006): «Green Tea Consumption and Cognitive Function: A Cross-Sectional Study from the Tsurugaya Project», en *American Journal of Clinical Nutrition* 83, páginas 355-361.

Lau, F. C., Shukitt-Hale, B., y Joseph, J. A. (2005): «The Beneficial Effects of Fruit Polyphenols on Brain Aging», en *Neurobiology of Aging* 26, suplemento 1, págs. 128-132.

Lonergan, P. E., Martin, D. S. D., Horrobin, D. F., y Lynch, M. A. (2004): «Neuroprotective Actions of Eicosapentaenoic Acid on Lipopolysaccharide-Induced Dysfunction in Rat Hippocampus», en *Journal of Neurochemistry* 91, págs. 20-29.

Louzada, P. R., Lima, A. C. P., Mendonca-Silva, D. L., Noel, F., De Mello, F. G., y Ferreira, S. T.(2004): «Taurine Prevents the Neurotoxicity of β-Amyloid and Glutamate Receptor Agonists: Activation of GABA Receptors and Possible Implications for Alzheimer's Disease and Other Neurological Disorders», en *FASEB Journal* 18, págs. 511-518.

Molnar, P., y Erdo, S. L. (1995): «Vinpocetine is as Potent as Dilantin to Block Voltage-Gated Na+ Channels in Rat Cortical Neurons», en *European Journal of Pharmacology* 6, págs. 303-306.

Moore, M. E., Piazza, A., McCartney, Y., y Lynch, M. A. (2005): «Evidence that Vitamin D Reverses the Age-Related Inflammatory Changes in the Rat Hippocampus», en *Biochemistry Society Transactions* 33, pág. 577.

Morris, M. C., Evans, D. A., Bienias, J. L., Scherr, P. A., Tangney, C. C., Hebert, L. E., Bennett, D. A., Wilson, R. S., y Aggarwal, N. (2004): «Dietary Niacin and the Risk of Incident Alzheimer's Disease and of Cognitive Decline», en *Journal of Neurology, Neurosurgery and Psychiatry* 75, págs. 1093-1099.

Morris, M. C., Evans, D. A., Bienias, J. L., Tangney, C. C., Bennett, D. A., Wilson, R. S., Aggarwal, N., y Schneider, J. (2003): «Consumption of Fish and N-3 Fatty Acids and Risk of Incident Alzheimer's Disease», en *Archives of Neurology* 60, págs. 940-946.

Morris, M. C., Evans, D. A., Tangney, C. C., Bienias, J. L., y Wilson, R. S. (2005): «Fish Consumption and Cognitive Decline with Age in a Large Community Study», en *Archives of Neurology* 62, págs. 1849-1853.

Paula-Lima, A. C., De Felice, F. G., Brito-Moreira, J., y Ferreira, S. T. (2005): «Activation of GABA (A) Receptors by Taurine and Muscimol Blocks the

Neurotoxicity of β-Amyloid in Rat Hippocampal and Cortical Neurons», en *Neuropharmacology* 49, págs. 1140-1148.

Quadri, P., Fragiacomo, C., Pezzati, R., Zanda, E., Forloni, G., Tettamanti, M., y Lucca, U. (2004): «Homocysteine, Folate and Vitamin B-12 in Mild Cognitive Impairment, Alzheimer's Disease and Vascular Dementia», en *American Journal of Clinical Nutrition* 80, págs. 114-122.

Quinn, J. F., Bussiere, J. R., Hammond, R. S., Montine, T. J., Henson, E, Jones, R. E., y Stackman Jr., R. W. (de próxima aparición): «Chronic Dietary Alpha-Lipoic Acid Reduces Deficits in Hippocampal Memory of Aged Tg2576 Mice», en *Neurobiology of Aging*.

Ravaglia, G., Forti, P., Maioli, F., Martelli, M., Servadei, L., Brunetti, N., Porcellini, E., y Licastro, F. (2005): «Homocysteine and Folate as Risk Factors for Dementia and Alzheimer's Disease», en *American Journal of Clinical Nutrition* 82, págs. 636-643.

Shishodia, S., Sethi, G., y Aggarwal, B. A. (2005): «Curcumin: Getting Back to the Roots», en *Annals of the New York Academy of Science* 1056, págs. 206-217.

Tucker, K. L., Qiao, N., Scott, T., Rosenberg, I., y Spiro III, A. (2005): «High Homocysteine and Low B Vitamins Predict Cognitive Decline in Aging Men: The Veterans Affairs Normative Aging Study», en *American Journal of Clinical Nutrition* 82, págs. 627-635.

Wang, R., y Tang, X. C. (2005): «Neuroprotective Effects of Huperzine A: A natural Cholinesterase Inhibitor for the Treatment of Alzheimer's Disease», en *Neurosignals* 14, págs. 71-82.

Wu, A., Ying, Z., y Gómez-Pinilla, F. (2004): «Dietary Omega-3 Fatty Acids Normalize BDNF Levels, Reduce Oxidative Damage, and Counteract Learning Disability After Traumatic Brain Injury in Rats», en *Journal of Neurotrauma* 21, págs. 1457-1467.

Wu, H., Jin, Y., Wei, J., Jin, H., Sha, D., y Wu, J. Y. (2005): «Mode of Action of Taurine as a Neuroprotector», en *Brain Research* 1038, págs. 123-131.

Yehuda, S., Rabinovitz, S., y Mostofsky, D. I. (2005): «Essential Fatty Acids and the Brain: From Infancy to Aging», en *Neurobiology of Aging* 26, suplemento 1, págs. 98-102.

Yehuda, S. (2003): «Omega-6/Omega-3 Ratio and Brain-Related Functions», en *World Review of Nutrition and Dietetics* 92, págs. 37-56.

Youdim, K. A., Shukitt-Hale, B., y Joseph, J. A. (2004): «Flavonoids and the Brain: Interactions at the Blood-Brain Barrier and Their Psychological Effects on the Central Nervous System», en *Free Radical Biology & Medicine* 37, págs. 1683-1693.

Zandi, P. P., Anthony, J. C., Khachaturian, A. S., Stone, S. V., Gustafson, D., Tschanz, J. T., Norton, M. C., Welsh-Bohmer, K. A., Breitner, J. C. S., (para el Cache County Study Group) (2004): «Reduced Risk of Alzheimer's Disease in Users of Antioxidant Vitamin Supplements», en *Archives of Neurology* 61, págs. 82-88.

Zangara, A. (2003): «The Psychopharmacology of Huperzina A: An Alkaloid with Cognitive Enhancing and Neuroprotective Properties of Interest in the Treatment of Alzheimer's Disease», en *Pharmacology, Biochemistry and Behavior* 75, págs. 675-686.

Zelles, T., Franklin, L., Koncz, I., Lendvai, B., y Zsilla, G. (2001): «The Nootropic Drug Vinpocetine Inhibits Veratridine-Induced [Ca+]i Increase in Rat Hippocampal CA1 Pyramidal Cells», en *Neurochemistry Research* 26, págs. 1095-1100.

Zhao, P., Huang, Y. L., y Cheng, J. S. (1999): «Taurine Antagonizes Calcium Overload Induced by Glutamate or Chemical Hypoxia in Cultured Rat Hippocampal Neurons», en *Neuroscience Letters* 268, págs. 25-28.

INFORMACIÓN SOBRE EL OÍDO Y LOS ZUMBIDOS

Attias, J., Sapir, S., Bresloff, I., Reshaf-Haran, I., e Ising, H. (2004): «Reduction in Noise-Induced Temporary Threshold Shift in Human Following Oral Magnesium Intake», en *Clinical Otolaryngology and Allied Sciences* 29, págs. 635-641.

Attias, J., Weisz, G., Almog, S., Shahar, A., Wiener, M., Joachims, Z., Netzer, A., Ising, H., Rebentisch, E., y Gunther, T. (1994): «Oral Magnesium Intake Reduces Permanent Hearing Loss Induced by Noise Exposure», en *American Journal of Otolaryngology* 15, págs. 26-32.

Cevette, M. J., Vormann, J., y Franz, K. (2003): «Magnesium and Hearing», en *Journal of the American Academy of Audiology* 14, págs. 202-212.

Eggermont, J. J. (2005): «Tinnitus: Neurobiological Substrates», en *Drug Discovery Today* 10, págs. 1283-1290.

Gathwala, G. (2001): «Neuronal Protection with Magnesium», en *Indian Journal of Pediatrics* 68, págs. 417-419.

Haupt, H., y Scheibe, F. (2002): «Preventive Magnesium Supplement Protects the Inner Ear Against Noise-Induced Impairment of Blood Flow and Oxygenation in the Guinea Pig», en *Magnesium Research* 15, págs. 17-25.

Joachims, Z., Netzer, A., Ising, H., Rebentisch, E., Attias, J., y Gunther, T. (1993): «Oral Magnesium Supplementation as Prophylaxis for Noise-Induced Hearing Loss: Results of a Double Blind Field Study», en *Schriftenr Ver Wasser Boden Lufthyg* 88, págs. 503-516.

Kaltenbach, J. A., Zhang, J., y Finlayson, P. (2005): «Tinnitus as a Plastic Phenomenon and Its Possible Neural Underpinnings in the Dorsal Cochlear Nucleus», en *Hearing Research* 206, págs. 200-226.

Lynch, E. D., y Kil, J. (2005): «Compounds for the Prevention and Treatment of Noise-Induced Hearing Loss», en *Drug Discovery Today* 10, págs. 1291-1298.

Moller, A. R. (2001): «Symptoms and Signs Caused by Neural Plasticity», en *Neurology Research* 23, págs. 565-572.

Oestreicher, E., Arnold, W., Ehrenberger, K., y Felix, D. (1998): «Memantine Suppresses the Glutaminergic Neurotransmission of Mammalian Inner Hair Cells», en *ORL, Journal for Oto-Rhino-Laryngology and Its Relative Specialties* 60, págs. 18-21.

Oestreicher, E., Arnold, W., Ehrenberger, K., y Felix, D. (1999): «New Approaches for Inner Ear Therapy with Glutamate Antagonists», en *Acta Oto-Laryngologica* 119, págs. 174-178.

Oestreicher, E., Wolfgang, A., y Felix, D. (2002): «Neurotransmission of the Cochlear Inner Ear Cell Synapse-Implications for Inner Ear Therapy», en *Advances in Otorhinolaryngology* 59, págs. 131-139.

Puel, J. L., Ruel, J., d»Aldin, G., y Pujol, R. (1998): «Excitotoxicity and Repair of Cochlear Synapses After Noise-Trauma Induced Hearing Loss», en *Neuroreport* 9, págs. 2109-2114.

Pujol, R., Rebillard, G., Puel, J. L., Lenoir, M., Eybalin, M., y Recasens, M. (1990): «Glutamate Neurotoxicity in the Cochlea: A Possible Consequence of Ischemic or Anoxic Conditions Occurring in Ageing», en *Acta Oto-Laryngologica Supplementum* 476, págs. 32-36.

Salvi, R. J., Wang, J., y Ding, D. (2000): «Auditory Plasticity and Hyperactivity Following Cochlear Damage», en *Hearing Research* 147, páginas 261-274.

Scheibe, F., Haupt, H., e Ising, H. (2000): «Preventive Effect of Magnesium Supplement on Noise-Induced Hearing Loss in the Guinea Pig», en *European Archives of Otorhinolaryngology* 257, págs. 10-16.

Seidman, M. D., Ahmad, N., y Bai, U. (2002): «Molecular Mechanisms of Age-Related Hearing Loss», en *Ageing Research Reviews* 1, págs. 331-343.

INFORMACIÓN SOBRE EL SUEÑO Y EL CEREBRO

Chee, M. W. L., y Choo, W. C. (2004): «Functional Imaging of Working Memory After 24 Hr of Total Sleep Deprivation», en *Journal of Neuroscience* 24, págs. 4560-4567.

Gottselig, J. M., Hofer-Tinguely, G., Borbely, A. A., Regel, S. J., Landolt, H. P., Retey, J. V., y Acherman, P. (2004): «Sleep and Rest Facilitate Auditory Learning», en *Neuroscience* 127, págs. 557-561.

Guzmán-Marín, R., Suntsova, N., Methippara, M., Greiffenstein, R., Szymusiak, R., y McGinty, D. (2005): «Sleep Deprivation Suppresses Neurogenesis in the Adult Hippocampus of Rats», en *European Journal of Neuroscience* 22, págs. 2111-2116.

Kavanau, J. L. (1997): «Memory, Sleep and the Mechanisms of Synaptic Efficacy Maintenance», en *Neuroscience* 79, págs. 7-44.

Kavanau, J. L. (2002): «REM and NREM Sleep as Natural Accompaniments of the Evolution of Warm-Bloodedness», en *Neuroscience and Biobehavioral Reviews* 26, págs. 889-906.

Kavanau, J. L. (1998): «Vertebrates That Never Sleep: Implications for Sleep's Basic Function», en *Brain Research Bulletin* 46, págs. 269-279.

Miyamoto, H., y Hensch, T. K. (2003): «Reciprocal Interaction of Sleep and Synaptic Plasticity», en *Molecular Intervention* 3, págs. 404-417.

INFORMACIÓN SOBRE EL METABOLISMO DE LA INSULINA Y LAS FUNCIONES CEREBRALES

Biessels, G. J., Bravenboer, B., y Gispen, W. H. (2004): «Glucose, Insulin and the Brain: Modulation of Cognition and Synaptic Plasticity in Health and Disease: A Preface», en *European Journal of Pharmacology* 490, págs. 1-4.

Buren, J., y Eriksson, J. W. (2005): «Is Insulin Resistance Caused by Defects in Insulin's Target Cells or by a Stressed Mind?», en *Diabetes/Metabolism Research and Reviews* 21, págs. 487-494.

Carro, E., y Torres-Alemán, I. (2004): «The Role of Insulin and Insulin-like Growth Factor 1 in the Molecular and Cellular Mechanisms Underlying the Pathology of Alzheimer's Disease», en *European Journal of Pharmacology* 490, págs. 127-133.

Convit, A. (2005): «Links Between Cognitive Impairment in Insulin Resistance: An Explanatory Model», en *Neurobiology of Aging* 26S, págs. S31-S35.

Convit, A., Wolf, O. T., Tarshish, C., y de León, M. J. (2003): «Reduced Glucose Tolerance Is Associated with Poor Memory Performance and Hippocampal

Atrophy Among Normal Elderly», en *Proceedings of the National Academy of Sciences of the United States of America* 100, págs. 2019-2022.

Craft, S. (2005): «Insulin Resistance and Cognitive Impairment», en *Archives of Neurology* 62, págs. 1043-1044.

Craft, S. (2005): «Insulin Resistance Syndrome and Alzheimer's Disease: Age- and-Obesity-Related Effects on Memory. Amyloid and Inflammation», en *Neurobiology of Aging* 26S, págs. S65-S69.

Craft, S., y Watson, G. S. (2004): «Insulin and Neurodegenerative Disease: Shared and Specific Mechanisms», en *Lancet* 3, págs. 169-178.

Fishel, M. A., Watson, G. S., Montine, T. J., Wang, Q., Green, P. S., Kulstad, J. J., Cook, D. G., Peskind, E. R., Baker, L. D., Goldgaber, D., Nie, W., Asthana, S., Plymate, S. R., Schwartz, S. W., y Craft, S. (2005): «Hyperinsulinemia Provokes Synchronous Increases in Central Inflammation and β-Amyloid in Normal Adults», en *Archives of Neurology* 62, págs. 1539-1544.

Freude, S., Plum, L., Schnitker, J., Lesser, U., Udelhoven, M., Krone, W., Brunning, J. C., y Schubert, M. (2005): «Peripheral Hyperinsulinemia Promotes Tau Phosphorylation in Vivo», en *Diabetes* 54, págs. 3343-3348.

Gasparini, L., Netzer, W. J., Greengard, P., y Xu, H. (2002): «Does Insulin Dysfunction Play a Role in Alzheimer's Disease?», en *Trends in Pharmacological Sciences* 23, págs. 288-293.

Gasparini, L., y Xu, H. (2003): «Potential Roles of Insulin and IGF-1 in Alzheimer's Disease», en *Trends in Neurosciences* 26, págs. 404-406.

Geroldi, C., Frisoni, G. B., Paolisso, G., Bandinelli, S., Guralnik, J. M., y Ferrucci, L. (2005): «Insulin Resistance in Cognitive Impairment», en *Archives of Neurology* 62, págs. 1067-1072.

Gribble, F. M. (2005): «A Higher Power for Insulin», en *Nature* 434, págs. 965-966.

Hashizume, K., Suzuki, S., Hara, M., Komatsu, A., y Yamashita, K. (2006): «Metabolic Syndrome and Age-Related Dementia: Endocrinological Aspects of Adaptation to Aging», en *Mechanisms of Ageing and Development* 127, págs. 507-510.

Henderson, S. T. (2004): «High Carbohydrate Diets and Alzheimer's Disease», en *Medical Hypotheses* 62, págs. 689-700.

Ho, L., Qin, W., Pompl, P. N., Xiang, Z., Wang, J., Zhao, Z., Peng, Y., Cambareri, G., Rocher, A., Mobbs, C. V., Hof, P. R., y Pasinetti, G. M. (2004): «Diet-Induced Insulin Resistance Promotes Amyloidosis in a Transgenic Mouse Model of Alzheimer's Disease», en *FASEB Journal* 18, págs. 902-904.

Hong, M., y Lee, V. M. Y. (1997): «Insulin and Insulin-like Growth Factor-1 Regulate Tau Phosphorylation in Cultured Human Neurons», en *Journal of Biological Chemistry* 272, págs. 19547-19533.

Lester-Coll, N., Rivera, E. J., Soscia, S. J., Doiron, K., Wands, J. R., y de la Monte, S. M. (2006): «Intracerebral Streptozotocin Model of Type 3 Diabetes: Relevance to Sporadic Alzheimer's Disease», en *Journal of Alzheimer's Disease* 9, págs. 13-33.

Luchsinger, J. A., Tang, M. X., Shea, S., y Mayeux, R. (2004): «Hyperinsulinemia and Risk of Alzheimer's Disease», en *Neurology* 63, págs. 1187-1192.

Martos, R., Valle, M., Morales, R., Canete, R., Gavilán, M. I., y Sánchez-Margalet, V. (2006): «Hyperhomocysteinemia Correlates with Insulin Resistance and Low-Grade Systemic Inflammation in Obese Prepubertal Children», en *Metabolism* 55, págs. 72-77.

McCall, A. L. (2005): «Altered Glycemia and Brain-Update and Potential Relevance to the Aging Brain», en *Neurobiology of Aging* 26S, págs. S70-S75.

Nelson, T. J., y Alkon, D. L. (2005): «Insulin and Cholesterol Pathways in Neuronal Function, Memory and Neurodegeneration», en *Biochemistry Society Transactions* 33, págs. 1033-1036.

Rasgon, N. L., y Kenna, H. A. (2005): «Insulin Resistance in Depressive Disorders and Alzheimer's Disease: Revisiting the Missing Link Hypothesis», en *Neurobiology of Aging* 26S, págs. S103-S107.

Reger, M. A., Watson, G. S., Frey, W. H., Baker, L. D., Cholerton, B., Keeling, M. L., Benlongia, D. A., Fishel, M. A., Plymate, S. R., Schellenberg, G. D., Cherrier, M. M., y Craft, S. (2006): «Effects of Intranasal Insulin on Cognition in Memory-Impaired Older Adults: Modulation by APOE Genotype», en *Neurobiology of Aging* 27, págs. 451-458.

Risner, M. E., Saunders, A. M., Altman, J. F. B., Ormandy, G. C., Craft, S., Foley, I. M., Zvartu-Hind, M. E., Hosford, D. A., y Roses, A. D. (2006): «Efficacy of Rosiglitazone in a Genetically Defined Population with Mild-to-Moderate Alzheimer's Disease», en *Pharmacogenomics Journal* 6, págs. 222-224.

Salkovic-Petrisic, M., Tribl, F., Schmidt, M., Hoyer, S., y Riederer, P. (2006): «Alzheimer-like Changes in Protein Kinase B and Glycogen Synthase Kinase-3 in Rat Frontal Cortex and Hippocamppus After Damage to the Insulin Signaling Pathway», en *Journal of Neurochemistry* 96, págs. 1005-1015.

Schubert, M., Gautam, D., Surjo, D., Ueki, K., Baudler, S., Schubert, D., Kono, T., Abler, J., Galldiks, N., Ulsterman, E., Arndt, S., Jacobs, A. H., Crone, W.,

Kahn, C. R., y Bruning, J. C. (2004): «Role for Neuronal Insulin Resistance in Neurodegenerative Diseases», en *Proceedings of the National Academy of Sciences of the United States of America* 101, págs. 3100-3105.

Steen, E., Terry, B. M., Rivera, E. J., Cannon, J. L., Neely, T. R., Tavares, R., Xu, X. J., Wands, J. R., y de la Monte, S. M. (2005): «Impaired Insulin and Insulin-like Growth Factor Expression and Signaling Mechanisms in Alzheimer's Disease — Is This Type 3 Diabetes?», en *Journal of Alzheimer's Disease* 7, págs. 63-80.

Strachan, M. W. J. (2005): «Insulin and Cognitive Function in Humans: Experimental Data and Therapeutic Considerations», en *Biochemistry Society Transactions* 33, págs. 1037-1040.

Wada, A., Yokoo, H., Yanagita, T., y Kobayashi, H. (2005): «New Twist on Neuronal Insulin Receptor Signaling in Health, Disease and Therapeutics», en *Journal of Pharmacological Sciences* 99, págs. 128-143.

Watson, G. S., y Craft, S. (2006): «Insulin Resistance, Inflammation and Cognition in Alzheimer's Disease: Lessons for Multiple Sclerosis», en *Journal of Neurological Sciences* 245, págs. 21-33.

Watson, G. S., y Craft, S. (2004): «Modulation of Memory by Insulin and Glucose: Neurophychological Observations in Alzheimer's Disease», en *European Journal of Pharmacology* 490, págs. 97-113.

Yaffe, K., Kanaya, A., Lindquist, K., Simonsick, E. M., Harris, T., Shorr, R. I., Tylavsky, F. A., y Newman, A. B. (2004): «The Metabolic Syndrome, Inflammation and Risk of Cognitive Decline», en *Journal of the American Medical Association* 292, págs. 2237-2242.

INFORMACIÓN SOBRE LA HIBERNACIÓN, LA HIPOTERMIA Y EL HAMBRE

Ávila, J., y Díaz-Nido, J. (2004): «Tangling with Hypothermia», en *Nature Medicine* 10, págs. 460-461.

Arendt, T., Stieler, J., Strijkstra, A. M., Hut, R. A., Rudiger, J., Van der Zee, E. A., Harkany, T., Holzer, M., y, Hartig, W. (2003): «Reversible Paired Helical Filament-like Phosphorylation of Tau Is an Adaptive Process Associated with Neuronal Plasticity in Hibernating Animals», en *Journal of Neurosciences* 23, págs. 6972-6981.

Yanagisawa, M., Planel, E., Ishiguro, K., y Fujita, S. C. (1999): «Starvation Induces Tau Phosphorylation in Mouse Brain: Implications for Alzheimer's Disease», en *FEBS Letters* 461, págs. 329-333.

INFORMACIÓN SOBRE LOS CUERPOS DE ACETONA, LA ACETOGÉNESIS, Y LOS TRIGLICÉRIDOS DE CADENA MEDIA

Cullingford, T. E. (2004): «The Ketogenic Diet: Fatty Acids, Fatty Acid-Activated Receptors and Neurological Disorders», en *Prostaglandins, Leukotrienes and Essential Fatty Acids* 70, págs. 253-264.

Cunnane, S. C. (2004): «Metabolic and Health Implications of Moderate Ketosis and the Ketogenic Diet», en *Prostaglandins, Leukotrienes and Essential Fatty Acids* 70, págs. 233-234.

Cunnane, S. C. (2004): «Metabolism of Polyunsaturated Fatty Acids and Ketogenesis: An Emerging Connection», en *Prostaglandins, Leukotrienes and Essential Fatty Acids* 70, págs. 237-241.

Daikhin, Y., y Yudkoff, M. (1998): «Ketone Bodies and Brain Glutamate and GABA Metabolism», en *Developmental Neuroscience* 20, págs. 358-364.

Freemantle, E. Vandal, M., Tremblay-Mercier, J., Tremblay, S., Blachere, J. C., Begin, M. E., Brenna, J. T., Windust, A., y Cunnane, S. C. (2006): «Omega-3 Fatty Acids, Energy Substrates and Brain Function During Aging», en *Prostaglandins, Leukotrienes and Essential Fatty Acids* 75, págs. 213-220.

Haas, R. H., Rice, M. A., Trauner, D. A., y Merritt, T. A. (1986): «Therapeutic Effects of a Ketogenic Diet in Rett Syndrome», en *American Journal of Medical Genetics, Supplement* 1, págs. 225-246.

Massieu, L., Haces, M. L., Montiel, T., y Hernández-Fonseca, K. (2003): «Acetoacetate Protects Hippocampal Neurons Against Glutamate-Mediated Neuronal Damage During Glycolysis Inhibition», en *Neuroscience* 120, págs. 365-378.

Murphy, R., Likhodii, S., Nylen, K., y Burnham, W. M. (2004): «The Antidepressant Properties of the Ketogenic Diet», en *Biological Psychiatry* 56, págs. 981-983.

Nebeling, L. C., y Lerner, E. (1995): «Implementing a Ketogenic Diet Based on Medium-Chain Triglyceride Oil in Pediatric Patients with Cancer», en *Journal of the American Dietetic Association* 95, págs. 693-697.

Plum, L., Schubert, M., y Bruning, J. C. (2005): «The Role of Insulin Receptor Signaling in the Brain», en *Trends in Endocrinology and Metabolism* 16, págs. 59-65.

Reger, M. A., Henderson, S. T., Hale, C., Cholerton, B., Baker, L. D., Watson, G. S., Hyde, K., Chapman, D., y Craft, S. (2004): «Effects of Beta-Hydroxybutyrate on Cognition in Memory-Impaired Adults», en *Neurobiology of Aging* 25, págs. 311-314.

Van der Auwera, I., Wera, S., Van Leuven, F., y Henderson, S. T. (2005): «A Ketogenic Diet Reduces Amyloid Beta 40 and 42 in a Mouse Model of Alzheimer's Disease», en *Nutrition & Metabolism [London]* 2, pág. 28.

Veech, R. L. (2004): «The Therapeutic Implications of Ketone Bodies: The Effects of Ketone Bodies in Pathological Conditions: Ketogenic Diet, Redox States, Insulin Resistance and Mitochondrial Metabolism», en *Prostaglandins, Leukotrienes and Essential Fatty Acids* 70, págs. 309-319.

Veech, R. L., Chance, B., Kashiwaya, Y., Lardy, H. A., y Cahill Jr., G. F. (2001): «Ketone Bodies, Potential Therapeutic Uses», en *IUBMB Life* 51, págs. 241-247.

Yudkoff, M., Daikhin, Y., Nissim, I., Horyn, O., Lazarow, A., Luhovyy, B., Wehrli, S., y Nissim, I. (2005): «Response of Brain Amino Acid Metabolism to Ketosis», en *Neurochemistry International* 47, págs. 119-128.

INFORMACIÓN SOBRE EL CONSUMO DE DROGAS Y EL CEREBRO

Iacovelli, L., Fulceri, F., De Blasi, A., Nicoletti, F., Ruggieri, S., y Fornai, F. (2006): «The Neurotoxicity of Amphetamines: Bridging Drugs of Abuse and Neurodegenerative Disorders», en *Experimental Neurology* 201, págs. 24-31.

Messinis, L., Kyprianidou, A., Malefaki, S., y Papathanasopoulos, P. (2006): «Neuropsychological Deficits in Long-Term Frequent Cannabis Users», en *Neurology* 66, págs. 737-739.

Parrott, A. C., y Lasky, J. (1998): «Ecstasy (MDMA) Effects Upon Mood and Cognition: Before, During and After a Saturday Night Dance», en *Psychopharmacology [Berlin]* 139, págs. 261-268.

Parrott, A. C., Lees, A., Garnham, N. J., Jones, M., y Wesnes, K. (1998): «Cognitive Performance in Recreational Users of MDMA (Ecstasy): Evidence for Memory Deficits», en *Journal of Psychopharmacology* 12, págs. 79-83.

Zalkanis, K. K., y Campbell, Z. (2006): «Memory Impairment in Now Abstinent MDMA Users and Continued Users: A Longitudinal Follow-up», en *Neurology* 66, págs. 740-741.

INFORMACIÓN SOBRE LA CONTAMINACIÓN, EL TABACO Y LA SALUD CEREBRAL

Calderón-Gardidueñas, L., Reed, W., Maronpot, R. R., Henríquez-Roldán, C., Delgado-Chávez, R., Calderón-Garcidueñas, A., Dragustinovis, I., Franco-Lira, M., Aragón-Flores, M., Solt, A. C., Altenberg, M., Torres-Jardon, R., y

Swenberg, J. A. (2004): «Brain Inflammation and Alzheimer»s-like Pathology in Individuals Exposed to Severe Air Pollution», en *Toxicologic Pathology* 32, págs. 650-658.

Fried, P. A., Watkinson, B., y Gray, R. (2006): «Neurocognitive Consequences of Cigarette Smoking in Young Adults: A Comparison with Pre-Drug Performance», en *Neurotoxicology Teratology* 28, págs. 517-525.

Hill, R. D., Nilsson, L. G., Nyberg, L., y Backman, L. (2003): «Cigarette Smoking and Cognitive Performance in Healthy Swedish Adults», en *Age and Ageing* 32, págs. 548-550.

Jacobsen, L. K., Krystal, J. H., Mencl, W. E., Westerveld, M., Frost, S. J., y Pugh, K. R. (2005): «Effects of Smoking and Smoking Abstinence on Cognition in Adolescent Tobacco Smokers», en *Biological Psychiatry* 57, págs. 56-66.

Ott, A., Andersen, K., Dewey, M. E., Letenneur, L., Brayne, C., Copeland, J. R. M., Dartigues, J. F., Kragh-Sorensen, P., Lobo, A., Martínez-Lage, J. M., Stijnen, T., Hofman, A., y Launer, L. J. (2004): «Effect of Smoking on Global Cognitive Function in Nondemented Elderly», en *Neurology* 62, págs. 920-924.

Paul, R. H., Brickman, A. M., Cohen, R. A., Williams, L. M., Niaura, R., Pogun, S., Clark, C. R., Gunstad, J., y Gordon, E. (2006): «Cognitive Status of Young and Older Cigarette Smokers: Data from the International Brain Database», en *Journal of Clinical Neuroscience* 13, págs. 457-465.

Richards, M., Jarvis, M. J., Thompson, N., Wadsworth, M. E. J. (2003): «Cigarette Smoking and Cognitive Decline in Midlife: Evidence from a Prospective Birth Cohort Study», en *American Journal of Public Health* 93, págs. 994-998.

INFORMACIÓN SOBRE EL EJERCICIO FÍSICO, LAS ACTIVIDADES Y EL CEREBRO

Adlard, P. A., Perreau, V. M., Pop, V., y Cotman, C. W. (2005): «Voluntary Exercise Decreases Amyloid Load in a Transgenic Model of Alzheimer's Disease», en *Journal of Neuroscience* 25, págs. 4217-4221.

Barbour, K. A., y Blumenthal, J. A. (2005): «Exercise Training and Depression in Older Adults», en *Neurobiology of Aging* 26S, págs. S119-S123.

Cobain, M. R., y Foreyt, J. P. (2005): «Designing "Lifestyle Interventions" with the Brain in Mind», en *Neurobiology of Aging* 26, suplemento 1, págs. 85-87.

Gómez-Pinilla, F., Ying, Z., Roy, R. R., Molteni, R., y Edgerton, V. R. (2002): «Voluntary Exercise Induces a BDNF-Mediated Mechanism That Promotes Neuroplasticity», en *Journal of Neurophysiology* 88, págs. 2187-2195.

Kramer, A. F., Colcombe, S. J., McAuley, E., Scalf, P. E., y Erickson, K. I. (2005): «Fitness, Aging and Neurocognitive Function», en *Neurobiology of Aging* 26S, págs. S124-S127.

Lawlor, D. A., y Hopker, S. W. (2001): «The Effectiveness of Exercise as an Intervention in the Management of Depression: Systematic Review and Meta-Regression Analysis of Randomized Controlled Trials», en *British Medical Journal* 322, págs. 1-8.

Mattson, M. P., Chan, S. L., y Duan, W. (2002): «Modification of Brain Aging and Neurodegenerative Disorders by Genes, Diet and Behavior», en *Physiological Reviews* 82, págs. 637-672.

Parnpiansil, P., Jutapakdeegul, N., Chentanez, T., y Kotchabhakdi, N. (2003): «Exercise During Pregnancy Increases Hippocampal Brain-Derived Neurotrophic mRNA Expression and Spatial Learning in Neonatal Rat Pup», en *Neuroscience Letters* 352, págs. 45-48.

Rovio, S., Kareholt, I., Helkala, E. L., Viitanen, M., Winblad, B., Tuomilehto, J. Soininen, H., y Nissinen, A. (2005): «Leisure-Time Physical Activity at Midlife and the Risk of Dementia and Alzheimer's Disease», en *Lancet Neurology* 4, págs. 705-711.

Wang, L., Larson, E. B., Bowen, J. D., y van Belle, G. (2006): «Performance-based Physical Function and Future Dementia in Older People», en *Archives of Internal Medicine* 166, págs. 1115-1120.

Watson, G. S., Reger, M. A., Baker, L. D., McNeely, M. J., Fujimoto, W. Y., Kahn, S. E., Boyko, E. J., Leonetti, D. L., y Craft, S. (2006): «Effects of Exercise and Nutrition on Memory in Japanese Americans with Impaired Glucose Tolerance», en *Diabetes Care* 29, págs. 135-136.

INFORMACIÓN SOBRE LA ACTIVIDAD COGNITIVA Y LA SALUD CEREBRAL

Ball, K., Berch, D. B., Helmers, K. F., Jobe, J. B., Leveck, M. D., Marsiske, M., Morris, J. N., Rebok, G. W., Smith, D. M., Tennstedt, S. L., Unverzagt, F. W., y Willis, S. L. (2002): «Effects of Cognitive Training Interventions with Olders Adults», en *Journal of the American Medical Association* 288, págs. 2271-2281.

Borzekowski, D. L. G., y Robinson, T. N. (2005): «The Remote, the Mouse, and the Number 2 Pencil: The Household Media Environment and Academic Achievement Among Third Grade Students», en *Archives of Pediatrics & Adolescent Medicine* 159, págs. 607-613.

Erickson, K. I., Colcombe, S. J., Wadhwa, R., Bherer, L., Peterson, M. S., Scalf, P. E., Kim, J. S., Alvarado, M., y Kramer, A. F. (de próxima aparición): «Training-Induced Plasticity in Older Adults: Effects of Training on Hemispheric Asymmetry», en *Neurobiology of Aging*.

Fritsch, T., Smyth, K. A., Dubanne, S. M., Petot, G. J., y Friedland, R. P. (2005): «Participation in Novelty-Seeking Leisure Activities and Alzheimer's Disease», en *Journal of Geriatric Psychiatry and Neurology* 18, págs. 134-141.

Hancox, R. J., Milne, B. J., y Poulton, R. (2005): «Association of Television Viewing During Childhood with Poor Educational Achievement», en *Archives of Pediatrics & Adolescent Medicine* 159, págs. 614-618.

Hultsch, D., Hertzog, C., Small, B., y Dixon, R. (1999): «Use It or Lose It: Engaged Lifestyle as a Buffer of Cognitive Decline in Aging?», en *Psychology of Aging* 14, págs. 245-263.

Kondo, Y., Suzuki, M., Mugikura, S., Abe, N., Takahashi, S., Iijima, T., y Fujii, T. (2005): «Changes in Brain Activation Associated with Use of a Memory Strategy: A Functional MRI Study», en *NeuroImage* 24, págs. 1154-1163.

May, A., Hajak, G., Gransbauer, S., Steffens, T., Langguth, B., Kleinjung, T., y Eichhammer, P. (de próxima aparición): «Structural Brain Alterations Following 5 Days of Intervention: Dynamic Aspects of Neuroplasticity», en *Cerebral Cortex*.

Nyberg, L., Sandblom, J., Jones, S., Neely, A. S., Petersson, K. M., Ingvar, M., y Backman, L. (2003): «Neural Correlates of Training-Related Memory Improvement in Adulthood and Aging», en *Proceedings of the National Academy of Sciences of the United States of America* 100, págs. 13728-13733.

Rundek, T., y Bennett, D. A. (2006): «Cognitive Leisure Activities, But Not Watching TV, for Future Brain Benefits», en *Neurology* 66, págs. 794-795.

Wilson, R. S., Bennett, D. A., Gilley, D. W., Beckett, L. A., Barnes, L. L., y Evans, D. A. (2000): «Premorbid Reading Activity and Patterns of Cognitive Decline in Alzheimer's Disease», en *Archives of Neurology* 57, págs. 1718-1723.

Wilson, R. S., de León, C. F. M., Barnes, L. L., Schneider, J. A., Bienias, J. L., Evans, D. A., y Bennett, D. A. (2002): «Participation in Cognitively Stimulating Activities and Risk of Incident Alzheimer Disease», en *Journal of the American Medical Association* 287, págs. 742-748.

Zimmerman, F. J., y Christakis, D. A. (2005): «Children's Television Viewing and Cognitive Outcomes», en *Archives Pediatrics & Adolescent Medicine* 159, págs. 619-625.

INFORMACIÓN SOBRE NEUROIMAGEN

Bellec, P., Perlbarg, V., Jbabdi, S., Pelegrini-Isaac, M., Anton, J. L., Doyon, J., y Benali, H. (2006): «Identification of Large-Scale Networks in the Brain Using fMRI», en *NeuroImage* 29, págs. 1231-1243.

Blasi, G., Goldberg, T. E., Weickert, T., Das, S., Kohn, P., Zoltick, B., Bertolino, A., Callicott, J. H., Weinberger, D. R., y Mattay, V. S. (2006): «Brain Regions Underlying Inhibition and Interference Monitoring and Suppression», en *European Journal of Neuroscience* 23, págs. 1658-1664.

Bookheimer, S. Y., Strojwas, M. H., Cohen, M. S., Saunders, A. M., Pericak-Vance, M. A., Mazziotta, J. C., y Small, G. W. (2000): «Patterns of Brain Activation in People at Risk for Alzheimer's Disease», en *New England Journal of Medicine* 343, págs. 450-456.

Buckner, R. L., Snyder, A. Z., Shannon, B. J., LaRossa, G., Sachs, R., Fotenos, A. F., Sheline, Y. I., Klunk, W. E., Mathis, C. A., Morris, J. C., y Mintun, M. A. (2005): «Molecular, Structural and Functional Characterization of Alzheimer's Disease: Evidence for a Relationship Between Default Activity, Amyloid and Memory», en *Journal of Neuroscience* 25, págs. 7709-7717.

Cavanna, A. E., y Trimble, M. R. (2006): «The Precuneus: A Review of its Functional Anatomy and Behavioral Correlates», en *Brain* 129, págs. 564-583.

Chao, L. L., y Knight, R. T. (1997): «Prefrontal Deficits in Attention and Inhibitory Control with Aging», en *Cerebral Cortex* 7, págs. 63-69.

Den Heijer, T., Sijens, P. E., Prins, N. D., Hofman, A., Koudstaal, P. J., Oudkerk, M., y Breteler, M. M. B. (2006): «MR Spectroscopy of the Brain White Matter in the Prediction of Dementia», en *Neurology* 66, págs. 540-544.

Fox, M. D., Snyder, A. Z., Vincent, J. L., Corbetta, M., Van Essen, D. C., y Raichle, M. E. (2005): «The Human Brain is Intrinsically Organized into Dynamic, Anticorrelated Functional Networks», en *Proceedings of the National Academy of Sciences of the United States of America* 102, págs. 9673-9678.

Gazzaley, A., y D»Esposito, M. (2003): «The Contribution of Functional Brain Imaging to Our Understanding of Cognitive Aging», en *Science of Aging Knowledge Environment* 4, págs. PE2.

Greicius, M. D., Krasnow, B., Reiss, A. L., y Menon, V. (2003): «Functional Connectivity in the Resting Brain: A Network Analysis of the Default Mode Hypothesis», en *Proceedings of the National Academy of Sciences of the United States of America* 100, págs. 253-258.

Greicius, M. D., Srivastava, G., Reiss, A. L., y Menon, V. (2004): «Default-Mode Activity Distinguishes Alzheimer's Disease from Healthy Aging: Evidence from Functional MRI», en *Proceedings of the National Academy of Sciences of the United States of America* 101, págs. 4637-4642.

Gusnard, D. A., Akbudak, E., Shulman, G. L., y Raichle, M. E. (2001): «Medial Prefrontal Cortex and Self-Referential Mental Activity: Relation to a Default Mode of Brain Function», en *Proceedings of the National Academy of Sciences of the United States of America* 98, págs. 4259-4264.

Johnson, S. C., Schmitz, T. W., Moritz, C. H., Meyerand, C. H., Rowley, H. A., Alexander, A. L., Hanen, K. W., Gleason, C. E., Carlsson, C. M., Ries, M. L., Asthana, S., Chen, K., Reiman, E. M., y Alexander, G. E. (2006): «Activation of Brain Regions Vulnerable to Alzheimer's Disease: The Effect of Mild Cognitive Impairment», en *Neurobiology of Aging* 27, págs. 1604-1612.

Lind, J., Larsson, A., Persson, J., Ingvar, M., Nilsson, L. G., Backman, L., Adolfsson, R., Cruts, M., Sleegers, K., Van Broeckhoven, C., y Nyberg, L. (2006): «Reduced Hippocampal Volume in Non-Demented Carriers of the Apolopoprotein E Epsilon 4: Relation to Chronological Age and Recognition Memory», en *Neuroscience Letters* 396, págs. 23-27.

Lustig, C., Snyder, A. Z., Bhakta, M., O»Brien K. C., McAvoy, M., Raichle, M. E., Morris, J. C., y Buckner, R. L. (2003): «Functional Deactivations: Change with Age and Dementia of the Alzheimer Type», en *Proceedings of the National Academy of Sciences of the United States of America* 100, págs. 14504-14509.

McNally, R. J. (2006): «Cognitive Abnormalities in Post-Traumatic Stress Disorder», en *Trends in Cognitive Science* 10, págs. 271-277.

O»Sullivan, M., Jones, D. K., Summers, P. E., Morris, R. G., Williams, S. C. R., y Markus, H. S. (2001): «Evidence for Cortical "Disconnection" as a Mechanism of Age-Related Cognitive Decline», en *Neurology* 57, págs. 632-638.

Pliszka, S. R., Glahn, D. C., Semrud-Clikeman, M., Franklin, C., Pérez III, R., Xiong, J., y Liotti, M. (2006): «Neuroimaging of Inhibitory Control Areas in Children with Attention Deficit Hyperactivity Disorder Who Were Treatment Naïve or in Long-Term Treatment», en *American Journal of Psychiatry* 163, págs. 1052-1060.

Raichle, M. E. (2003): «Functional Brain Imaging and Human Brain Function», en *Journal of Neurosciences* 23, págs. 3959-3962.

Raichle, M. E., MacLeod, A. M., Snyder, A. Z., Powers, W. J., Gusnard, D. A., y Shulman, G. L. (2001): «A Default Mode of Brain Function», en *Proceedings of the National Academy of Sciences of the United States of America* 98, págs. 676-682.

Reiman, E. M., Chen, K., Alexander, G. E., Caselli, R. J., Bandy, D., Osborne, D., Saunders, A., y Hardy, J. (2004): «Functional Brain Abnormalities in Young Adults at Genetic Risk for Late-Onset Alzheimer's Dementia», en *Proceedings of the National Academy of Sciences of the United States of America* 101, págs. 284-289.

Sharp, D. J., Scott, S. K., Mehta, M. A., y Wise, R. J. S. (de próxima aparición): «The Neural Correlates of Declining Performance with Age: Evidence for Age-Related Changes in Cognitive Control», en *Cerebral Cortex*.

Smith, A. B., Taylor, E., Brammer, M., Toone, B., y Rubia, K. (2006): «Task-Specific Hypoactivation in Prefrontal and Temporoparietal Brain Regions During Motor Inhibition and Task Switching in Medication-Naïve Children and Adolescent with Attention Deficit Hyperactivity Disorder», en *American Journal of Psychiatry* 163, págs. 1044-1051.

Springer, M. V., McIntosh, A. R., Winocur, G., Grady, C. L. (2005): «The Relation Between Brain Activity During Memory Tasks and Years of Education in Young and Older Adults», en *Neuropsychology* 19, págs. 181-192.

Tamm, L., Menon, V., y Reiss, A. L. (2006): «Parietal Attentional System Aberrations During Target Detection in Adolescents with Attention Deficit Hyperactivity Disorder: Event-Related fMRI Evidence», en *American Journal of Psychiatry* 163, págs. 1033-1043.

Van den Heuvel, D. M. J., ten Dam, V. H., de Craen, A. J. M., Admiraal-Behloul, F., Olofsen, H., Bollen, E. L. E. M., Jolles, J., Murray, H. M., Blauw, G. J., Westendorp, R. G. J., y van Buchem, M. A. (2006): «Increase in Periventricular White Matter Hyperintensities Parallels Decline in Mental Processing Speed in a Non-Demented Elderly Population», en *Journal of Neurology, Neurosurgery, and Psychiatry* 77, págs. 149-153.

INFORMACIÓN SOBRE LOS SOFOCOS Y LAS HORMONAS

Bagger, Y. Z., Tanko, L. B., Alexandersen, P., Qin, G., y Christiansen, C. (2005): «Early Postmenopausal Hormone Therapy May Prevent Cognitive Impairment Later in Life», en *Menopause* 12, págs. 12-17.

Bishop, J., y Simpkins, J. W. (1995): «Estradiol Enhances Brain Glucose Uptake in Ovariectomized Rats», en *Brain Research Bulletin* 36, págs. 315-320.

Borg, W. P., During, M. J., Sherwin, R. S., Borg, M. A., Brines, M. L., y Shulman, G. L. (1994): «Ventromedial Hypothalamic Lesions in Rats Suppress Counter-regulatory Responses to Hypoglycemia», en *Journal of Clinical Investigation* 93, págs. 1677-1682.

Dormire, S. L., y Reame, N. K. (2003): «Menopausal Hot Flash Frequency Changes in Response to Experimental Manipulation of Blood Glucose», en *Nursing Research* 52, págs. 338-343.

El-Tayeb, K. M., Brubaker, P. L., Lickley, H. L., Cook, E., y Vranic, M.(1986): «Effect of Opiate-Receptor Blockade on Normoglycemic and Hypoglycemic Glucoregulation», en *American Journal of Physiology* 250, págs. E236-E242.

Fitzpatrick, L. A., y Santen, R. J. (2002): «Hot Flashes: The Old and the New, What Is Really True», en *Mayo Clinic Proceedings* 77, págs. 1155-1158.

Freedman, R. R. (1998): «Biochemical, Metabolic and Vascular Mechanisms in Menopausal Hot Flashes», en *Fertility and Sterility* 70, págs. 332-337.

Freedman, R. R. (2005): «Pathophysiology and Treatment of Menopausal Hot Flashes», en *Seminars in Reproductive Medicine* 23, págs. 117-125.

Gennazzani, A. R., Stomata, M., Bernardi, F., Luisi, S., Casarosa, E., Puccetti, S., Gennazzani, A. D., Palumbo, M., y Luisi, M. (2004): «Conjugated Equine Estrogens Reverse the Effects of Aging on Central and Peripheral Allopregnanolone and Beta-Endorphin Levels in Female Rats», en *Fertility and Sterility* 81, suplemento 1, págs. 757-766.

Guthrie, J. R., Dennerstein, L., Taffe, J. R., Lehert, P., y Burger, H. G. (2005): «Hot Flushes During the Menopause Transition: A Longitudinal Study in Australian-Born Women», en *Menopause* 12, págs. 460-467.

Guttuso Jr., T. J. (2000): «Gabapentin's Effects on Hot Flashes and Hypothermia», en *Neurology* 54, págs. 2161-2163.

Guttuso Jr., T. J. (2004): «Hot Flashes Refractory to HRT and SSRI Therapy but Responsive to Gabapentin Therapy», en *Journal of Pain and Symptom Management* 27, págs. 274-276.

Harmon, S. M., Naftolin, F., Brinton, E. A., y Judelson, D. R. (2005): «Is the Estrogen Controversy Over? Deconstructing the Women's Health Initiative Study: A Critical Evaluation of the Evidence», en *Annals of the New York Academy of Science* 1052, págs. 43-56.

Henderson, V. W. (2005): «Only a Matter of Time? Hormone Therapy and Cognition», en *Menopause* 12, págs. 1-3.

Jeffrey, S. M., Pepe, J. J., Popovich, L. M., y Vitagliano, G. (2002): «Gabapentin for Hot Flashes in Prostrate Cancer», en *Annals of Pharmacotherapy* 36, págs. 433-436.

Katovich, M. J., y O»Meara, J. (1987): «Effect of Chronic Estrogen on the Skin Temperature Response to Naloxone in Morphine-Dependent Rats», en *Canadian Journal of Psysiology and Pharmacology* 65, págs. 563-567.

Katovich, M. J., Pitman, D. L., y Barney, C. C. (1990): «Mechanisms Mediating the Thermal Response to Morphine Withdrawal in Rats», en *Proceedings of the Society for Experimental Biology and Medicine* 193, págs. 129-135.

Klepper, J., Diefenbach, S., Kohlschutter, A., y Voit, T. (2004): «Effects of the Ketogenic Diet in the Glucose Transporter 1 Deficiency Syndrome», en *Prostaglandins, Leukotrienes, and Essential Fatty Acids* 70, págs. 321-327.

Leventhal, L., Cosmi, S., y Deecher, D. (2005): «Effect of Calcium Channel Modulators on Temperature Regulation in Ovariectomized Rats», en *Pharmacology of Biochemistry and Behavior* 80, págs. 511-520.

Martínez-Raga, J., Sabater, A., Pérez-Gálvez, B., Castellano, M., y Cervera, G. (2004): «Add-On Gabapentin in the Treatment of Opiate Withdrawal», en *Progress in Neuro-Psychopharmacology & Biological Psychiatry* 28, págs. 599-601.

Molina, P. E., y Abumrad, N. N. (2001): «Contribution of Excitatory Amino Acids to Hypoglycemic Counter-Regulation», en *Brain Research* 899, págs. 201-208.

Nakamura, T., Yoshihara, D., Ohmori, T., Yanai, M., Takeshita, Y. (1994): «Effects of Diet High in Medium-Chain Triglyceride on Plasma Ketone, Glucose and Insulin Concentrations in Enterectomized and Normal Rats», en *Journal of Nutritional Science and Vitaminology* 40, págs. 147-159.

Nelson, H. D., Vesco, K. K., Haney, E., Fu, R., Nedrow, A., Miller, J., Nicolaidis, C., Walker, M., y Humphrey, L. (2006): «Nonhormonal Therapies for Menopausal Hot Flashes», en *Journal of the American Medical Association* 295, págs. 2057-2071.

Pandya, K. J., Morrow, G. R., Roscoe, J. A., Zhao, H., Hickok, J. T., Pajon, E., Sweeney, T. J., Banerjee, T. K., y Flynn, P. J. (2005): «Gabapentin for Hot Flashes in 420 Women with Breast Cancer: A Randomized Double-Blind Placebo-Controlled Trial», en *Lancet* 366, págs. 818-824.

Plecko, B., Stoeckler-Ipsiroglu, S., Schober, E., Harrer, G., Mlynarik, V., Gruber, S., Moser, E., Moeslinger, D., Silgoner, H., e Ipsiroglu, I. (2002): «Oral β-Hydroxybutyrate Supplementation in Two Patients with Hyperinsulinemic Hypoglycemia: Monitoring of β-Hydroxybutyrate Levels in Blood and Cerebrospinal Fluid, and in the Brain by *in vivo* Magnetic Resonance Spectroscopy», en *Pediatric Research* 52, págs. 301-306.

Randolph Jr., J. F., Sowers, M. F., Bondarenko, I., Gold, E. B., Greendale, G. A., Bromberger, J. T., Brockwell, S. E., y Matthews, K. A. (2005): «The Relationship of Longitudinal Change in Reproductive Hormones and Vasomotor

Symptoms During the Menopausal Transition», en *Journal of Clinical Endocrinology and Metabolism* 90, págs. 6106-6112.

Rapkin, A. J. (de próxima aparición): «Vasomotor Symptoms in Menopause: Physiologic Condition and Central Nervous System Approaches to Treatment», en *American Journal of Obstetrics and Gynecology*.

Rapp, S. R., Espeland, M. A., Shumaker, S. A., Henderson, V. W., Brunner, R. L., Manson, J. E. Gass, M. L. S., Stefanick, M. L., Lane, D. S., Hays, J., Johnson, K. C., Coker, L. H., Dailey, M., y Bowen, D. (2003): «Effect of Estrogen Plus Progestin on Global Cognitive Function in Postmenopausal Women. The Women's Health Initiative Memory Study: A Randomized Controlled Trial», en *Journal of the American Medical Association* 289, págs. 2663-2672.

Ratka, A. (2005): «Menopausal Hot Flashes and Development of Cognitive Impairment», en *Annals of the New York Academy of Science* 1052, págs. 11-26.

Reddy, S. Y., Warner, H., Guttoso Jr., T., Messing, S., DiGrazio, W., Thornberg, L., y Guzick, T. S. (2006): «Gabapentin, Estrogen and Placebo for Treating Hot Flushes», en *Obstetrics and Gynecology* 108, págs. 41-48.

Resnick, S. M., Maki, P. M., Golski, S., Kraut, M. A., y Zonderman, A. B. (1998): «Effects of Estrogen Replacement on PET Cerebral Blood Flow and Neuropsychological Performance», en *Hormones and Behavior* 34, págs. 171-182.

Sandoval, D. A., Ertl, A. C., Richardson, M. A., Tate, D. B., y Davis, S. N. (2003): «Estrogen Blunts Neuroendocrine and Metabolic Responses to Hypoglycemia», en *Diabetes* 52, págs. 1749-1755.

Segel, S. A., Paramore, D. S., y Cryer, P. E. (2002): «Hypoglycemia-Associated Autonomic Failure in Advanced Type 2 Diabetes», en *Diabetes* 51, págs. 724-733.

Shanafelt, T. D., Barton, D. L., Adjei, A. A., y Loprinzi, C. L. (2002): «Pathophysiology and Treatment of Hot Flashes», en *Mayo Clinic Proceedings* 77, págs. 1207-1218.

Shi, J., y Simpkins, J. W. (1997): «17 β-Estradiol Modulation of Glucose Transporter 1 Expression in Blood-Brain Barrier», en *American Journal of Physiology* 272, págs. E1016-E1022.

Shumaker, S. A., Legault, C., Rapp, S. R., Thal, L., Wallace, R. B., Ockene, J. K., Hendrix, S. L., Jones III, B. N., Assaf, A. R., Jackson, R. D., Kotchen, J. M., Wassertheil-Smoller, S., y Wactawski-Wende, J. (2003): «Estrogen Plus Progestin and the Incidence of Dementia and Mild Cognitive Impairment in Post-menopausal Women. The Women's Health Initiative Memory Study: A Randomized Controlled Trial», en *Journal of the American Medical Association* 289, págs. 1651-2662.

Simpkins, J. W., Andreadis, D. K., Millard, W. J., y Katovich, M. J. (1990): «The Effect of Cellular Glucoprivation on Skin Temperature Regulation in the Rat», en *Life Sciences* 47, págs. 107-115.

Simpkins, J. W., Katovich, M. J., y Millard, W. J. (1990): «Glucose Modulation of Skin Temperature Response During Morphine Withdrawal in the Rat», en *Psychopharmacology [Berlin]* 102, págs. 213-220.

Simpkins, J. W., Katovich, M. J., y Song, I. C. (1983): «Similarities Between Morphine Withdrawal in the Rat and the Menopausal Hot Flush», en *Life Sciences* 32, págs. 1957-1966.

Stearns, V., Ullmer, L., López, J. F., Smith, Y., Isaacs, C., y Hayes, D. F. (2002): «Hot Flushes», en *Lancet* 360, págs. 1851-1861.

Wasserthail-Smoller, S., Hendrix, S. L., Limacher, M., Heiss, G., Kooperberg, C., Baird, A., Kotchen, T., Curb, J. D., Black, H., Rossouw, J. E., Aragaki, A., Safford, M., Stein, E., Laowattana, S., y Mysiw, W. J. (2003): «Effect of Estrogen Plus Progestin on Stroke in Postmenopausal Women. The Women's Health Initiative: A Randomized Trial», en *Journal of the American Medical Association* 289, págs. 2673-2684.

Willemsen, M. A. A. P., Soorani-Lunsing, R. J., Pouwels, E., y Kleppert, J. (2003): «Neuroglycopenia in Normoglycemic Patients, and the Potential Benefit of Ketosis», en *Diabetic Medicine* 20, págs. 481-482.

Yamada, K. A., Rensing, N., y Thio, L. L. (2005): «Ketogenic Diet Reduces Hypoglycemia-Induced Neuronal Death in Young Rats», en *Neuroscience Letters* 385, págs. 210-214.

INFORMACIÓN SOBRE LOS DOLORES DE CABEZA Y LAS MIGRAÑAS

Ayata, C., Jin H., Kudo C., Dalkara T., y Moskowitz, M. A. (2006): Suppression of Cortical Spreading Depression in Migraine Prophylaxis», en *Annals of Neurology* 59, págs. 652-661.

Backonja, M. M. (2002): Use of Anticonvulsants for Treatment of Neuropathic Pain», en *Neurology* 59, págs. S14-S17.

Bolay, H., Reuter, U., Dunn, A. K., Huang, Z., Boas, D. A., y Moskowitz, M. A. (2002): Intrinsic Brain Activity Triggers Trigeminal Meningeal Afferents in a Migraine Model», en *Nature Medicine* 8, págs. 136-142.

Bowyer, S. M., Aurora, S. K., Moran, J. E., Tepley, N., y Welch, K. M. A. (2001): Magnetoencephalographic Fields from Patients with Spontaneous and Induced Migraine Aura», en *Annals of Neurology* 50, págs. 582-587.

Buchgreitz, L., Lyngberg, A. C., Bendtsen, L., y Jensen, R. (2006): Frequency of Headache Is Related to Sensitization: A Population Study», en *Pain* 123, págs. 19-27.

Bussone, G. (2004): Pathophysiology of Migraine», en *Neurological Sciences* 25, págs. S239-S241.

D»Andrea, G., Nordera, G. P., y Allais, G. (2006): Treatment of Aura: Solving the Puzzle», en *Neurological Sciences* 27, págs. S96-S99.

Dalkara, T., Zervas, N. T., y Moskowitz, M. A. (2006): From Spreading Depression to the Trigeminovascular System», en *Neurological Sciences* 27, págs. S86-S90.

Del Río, M. S., y Linera, J.A. (2004): Functional Neuroimaging of Headaches», en *Lancet Neurology* 3, págs. 645-651.

Goadsby, P. J. (2005): «Migraine Pathophysiology», en *Headache* 45, suplemento 1, págs. S14-S24.

Hadjikani, N., Del Río, M. S., Wu, O., Schwartz, D., Bakker, D., Fischl, B., Kwong, K. K., Cutrer, F. M., Rosen, B. R., Tootell, R. B. H., Sorensen, A. G., y Moscowitz, M. A. (2001): Mechanisms of Migraine Aura Revealed by Functional MRI in Human Visual Cortex», en *Proceedings of the National Academy of Sciences of the United States of America* 98, págs. 4687-4692.

Iadecola, C. (2002): «From CSD to Headache: A Long and Winding Road», en *Nature of Medicine* 8, págs. 110-112.

Ji, R. R., Kohno, T., Moore, K. A., y Woolf, C. J. (2003): Central Sensitization and LTP: Do Pain and Memory Share Similar Mechanisms?», en *Trends in Neuroscience* 26, págs. 696-705.

Kato, T. (2004): Role on Magnesium Ions on the Regulation of NMDA Receptor—A Pharmacopathology of Memantine», en *Clinical Calcium* 14, págs. 76-80.

Lipton, R. B., y Bigal, M. E. (2005): Migraine: Epidemiology, Impact and Risk Factors for Progression», en *Headache* 45, suplemento 1, págs. S3-S13.

Loder, E., y Biondi, D. (2005): «General Principles of Migraine Management: The Changing Role of Prevention», en *Headache* 45, suplemento 1, págs. S33-S47.

Maneyapanda, S. B., y Venkatasubrmanian, A. (2005): «Relationship Between Significant Perinatal Events and Migraine Severity», en *Pediatrics* 116, págs. e555-e558.

Marrannes, R., Willems, R., De Prins, E., y Wauquier, A. (1988): Evidence for a Role of the N-Methyl-D-Aspartate (NMDA) Receptor in Cortical Spreading Depression in the Rat», en *Brain Research* 457, págs. 226-240.

Molnar, P., y Erdo, S. L. (1995): «Vinpocetine Is as Potent as Phenytoin to Block Voltage-Gated Na+ Channels in Rat Cortical Neurons», en *European Journal of Pharmacology* 273, págs. 303-306.

Moskowitz, M. A., Nozaki, K., y Kraig, R. P. (1993): «Neocortical Spreading Depression Provokes the Expression of *C-fos* Protein-like Immunoreactivity within Trigeminal Nucleus Caudalis Via Trigeminovascular Mechanisms», en *Journal of Neurosciences* 13, págs. 1167-1177.

Mousain-Bosc, M., Roche, M., Rapin, J., y Bali, J. P. (2004): Magnesium Vit B6 Intake Reduces Central Nervous System Hyperexcitability in Children», en *Journal of the American College of Nutrition* 23, págs.545S-548S.

Saugstad, L. F. (2005): «A "New-Old" Way of Thinking About Brain Disorder, Cerebral Excitability—The Fundamental Property of Nervous Tissue», en *Medicine Hypotheses* 64, págs. 142-150.

Schoenen, J. (2006): Neurophysiological Features of the Migrainous Brain», en *Neuurological Science* 27, págs. S77-S81.

Strahlman, R.S. (2006): «Can Ketosis Help Migraine Sufferers? A Case Report», en *Headache* 46, pág. 182.

Waeber, C. y Moskowitz, M. A. (2003): «Therapeutic Implications of Central and Peripheral Mechanisms in Migraine», en *Neurology* 61, págs. S9-S20.

Welch, K. M., y Ramadan, N. M. (1995): «Mitochondria, Magnesium and Migraine», en *Journal of Neurological Sciences* 134, págs. 9-14.

Welch, K. M. (2005): «Brain Hyperexcitability: The Basis for Antiepileptic Drugs in Migraine Prevention», en *Headache* 45, suplemento 1, págs. S25-S32.

Welch, K. M. (2003): «Contemporary Concepts of Migraine Pathogenesis», en *Neurology* 61, págs. S2-S8.

Woods, R. P., Iacaboni, M., y Mazziotta, J. C. (1994): «Bilateral Spreading Cerebral Hypoperfusion During Spontaneous Migraine Headache», en *New England Journal of Medicine* 331, págs. 1689-1692.

INFORMACIÓN SOBRE EL DETERIORO COGNITIVO

Aberg, E., Hofstetter, C. P., Olson, L., y Brene, S. (2005): «Moderate Ethanol Consumption Increases Hippocampal Cell Proliferation and Neurogenesis in the Adult Mouse», en *International Journal of Neuropsychopharmacology* 8, págs. 557-567.

Ahles, T. A., Saykin, A. J., Furstenberg, C. T., Cole, B., Mott, L. A., Skalla, K., Whedon, M. B., Bivens, S., Mitchell, T., Greenberg, E. R., y Silberfarb, P. M. (2002): «Neuropsychologic Impact of Standard-Dose Systemic Chemotherapy in Long-Term Survivors of Breast Cancer and Lymphoma», en *Journal of Clinical Oncology* 20, págs. 485-493.

Algaidi, S. A., Christie, L. A., Jenkinson, A. M., Whalley, L., Riedel, G., y Platt, B. (2006): «Long-Term Homocysteine Exposure Induces Alterations in Spatial Learning, Hippocampal Signaling and Synaptic Plasticity», en *Experimental Neurology* 197, págs. 8-21.

Backman, L., Guinovart, N., Dixon, R. A., Wahlin, T. B. R., Wahlin, A., Halldin, C., y Farde, L. (2000): «Age-Related Cognitive Deficits Mediated by Changes in the Striatal Dopamine System», en *American Journal of Psychiatry* 157, págs. 635-637.

Bartzokis, G., Lu, P. H., Geschwind, D. H., Edwards, N., Mintz, J., y Cummings, J. L. (2006): «Apolipoprotein E Genotype and Age-Related Myelin Breakdown in Healthy Individuals: Implications for Cognitive Decline and Dementia», en *Archives of General Psychiatry* 63, págs. 63-72.

Bartzokis, G., Tishler, T. A., Lu, P. H., Villablanca, P., Altschuler, L. L., Carter, M., Huang, D., Edwards, N., y Mintz, J. (de próxima aparición): «Brain Ferritin Iron May Influence Age— and Gender-Related Risks of Neurodegeneration», en *Neurobiology of Aging*.

Bodnar, L. M., y Wisner, K. L. (2005): «Nutrition and Depression: Implications for Improving Mental Health Among Childbearing-Aged Women», en *Biological Psychiatry* 58, págs. 679-685.

Bronwen, M., Mattson, M. P., y Maudsley, S. (2006): «Caloric Restriction and Intermittent Fasting: Two Potential Diets for Successful Brain Aging», en *Ageing Research Reviews* 5, págs. 332-353.

Brookmeyer, B., Gray, S., y Kawas, C. (1998): «Projections of Alzheimer´s Disease in the United States and the Public Health Impact of Delaying Disease Onset», en *American Journal of Public Health* 88, págs. 1337-1342.

Caselli, R. J., Reiman, E. M., Osborne, D., Hentz, J. G., Baxter, L. C., Hernández, J. L., y Alexander, G. G. (2004): «Longitudinal Changes in Cognition and Behavior in Asymptomatic Carriers of the APO E €4 Allele», en *Neurology* 62, págs. 1990-1995.

Conde, J. R., y Streit, W. J. (2006): «Microglia in the Aging Brain», en *Journal of Neuropathology Experimental Neurology* 65, págs. 19-203.

Cotman, C. W. (2005): «The Role of Neurotrophins in Brain Aging: A Perspective in Honor of Regino Pérez-Polo», en *Neurochemical Research* 30, págs. 877-881.

Curb, J. D., Rodríguez, B. L., Abbott, R. D., Petrovitch, H., Ross, G. W., Masaki, K. H., Foley, D., Blanchette, P. L., Harris, T., Chen, R., y White, L. R. (1999):

«Longitudinal Association of Vascular and Alzheimer´s Dementias, Diabetes and Glucose Tolerance», en *Neurology* 52, págs. 971-975.

De Magalhaes, J. P., y Sandberg, A. (2005): «Cognitive Aging as an Extension of Brain Development: A Model Linking Learning, Brain Plasticity and Neurodegeneration», en *Mechanisms of Ageing Development* 126, págs. 1026-1033.

Den Heijer, T., Launer, L. J., Prins, N. D., van Dijk, E. J., Vermeer, S. E., Hofman, A., Koudstaal, P. J., y Breteler, M. M. B. (2005): «Association Between Blood Pressure, White Matter Lesions and Atrophy of the Medial Temporal Lobe», en *Neurology* 64, págs. 263-267.

Devanand, D. P., Pelton, G. H., Zamora, D., Liu, X., Tabert, M. H., Goodking, M., Scarmeas, N., Braun, I., Stern, Y., y Mayeaux, R. (2005): «Predictive Utility of Apolipoprotein E Genotype for Alzheimer's Disease in Outpatients with Mild Cognitive Impairment», en *Archives of Neurology* 62, págs. 975-980.

Dickerson, B. C., Salat, D. H., Greve, D. N., Chua, E. F., Rand-Giovannetti, E., Rentz, D. M., Bertram, L., Mullin, K., Tanzi, R. E., Blacker, D., Albert, M. S., y Sperling, R. A. (2005): «Increased Hippocampal Activation in Mild Cognitive Impairment Compared to Normal Aging and AD», en *Neurology* 65, págs. 404-411

Ding, Q., Vaynman, S., Akhavan, M., Ying, Z., y Gómez-Pinilla, F. (2006): «Insulin-like Growth Factor 1 Interfaces with Brain-Derived Neurotropic Factor-Mediated Synaptic Plasticity to Modulate Aspects of Exercise-Induced Cognitive Function», en *Neuroscience* 140, págs.823-833.

Dumas, R. S. (2005): «Neurotrophic Factors and Regulation of Mood: Role of Exercise, Diet and Metabolism», en *Neurobiology of Aging* 26S, págs. S88-S93.

Enzinger, C., Fazekas, F., Matthews, P. M., Ropele, S., Schmidt, H., Smith, S., y Schmidt, R. (2005): «Risk Factors for Progression of Brain Atrophy in Aging», en *Neurology* 64, págs. 1704-1711

Finefrock, A. E., Bush, A. I., y Doraiswamy, P. M. (2003): «Current Status of Metals as Therapeutic Targets in Alzheimer's Disease», en *Journal of the American Geriatric Society* 51, págs. 1143-1148.

Fuchs, E., Czeh, B., Kole, M. H. P., Michaelis, T., y Lucassen, P. J. (2004): «Alterations in Neuroplasticity in Depression: The Hippocampus and Beyond», en *European Neuropsychopharmacology* 14, págs. S481-S490.

Geda, Y. E., Knopman, D. S., Mrazek, D. A., Jicha, G. A., Smith, G. E., Negash, S., Boeve, B. F., Ivnik, R. J., Peterson, R. C., Pankratz, V. S., y Rocca, W. A. (2006): «Depression, Apolipoprotein E Genotype and the Incidence of Mild Cognitive Impairment», en *Archives of Neurology* 63, págs. 435-440.

Green, R. C., Cuppples, L. A., Kurz, A., Auerbach, S., Go, R., Sadovnick, D., Duara, R., Kukull, W. A., Chui, H., Edeki, T., Griffith, P. A., Friedland, R. P., Bachman, D., y Farrer, L. (2003): «Depression as a Risk Factor for Alzheimer's Disease», en *Archives of Neurology* 60, págs. 753-759.

Hayley, S., Poulter, M. O., Merali, Z., y Anisman, H. (2005): «The Pathogenesis of Clinical Depression: Stressor— and Cytokine-Induced Alterations of Neuroplasticity», en *Neuroscience* 135, págs. 659-678.

Heininger, K. (2000): «A Unifying Hyphotesis of Alzheimer´s Disease. III. Risk Factors», en *Human Psychopharmacology* 15, págs. 1-70.

Heininger, K. (2000): «A Unifying Hyphotesis of Alzheimer´s Disease. IV. Causation and Sequence of Events», en *Reviews in the Neurosciences* 11, págs. 213-328.

Helmuth, L. (2002): «A Generation Gap in Brain Activity», en *Science* 296, págs.2131-2133.

Henderson, V. W., Benke, K. S., Green, R. C., Cupples, L. A., y Farrer, L. A. para el MIRAGE Study Group. (2005): «Postmenopausal Hormone Therapy and Alzheimer´s Disease Risk: Interaction with Age», en *Journal of Neurology, Neurosurgery, and Psychiatry* 76, págs. 103-105.

Jagust, W., Harvey, D., Mungas, D., y Haan, M. (2005): «Central Obesity and the Aging Brain», en *Archives of Neurology* 62, págs.1545-1548.

Jonker, C., Schmand, B., Lindeboom, J., Havekes, L. M., y Launer, L. J. (1998): «Association Between Apolipoprotein E ϵ4 and the Rate of Cognitive Decline in Community-Dwelling Elderly Individuals With and Without Dementia», en *Archives of Neurology* 55, págs.1065-1069.

Kalmijn, S., Foley, D., White, L., Burchfiel, C. M., Curb, J. D., Petrovitch, H., Ross, G. W., Havlik, R. J., y Launer, L. J. (2000): «Metabolic Cardiovascular Syndrome and Risk of Dementia in Japanese-American Elderly Men», en *Arteriosclerosis, Thrombosis, and Vascular Biology* 20, págs. 2255-2260.

Khachaturian, A. S., Zandt, P. P., Lyketsos, C. G., Hayden, K. M., Skoog, I., Norton, M. C., Tschanz, J. T., Mayer, L. S., Welsh-Bohmer, K. A., y Breitner, J. C. S. (2006): «Anti-hypertensive Medication Use and Incident Alzheimer's Disease», en *Archives of Neurology* 63, págs. 686-692.

Korf, E. S. C., White, L. R., Scheltens, P., y Launer, L. J. (2004): «Midlife Blood Pressure and the Risk of Hippocampal Atrophy—The Honolulu Asia Aging Study», en *Hypertension 44*, págs. 29-34.

Kryscio, R. J., Schmitt, F. A., Salazar, J. C., Mendiondo, M. S., y Markesbery, W. R. (2006): «Risk Factors for Transitions from Normal to Mild Cognitive Impairment and Dementia», en *Neurology* 66, págs. 828-832.

Leslie, M. (2002): «This Is Your Brain...And This Is Your Brain on Calcium», en *Science of Aging Knowledge Environment* 15, pág. nS4.

Lindauer, R. J. L., Olff, M., van Meijel, E. P. M., Carlier, I. V. E., y Gersons, B. P. R. (2006): «Cortisol, Learning, Memory and Attention in Relation to Smaller Hippocampal Volume in Police Officers with Posttraumatic Stress Disorder», en *Biological Psychiatry* 59, págs. 171-177.

Lindstrom, H. A., Fritsch, T., Petot, G., Smyth, K. A., Chen, C. H., Debanne, S. M., Lerner, A. J., y Friedland, R. P. (2005): «The Relationships Between Television Viewing in Mildlife and the Development of Alzheimer´s Disease in a Case-Control Study», en *Brain and Cognition* 58, págs. 157-165.

Meerlo, P., Koehl, M., van der Borght, K., y Turek, F. W. (2002): «Sleep Restriction Alters the Hypothalamic-Pituitary-Adrenal Response to Stress», en *Journal of Neuroendocrinology* 14, págs. 397-402.

Moceri, V. M., Kukull, W. A., Emanuel, I., van Belle, G., y Larson, E. B. (2000): «Early-Life Risk Factors and the Development of Alzheimer´s Disease», en *Neurology* 54, págs. 415-420.

Mok, V. C. T., Wong, A., Lam, W. W. M., Fan, Y. H., Tang, W. K., Kwok, T., Hui, A. C. F., y Wong, K. S. (2004): «Cognitive Impairment and Functional Outcome After Stroke Associated with Small Vessel Disease», en *Journal of Neurology, Neurosurgery, and Psychiatry* 75, págs. 560-566.

Mori, E., Hirono, N., Yamashita, H., Imamura, T., Ikejiri, Y., Ikeda, H., Kitagaki, H., Shimomura, T., y Yoneda, Y. (1997): «Premorbid Brain Size as a Determinant of Reserve Capacity Against Intellectual Decline in Alzheimer´s Disease», en *American Journal of Psychiatry* 154, págs. 18-24.

Neumeister, A., Charney, D. S., y Drevets, W. C. (2005): «Depression and the Hippocampus», en *American Journal of Psychiatry* 162, pág. 1057.

Neumeister, A., Wood, S., Bonne, O., Nugent, A. C., Luckenbaugh, D. A., Young, T., Bain, E. E., Charney, D. S., y Drevets, W. C. (2005): «Reduced Hippocampal Volume in Unmedicated, Remitted Patients with Major Depression Versus Control Subjects», en *Biological Psychiatry* 57, págs. 935-937.

Ohm, T. G., Glockner, F., Distl, R., Treiber-Held, S., Meske, V., y Schonheit, B. (2003): «Plasticity and the Spread of Alzheimer´s Disease-like Changes», en *Neurochemistry Research* 28, págs.1715-1723.

Ong, W. Y., y Farooqui, A. A. (2005): «Iron, Neuroinflammation and Alzheimer´s Disease», en *Journal of Alzheimer´s Disease* 8, págs. 183-200.

Patel, N. V., Gordon, M. N., Connor, K. E., Good, R. A., Engelman, R.W., Mason, J., Morgan, D. G., Morgan, T. E., y Finch, C. E. (2005): «Caloric Restriction

Attenuates Abeta-Deposition in Alzheimer Transgenic Animals», en *Neurobiology of Aging* 26, págs. 995-1000.

Persson, J., Lind, J., Larson, A., Ingvar, M., Cruts, M., Van Broeckhoven, C., Adolfsson, R., Nilsson, L. G., y Nyberg, L. (2006): «Altered Brain White Matter Integrity in Healthy Carriers of the APO E €4 allele. A Risk for AD?», en Neurology 66, págs. 1029-1033.

Pruessner, J. C., Baldwin, M. W., Dedovic, K., Renwick, R., Mahani, N. K., Lord, C., Meaney, M., y Lupien, S. (2005): «Self-Esteem, Locus of Control, Hippocampal Volume and Cortisol Regulation in Young and Old Adulthood», en *NeuroImage* 28, págs. 815-826.

Ravaglia, G., Forti, P., Maioli, F., Martelli, M., Servadei, L., Brunetti, N., Porcellini, E., y Licastro, F. (2005): «Homocysteine and Folate as Risk Factors for Dementia and Alzheimer's Disease», en *American Journal of Clinical Nutrition* 82, págs. 636-643.

Reynolds, E. H. (2002): «Folic Acid, Ageing, Depression and Dementia», en *British Medical Journal* 324, págs. 1512-1515.

Richards, M. y Sacker, A. (2003): «Lifetime Antecedents of Cognitive Reserve», en *Journal of Clinical and Experimental Neuropsychology* 25, págs. 614-624.

Rosenberg, P. B. (2006): «Clinical Aspects of Inflammation in Alzheimer's Disease», en *International Review of Psychiatry* 17, págs. 503-514.

Scarmeas, N., y Stern, Y. (2003): «Cognitive Reserve and Lifestyle», en *Journal of Clinical and Experimental Neuropsychology* 25, págs. 625-633.

Scheid, R., Whalter, K., Guthke, T., Pruel, C., y von Cramon, Y. (2006): «Cognitive Sequelae of Diffuse Axonal Injury», en *Archives of Neurology* 63, págs.418-424.

Schmidt, R., Schmidt, H., Curb, J. D., Masaki, K., White, L. R., y Launer, L. J. (2002): «Early Inflammation and Dementia: A 25 Year Follow-up of the Honolulu-Asia Aging Study», en *Annals of Neurology* 52, págs. 168-174.

Schupf, N., Kapell, D., Lee, J. H., Ottman, R., y Mayeux, R. (1994): «Increased Risk of Alzheimer's Disease in Mothers of Adults with Alzheimer's Disease», en *Lancet* 344, págs. 353-356.

Seshadri, S., Beiser, A., Selhub., J., Jacques, P. F., Rosenberg, I. H., D»Agostino, R. B., Wilson, P. W. F., y Wolf, P. A. (2002): «Plasma Homocysteine as a Risk Factor for Dementia and Alzheimer's Disease», en *New England Journal of Medicine* 346, págs.476-483.

Volkow, N. D., Logan, J., Fowler, J. S., Wang, G. J., Gur, R. C., Wong, C., Felder, C., Gatley, S. J., Ding, Y. S., Hitzemann, R., y Pappas, N. (2000): «Association Between Age-Related Decline in Brain Dopamine Activity and Impairment in Frontal and Cingulate Metabolism», en *American Journal of Psychiatry* 157, págs. 75-80.

Watson, G. S., Cholerton, B. A., Reger, M. A., Baker, L. D., Plymate, S. R., Asthana, S., Fishel, M. A., Kulstad, J. J., Green, P. S., Cook, D. G., Kahn, S. E., Keeling, M. L., y Craft, S. (2005): «Preserved Cognition in Patients with Early Alzheimer's Disease and Amnestic Mild Cognitive Impairment During Treatment with Rosiglitazone: A Preliminary Study», en *American Journal of Geriatric Psychiatry* 13, págs. 950-958.

Welberg, L. A. M., y Seckl, J. R. (2001): «Prenatal Stress, Glucocorticoids and the Programming of the Brain», en *Journal of Neuroendocrinology* 13, págs.113-128.

Whitman, G. T., Tang, T., Lin, A., y Baloh, R. W. (2001): «A Prospective Study of Cerebral White Matter Abnormalities in Older People with Gait Dysfunction», en *Neurology* 57, págs. 990-994.

Zecca, L., Youdim, M. B. H., Riederer, P., Connor, J. R., y Crichton, R. R. (2004): «Iron, Brain Ageing and Neurodegenerative Disorders», en *National Review of Neuroscience* 5, págs. 863-873.

Índice temático

PON TU MENTE EN FORMA

El libro que necesitas para conservar tu cerebro en un excelente estado. Quienes desean sacar el mayor partido de su potencial físico realizan algún tipo de ejercicio, ¿por qué no hacer lo mismo con el cerebro? Si quieres contribuir a aprovechar al máximo tu potencial prueba a resolver algunos de los juegos de ingenio que propone este libro. *Pon tu mente en forma* explica los beneficios de la actividad mental y ofrece casi trescientos juegos para resolver, con un nivel de dificultad cada vez mayor.

Mensa, la asociación mundialmente conocida de personas con un elevado coeficiente intelectual, ha facilitado todos los juegos que contiene el libro.

EL ENIGMA DEL CEREBRO
Shannon Moffett

Los secretos del cerebro y la mente humanos.

Shannon Moffett, con un estilo muy claro y accesible, nos muestra todo cuanto deberíamos saber acerca del cerebro: desde su estructura anatómica, su desarrollo a lo largo de la vida de un ser humano o sus actividades habituales, hasta las teorías más recientes que intentan dar cuenta de procesos tan complejos y, por ahora enigmáticos, como el sueño, el sentimiento religioso o la creatividad.

A QUÉ JUEGA MI CEREBRO
Alain Lieury

Un fascinante y sorprendente paseo por una de las regiones más desconocidas de nuestro organismo: el cerebro.

Un libro que nos desvela muchos de los misterios que acontecen en nuestra vida cotidiana y para los que no tenemos siempre una respuesta: la percepción de un color o un aroma, los mecanismos por los cuales se produce ese torrente de emociones que denominamos amor o los secretos de ese estado de euforia y optimismo que a veces nos invade. Operaciones aparentemente tan sencillas como leer o ir en bicicleta implican una gran cantidad de procesos para los que no se tiene una interpretación satisfactoria.